Nadia Brönimann · Daniel J. Schüz

Die weisse Feder

Ich widme dieses Buch
meiner Tante Toni Amstutz-Lüthi.

Gestern warst du meine Freundin.
Heute bist du mein Schutzengel.
Nadia Brönimann

Ich widme dieses Buch
meinem Freundeskreis.

Ihr habt mich unterstützt,
obwohl ich euch vernachlässigt habe.
Daniel J. Schüz

Nadia Brönimann
Daniel J. Schüz

Die weisse Feder

Hat die Seele ein Geschlecht?

Zytglogge

3. Auflage 2001

Alle Rechte vorbehalten
Copyright by Zytglogge Verlag Bern, 2001
Lektorat Bettina Kaelin
Umschlagfoto Andreas Zurbuchen
Satz und Gestaltung Zytglogge Verlag Bern
Druck fgb · freiburger graphische betriebe, Freiburg i. Br.
www.fgb.de
ISBN 3-7296-0610-7

Zytglogge Verlag Bern, Eigerweg 16, CH-3073 Gümligen
E-Mail info@zytglogge.ch
Internet www.zytglogge.ch

Inhalt

Prolog	6	Der Mann schläft ein
1. Teil		**Christian**
Ein Traum	14	Die Frau im Teich
Spurensuche I	17	Nudelburg
Adoptiert	24	Christian, Mutti und Vati
Spurensuche II	56	Jugendamt
Toulon	71	Sabrina-by-Night
Genf	101	Die weisse Federboa
Berlin	119	In der Drückerkolonne
Basel	152	Die Drag-Queen
Spurensuche III	179	Kalzhofen
Far East	188	Von Bangkok nach Singapur
Downunder	208	Vom Mittelmeer nach Neuseeland
High Society	247	Vom Öl-Scheich zur Milliarden-Madame
Cross over	283	Vom Mann zur Frau
Der Eingriff	320	Auf Messers Schneide
Bildteil	329	Stationen einer Verwandlung
2. Teil		**Nadia**
Spurensuche IV	338	Münchner Strasse
Potpourri	342	Mediziner, Medien und Männer
Spurensuche V	371	Hühnerberg
Epilog	376	Die Frau erwacht
Anhang	379	Interview Christa Gubler
Danke	390	Biografien/Kontakte

Prolog
Der Mann schläft ein

Über den Bergen am östlichen Horizont schimmert der junge Tag. Schlagartig bin ich wach und stelle erstaunt fest, dass ich tief und traumlos geschlafen habe, obwohl ich das beruhigende Mittel, das sie mir am Abend geben wollten, abgelehnt habe.
Frische Morgenluft strömt durchs offene Fenster und kündigt einen prächtigen Sommertag an – ich werde nicht viel davon haben.
Ich spüre, wie mich ein seltsam feierliches Gefühl durchströmt – ein ganz besonderer, ein grosser Tag hat begonnen.
Vorgestern habe ich das Zimmer 55 auf der Station EO 3 im 4. Stock des Zürcher Universitätsspitals bezogen, gestern haben sie mir den Darm gespült. Und heute – ich schaue auf die Uhr: kurz vor halb sechs – heute ist der 9. Juli 1998.
Heute passiert's. Es gilt ernst. Heute ist mein Tag.

«Guten Morgen, Frau Brönimann!» Die Krankenschwester sagt «Frau» Brönimann – die Worte sind Musik in meinen Ohren. Ich höre sie gerne und nicht ohne Stolz. Seit Wochen schon, seit ich den ‹Cross Over›, den ‹Point of No Return›, auf meinem Weg zum anderen Geschlecht überschritten habe, lasse ich mich als Nadia Brönimann ansprechen. Meine Patientenakten sind entsprechend umbeschrieben worden, und das Pflegepersonal gibt sich Mühe, diesem Umstand Rechnung zu tragen. Aber irgendwie kann ich mich noch nicht so recht daran gewöhnen.
Es ist auch noch nicht offiziell. Noch immer habe ich den alten Pass in der Handtasche, der mir eigentlich gar nicht mehr ge-

hört – es ist Christians Pass. Erst wenn den Beamten im Zivilstandsamt der Operationsbericht vorliegt, werden sie mir das Dokument ausstellen, das mich auch juristisch als weibliches Wesen ausweist. Offensichtlich ist für die Behörde der kleine Unterschied zwischen den Beinen das entscheidende Kriterium. Deshalb muss ich das hier hinter mich bringen.

«Sie sind ja schon munter!» Schwester Sünje öffnet das Fenster. Ich habe am Abend die Nachtwache gebeten, mich eine Stunde früher als üblich zu wecken – meine letzte Stunde als Christian. «Dass Sie in dieser Situation so ruhig sein können ...», staunt die junge Deutsche und schüttelt verwundert ihren Blondschopf. «Ich komme dann in einer Stunde noch einmal – für die Prämedikation!»
Bis dann muss ich meine Uhr und allen Schmuck abgelegt und im Tresor versorgt haben. Sie legt ein frisches Hemd auf den Stuhl, eines dieser Spitalhemden mit dem grässlichen Schlitz im Rücken – «Das ziehen Sie dann bitte auch noch an!» – und schliesst endlich die Tür hinter sich.

Ich empfinde keine Trauer und nicht die Spur von Reue, als ich ihn zum letzten Mal wasche. Er ist nichts als ein lästiges Anhängsel. Trotzdem beschliesse ich, ihm zu Ehren eine alte Unart, die ich mir seit Jahren schon abgewöhnt habe, noch einmal zu zelebrieren. Und es kommt mir wie eine rituelle Handlung vor, als ich im Korridor die Toilettentür mit der Aufschrift ‹Männer› öffne. Wie früher klappe ich die Klobrille hoch, stelle mich mit leicht gespreizten Beinen vor die Schüssel und nehme meinen Penis zum letzten Mal in die Hand.
Nein, du tust mir nicht Leid, unansehnliches nutzloses Gewächs, und ich werde dich nicht vermissen, keine Sekunde. Die Hormone haben die Hoden zu Haselnussgrösse schrump-

fen lassen, und auch er ist so mickrig geworden, dass ich mir beim Zielen richtig Mühe geben muss.

Kurz vor sechs. Die letzten zwanzig Minuten – sie gehören mir ganz allein. Ich ziehe das Spitalhemd an, stülpe mir den Kopfhörer über die Ohren und lege meine liebste CD ein: ‹Stabat Mater›. Immer, wenn ich vor einer entscheidenden Lebenssituation stehe, gibt mir Pergolesis Werk Kraft und Zuversicht. Die Musik trägt mich fort, und die bangen Gefühle und all die schlechten Gedanken bleiben zurück.

Es wird schon gut gehen. Der kleine Engel wird mich bewachen. Er steht auf dem Nachttisch neben dem Foto von Zwirbeli. Was mein Kater jetzt wohl macht? Bestimmt hat er im Aussengehege der Katzenpension ein gemütliches Plätzchen gefunden und döst vor sich hin. Zwischen dem Engel und meinem Zwirbeli liegt eine kleine weisse Feder – Erinnerung an ein anderes Leben.

Draussen im Gang klappert Geschirr. Die anderen Patienten bekommen ihr Frühstück serviert. Ich habe seit zwei Tagen nichts mehr gegessen. Eine unbändige Lust auf Schokolade überkommt mich.
Wo bleibt bloss Alain? Er hat doch versprochen, dass er noch kommen würde, um halb sieben. Und jetzt ist schon zehn vor. Die Tablette, die Schwester Sünje mir gebracht hat, wirkt rasch; sie verstärkt das beruhigende Gefühl, das die Musik mir verleiht – es ist, als schwebte ich schwerelos im Raum. Derart beduselt nehme ich Alain wahr; er sitzt plötzlich neben dem Bett. Ich suche seine Hand.
«Na», sagt er, «wie fühlst du dich – heute an deinem grossen Tag?»

«Erstaunlich gut», höre ich mich antworten und lache stolz: «Ich bin sogar noch einmal gestanden vor dem Klo!»

«Lange hab ich mir überlegt, was ich dir zu diesem ganz besonderen Anlass mitbringen könnte ...» Alain Godet, der Dokumentarfilmer vom Schweizer Fernsehen, legt mir ein Buch in die Hand. «Das ist dein Tagebuch, darin kannst du von nun an dein neues Leben dokumentieren.»

Gerührt schlage ich den roten Einband auf. «Für Nadia», hat er hineingeschrieben. «For the start of your second life ...»

«Was hörst du denn da?»

«‹Stabat Mater› von Pergolesi», sage ich und stöpsle den Kopfhörer aus. «Schön, nicht?»

«Sehr eindrücklich.» Alain nickt. «Das könnten wir als Hintergrundmusik unterlegen ... Apropos: Magst du mir noch ein paar Interview-Fragen beantworten?»

Er schultert seine Kamera; seit Monaten ist er mir damit auf den Fersen, um Material für einen Dokumentarfilm über Transsexualität zu sammeln. Wir haben einander in der Basler Szene kennengelernt. Er hat erfahren, dass ich unterwegs bin auf dem Weg vom Mann zur Frau, und mich gefragt, ob er mich auf diesem Weg begleiten dürfe.

Heute will Alain den entscheidenden Eingriff für die TV-Sendung ‹Puls› festhalten. Er streckt mir sein Mikrofon entgegen, und ich betone noch einmal, wie sehr ich mich freue und wie gut ich mich fühle.

«Ich muss jetzt ...», sagt er und legt die Kamera zur Seite. «Aber ich komme zurück und bleibe bei dir – bis du aufwachst!»

Und dann bin ich wieder allein. Allein mit meiner Musik und meinen Gedanken.

Und ich frage mich, was es wohl zu bedeuten hat, dass der einzige Mensch, der mir in dieser Stunde nahe steht, ein Mann vom Schweizer Fernsehen ist.

Gesichter tauchen auf. Gesichter von Frauen, die schon lange tot sind. Meine Grossmutter – ich habe sie sehr geliebt. Wenn ich mich unglücklich und von der ganzen Welt abgelehnt fühlte, bin ich zu ihr gegangen. Sie gehörte, als ich noch ein kleiner Bub war, zu den wenigen Menschen, die mich verstanden haben.
Und Franziska. Ich war fünfzehn und besuchte das neunte Schuljahr. Fränzi Bertoli, die Tochter von Freunden meiner Eltern, war mein heimliches Vorbild. Sie durfte ABBA-Konzerte besuchen. Sie war immer topmodisch angezogen, unheimlich cool und schön, die Beste in der Klasse. Ein kleiner Star. Ich habe Fränzi beneidet und bewundert.
Und dann, an einem Sommernachmittag auf dem Sportplatz, fiel sie um und war tot – einfach so. Ein Tod, der auch den Ärzten ein Rätsel war. Ich heulte wie ein Hund und fühlte mich in meiner Verzweiflung allein gelassen.

Plötzlich geht alles sehr schnell. Schwester Sünje und Conny, die Hilfsschwester, lösen die Arretierung an meinem Bett. Sie nehmen mir meine Brille, die Armbanduhr und den Kopfhörer ab.
«Darf ich meine Musik nicht mitnehmen ...?»
«Nein, das geht leider nicht.»
Ich schiebe die kleine weisse Feder auf dem Nachttisch unter das Bild von Zwirbeli, damit sie nicht wegfliegen kann.

Während mein Bett durch den Gang zum Lift gerollt wird, sehe ich Alain wieder – mit der Kamera vor dem Gesicht läuft er rückwärts vor uns her. Will der mich wirklich in diesem belämmerten Zustand im Fernsehen zeigen? Ich versuche, ganz gelassen zu wirken, verziehe mein Gesicht zu einem verkrampften Lächeln, winke in die Kamera.

Zum Glück bleibt er draussen, während ich im Vorraum des Operationstraktes dieses lächerliche Spitalhemd mit dem peinlichen Schlitz im Rücken ausziehe und splitternackt auf eine schmale Liege gebettet werde. Vermummte Gestalten in grünen Mänteln schwirren hektisch um mich herum, reden pausenlos auf mich ein. Sie stülpen mir eine Plastikhaube über die Haare und bedecken mich mit warmen Tüchern.

Manchmal gehe ich ganz allein in irgendeine Kirche und bete zum lieben Gott. So wie jetzt. Ich lege mein Schicksal in seine Hände, vertraue mich ihm an. Es wird schon gut gehen. Ich spüre eine grosse, warme Ruhe. Und so etwas wie Vorfreude ... Kann sich ein Kind im Mutterleib auf die bevorstehende Geburt freuen?

Es ist, als stehe die Zeit still – ich bin in einer Zwischenwelt gestrandet, wo alles, was war und was sein wird, keine Rolle mehr spielt. Momo fällt mir ein, die kleine Heldin in Michael Endes Märchen von der manipulierten Zeit – ich bin Momo und die grünen Gestalten sind die grauen Männer. Sie haben mir das Zeitgefühl gestohlen.

Panik.

Riemen werden um meinen Leib gezurrt. Eine Stimme sagt: «Frau Brönimann, es gibt jetzt einen kleinen Stich!»

In meinem Kopf richten hässliche Traumbilder ein Chaos an.

Nein, nicht! Ich will schreien.
Nicht anschnallen! Ich bringe keinen Ton heraus.
Nicht spritzen! Plötzlich weiss ich, dass sie Christian umbringen werden. Und ich habe ihn verurteilt. Jetzt ist er ihnen ausgeliefert.

Auch in der Todeszelle wird angeschnallt und gespritzt.
Hört doch auf! Ich kann mich nicht einmal räuspern.
Sie werden ihn hinrichten.

Etwas Kaltes auf der Haut, Elektroden wohl, die sie ans Überwachungsgerät anschliessen.
Bu-bum – ich höre ein klopfendes Geräusch.
Bum-bubum-bum-bububum –
Ein seltsam fremdes, metallisch kaltes Geräusch – beunruhigend unregelmässig. Es übertönt zunehmend alle anderen Eindrücke.
Mein Herzschlag? Es kommt aus der Tiefe des Raumes, nicht aus meiner Brust.
Der Schmerz ist kurz und heftig. Das muss sie sein, die letzte Spritze ...
Bu-bum. Bum-bu. Bu-bum –

1. Teil
Christian

Ein Traum
Die Frau im Teich

Ein Teich. Das Wasser glatt wie ein Spiegel, schwarz wie Tinte. Ich stehe am Ufer ... – nein, ich stehe nicht, ich schwebe ... nein, ich schwebe auch nicht. Ich habe gar keinen Körper, der stehen oder schweben könnte ... ich bin einfach – körperlos, aber sehend und erkennend ...
Etwas regt sich unter der dunklen Oberfläche. Das Wasser teilt sich, und aus der Tiefe dringt eine Knospe hervor. Sie erblüht rasch zu einer rosafarbenen Blume, wächst und reckt sich mir entgegen; grosse, fleischige Blätter, die sich öffnen, auseinanderklaffen – und den Blick ins Innere der Blüte freigeben. Ein gallertig waberndes Fluidum, eine Art Fruchtblase, die sich rasch verformt und aus der Blume quillt.

Immer deutlicher nimmt sie die Gestalt einer Frau an.

Ihre Schönheit ist überirdisch, die Eleganz ihrer Bewegungen vollkommen. Weich fliesst das lange, schwarze Haar über Schultern, Brust und Rücken. Auf den Lenden nimmt ihre weisse Haut einen schuppigen Glanz an, und der Unterleib verjüngt sich zu einem glitzernden Fischschwanz. Jetzt wendet sich die Frau mir zu und lächelt. Das Lächeln erfüllt mich mit Glück und Heiterkeit – ein Gefühl, das ich so umfassend noch nie empfunden habe.
Die Frau windet und wiegt sich auf ihrer Blüte, sie tanzt – und wirkt dabei ebenso verführerisch wie unnahbar.

Immer mehr dieser Blumen wachsen aus dem Wasser. Sie liegen wie ein blühender Teppich auf dem schwarzen Teich, öffnen ihre Kelche und gebären tanzende Frauen. Aber meine Aufmerksamkeit gilt nur der einen Meerjungfrau.

Ich erwache und bin in Schweiss gebadet. Es ist nicht der kalte, übel riechende Schweiss, den Albträume verursachen. Es ist die Aufregung, die mir das Wasser aus den Poren treibt. Das Gesicht der Frau im Teich trägt meine eigenen Züge.

Aber da ist noch etwas anderes.
Eine Verheissung.
Und eine Erinnerung.
Die Verheissung, dass ich diese Frau bin und dass ich sie sein darf. Meine Weiblichkeit ist kein Irrtum.
Und die Erinnerung an ein auf Papier gemaltes Bild aus einer lange vergangenen Zeit.
Ich habe es schon einmal gesehen, dieses Gesicht, damals, vor 24 Jahren, als ich der unglückliche Christian war, ungeliebt und unverstanden. Ich sass in meiner kleinen Kammer am Tisch und malte.
Ich malte eine Frau mit langen, schwarzen Haaren.

Es war der unbeholfene Versuch eines sechsjährigen Buben, sichtbar zu machen, was ihn umtrieb. Er malte, was er sich ausmalte – immer wieder die schöne Frau mit den langen, schwarzen Haaren.
Sie war mehr als nur die Ausgeburt einer Fantasie – sie war ein grosses Geheimnis. Niemand durfte sie sehen, niemand wissen, dass sie lebendig war.

Sie lebte tief in mir drin ...
Kindlich intuitiv ahnte ich, dass es sie nicht geben durfte. Sie passte nicht in die Welt der anderen. Sie passte nur zu mir.

Sie gehörte mir.
Sie war ich.
Damals.

Heute bin ich unterwegs zu ihr.

Spurensuche I
Nudelburg

Sie wirken seltsam künstlich, kitschig fast, als habe ein Zuckerbäcker sie in Marzipan geformt: drei kleine Seerosen mit gelblich-weissen Blättern, die am Rand in zartes Altrosa ausfransen.
Ich muss an den Traum denken. Im Herbst 1998, drei Monate nach dem entscheidenden Eingriff, gab mir die aus einer Seerose geborene Meerjungfrau unmissverständlich zu verstehen, dass meine Frauwerdung vollzogen ist – in ihrer ganzen Unvollkommenheit: Ich bin so weit Frau, wie ein Wesen, dessen Unterleib in einen unfruchtbaren schuppigen Fischschwanz mündet, Frau sein kann.

Doch die Seerosen hier sind echt – sie blühen, von Kaulquappen umschwärmt, in einem kleinen Biotop, das Kurt und Maria Manz im Garten hinter ihrem Haus angelegt haben. Die fantasievolle Adresse ‹Auf der Nudelburg 12› will nicht so recht zu dieser Umgebung passen, ein biederes Wohnquartier mitten in der allgäuischen Provinzmetropole Memmingen. Die Fassade des zweistöckigen Gebäudes ist hellgrün bemalt. «Damals war es noch ockerbraun», sagt Maria Manz, eine jugendliche Grossmutter mit rubinrot gefärbtem Kurzhaarschnitt. «Der Kurt hat es neu gestrichen.»
Kurt Manz war Flachmaler, bis die Folgen eines schweren Autounfalls ihn vor Jahren zwangen, sich vorzeitig zur Ruhe zu setzen. Seine blauen Augen, die mich aufmerksam von oben bis unten mustern – eine Mischung aus Neugier und Schalk. Er sagt nicht, was er denkt, aber ich spüre, was in seinem Kopf vorgeht: So kommt er also zurück, der kleine Christian von

den Schwegerls, nach so langer Zeit kommt er aus der Schweiz hierher – als ‹umgebaute› Frau ...
«Wir haben den Bub ja nie gesehen», sagt Maria Manz, und ich bin mir nicht sicher, ob in ihren Worten nicht ein kleiner Vorwurf mitschwingt, «den Bub, der Sie damals gewesen sind ...»
‹Auf der Nudelburg 12› war die letzte gemeinsame Adresse meiner leiblichen Eltern; hier habe ich bis zum 3. November 1972 gelebt.
An diesem Tag hat Karl Schwegerl seinen noch nicht ganz drei Jahre alten Sohn Christian beim Jugendamt abgegeben, weil er um das Leben des Kindes fürchtete.
27 Jahre, fünf Monate und elf Tage später, am 14. April des Jahres 2000, betrete ich die Treppe, die über sechs Stufen zum Hauseingang führt, und suche nach Erinnerungen.
Aber da ist nichts. Nichts, das mir irgendwie bekannt vorkäme. Oder doch? Mit diesen Stufen stimmt etwas nicht ...
«Den Eingang haben wir umgebaut», bestätigt Kurt Manz, als habe er meine Gedanken lesen können. «Früher führte die Treppe nicht seitlich, sondern frontal zur Tür!»
«Und das Dach über der Haustür», werfe ich ein, «war das nicht irgendwie anders?»
«Genau», sagt der frühere Nachbar meiner Eltern und bewundert mein Gedächtnis, «da war eine Glaskonstruktion, die haben wir auch umgebaut.»

Inzwischen haben wir das Haus betreten. Frau Manz tischt Kaffee auf, öffnet eine Schranktür der Wohnwand, bringt einen alten Aktenordner zum Vorschein und legt ein vergilbtes Papier auf den Tisch. «Schauen Sie, der Mietvertrag: Am 1. Juni 1973 sind wir eingezogen, da waren Sie ja schon nicht mehr hier ...» «Aber der Mann, Ihr Papa», fällt Kurt Manz seiner Frau ins Wort, «der hat manchmal von dem Bub erzählt.»

Er hinkt, wenn er geht, und er nuschelt, wenn er spricht – wohl auch eine Folge jenes Unfalls; man muss gut hinhören, um ihn verstehen zu können.

«Er werde am nächsten Tag im Hildegardsheim seinen Sohn, den kleinen Christian, besuchen, hat er gesagt, während wir zusammen das Holz zersägten. Er ist nämlich häufig mit Ausschussholz vom Bau heimgekommen, und daraus haben wir zusammen Brennholz gemacht.»

Kurt Manz legt eine Pause ein und seufzt schwer, bevor er fortfährt: «War schon ein Pfundskerl, der Karl. Hat mir oft seine Hilfe angeboten; wir haben uns gut verstanden, in den paar Monaten, wo er noch da war ...»

«Und meine Mutter? Können Sie sich denn an meine Mutter erinnern?»

Die beiden schweigen eine Weile. Betreten. Dann sagt er leise und noch eine Spur weniger verständlich: «Ihre Mama ist halt oft erst um drei in der Früh nach Haus gekommen – und manchmal war sie auch nicht allein ...»

«Meistens», ergänzt Maria Manz, «hat man sie im ‹Peterskeller› gesehen – das war ihre Stammkneipe. Und am nächsten Tag war ihr Gesicht aufgequollen und das Auge blau angelaufen ...»

«... hat er sie geschlagen?»

Die beiden zucken hilflos die Achseln. «Wissen Sie, Ihre Mama war keine glückliche Frau. Es gab häufig Streit dort oben.»

Sie führen mich in den ersten Stock hinauf. Mir ist mulmig zumute. Hier soll ich also gezeugt und drei Jahre lang aufgezogen worden sein – von zwei Menschen, die mir vollkommen fremd geblieben sind und über die kaum jemand ein gutes Wort zu berichten weiss.

«Ein paar Jahre lang haben wir noch unsere Eltern hier drin gehabt», sagt Maria Manz, während sie die Tür aufschliesst. «Aber jetzt steht die Wohnung leer.»

Links ein kleines Wohnzimmer, spärlich möbliert – ein Fernsehgerät, eine Sitzgruppe, an der Wand zwei Poster, die Junioren des FC Memmingen. «Unser Sohn.» Kurt Manz legt stolz den Finger auf einen hübschen Blondschopf. «Der hat es bis in die erste Liga geschafft.»

Geradeaus das Schlafzimmer, daneben ein zweiter, gefangener Raum, so klein, dass gerade mal ein Doppelbett hineinpasst. «Sie hatten getrennte Schlafzimmer», weiss Kurt Manz. «Ich weiss das, weil ich einmal hier oben war, als sie eine ihrer heftigen Auseinandersetzungen hatten und er mich zu Hilfe rief. Hier, im vorderen Zimmer, hat der Papa geschlafen, und da stand auch das Kinderbett.»

«Ist noch etwas da», frage ich, «irgendetwas, das sie zurückgelassen haben?»

Maria Manz schüttelt den Kopf: «Ach, wissen Sie, das ist doch schon so lange her.»

Ich mustere jeden Gegenstand, versuche etwas zu entdecken, etwas Vertrautes – doch alles kommt mir einfach nur fremd vor.

«Der Papa hat es nicht mehr lange ausgehalten mit dieser Frau; eines Tages ist er ausgezogen, einfach weggegangen», erzählt Frau Manz. «Niemand konnte sagen, wo er hingegangen ist. Von da an lebte Ihre Mama allein in der Wohnung. Sie hatte eine Freundin. Lange, schwarze Haare hat die gehabt, sie war oft hier im Haus. Manchmal haben die beiden auch Männer mitgenommen, wenn sie von der Wirtschaft kamen; das ging dann jeweils ziemlich laut zu und her ...»

Einmal noch sei mein Vater zurückgekehrt, berichtet Frau Manz weiter, am letzten Tag des Jahres 1973 sei das gewesen, als meine Mutter ausziehen musste. Die Vermieterin hatte sie rausgeworfen, weil sie seit Monaten die 165 Mark Miete nicht mehr habe bezahlen können. Plötzlich sei der Karl wieder aufgetaucht und habe geholfen, die Habseligkeiten seiner Frau nach Eisenburg zu schaffen. In dem Nachbardorf habe die Gisela eine andere Bleibe gefunden, für ein paar Monate. Es sei das letzte Mal gewesen, dass man meinen Vater in Memmingen gesehen habe.

Rechts vom Eingang die Toilette, daneben die Küche. Ich gehe hinein, öffne das Fenster und schaue auf den Hinterhof hinaus. Vor mir liegt der Garten mit dem frisch gemähten Rasen, ein Geräteschuppen, das Biotop mit den Seerosen. Und direkt unter mir – in fünf, vielleicht sechs Metern Tiefe – der Kiesboden. Hier muss es passiert sein, sagt mir mein Instinkt. Aber ich spüre nichts, gar nichts.

«Bitte», sage ich, «lassen Sie mich ein paar Minuten allein – ich möchte etwas spüren ...»

Noch einmal gehe ich von einem Zimmer ins andere, stelle mich mitten in den Raum, schliesse die Augen und versuche, eine Schwingung aufzunehmen. Im Wohnzimmer spüre ich nichts, die Wände geben keine Antwort. Das Schlafzimmer schweigt und auch der angrenzende Raum, in dem meine Mutter schlief. Ich gehe zurück in die Küche, schaue noch einmal durchs Fenster auf den Garten hinaus – hier müsste ich doch eine Resonanz bekommen. Ich lehne mich gegen den alten Spültrog und atme tief durch.
Ich warte. Worauf? Ich weiss es nicht. Aber was immer es sein könnte, es kommt nicht – nicht die leiseste Ahnung einer Erinnerung.
Bleibt nur noch die Toilette. Ich setze mich auf die Klobrille, stütze den Kopf in die Hände und denke nach. Ich weiss, dass ich in diesem Haus als Baby dem Tode nahe gewesen sein

muss. Und vor wenigen Minuten hat mir Kurt Manz erzählt – ganz beiläufig –, dass hier schon einmal ein anderes Kind gestorben ist: Das Kind der Mieter, die vor ihnen in der unteren Wohnung lebten, soll an einer Banane erstickt sein ...
Plötzlich spüre ich diesen Druck im Kopf. Er wird stärker, wird zur Schraubzwinge, die sich um meinen Schädel spannt. Wenn ich jetzt gefunden habe, was ich hier suchte, dann weiss ich jetzt, dass Erinnerung auch ohne Bilder wehtun kann.
Ich stehe auf und verlasse den Raum. Im dem Moment lässt der Schmerz nach. Und im Treppenhaus ist er ganz verschwunden. Wie weggeblasen.
«Schade«, sage ich zu Kurt Manz, als wir einander zum Abschied die Hände reichen, «ich habe so gehofft, dass ich hier etwas finde – irgendetwas, das meine Eltern zurückgelassen haben ...»
Er legt die Stirn in Falten, denkt kurz nach – dann strahlt er übers ganze Gesicht. «Warten Sie, ich glaube, ich hab da was für Sie.» Er humpelt über die Wiese zum Geräteschuppen und kommt mit einer alten Handsäge zurück. «Das war die Säge Ihres Vaters, damit haben wir zusammen Brennholz gemacht. Sie gehört jetzt Ihnen!»
Meine Hände streichen über die rostigen Zacken des Sägeblatts und über den hölzernen Griff. Ich bin tief gerührt.
Wir stehen auf dem Kiesplatz hinter dem Haus. Ein letztes Mal schaue ich an der Fassade entlang zum Küchenfenster hinauf. «Dort oben», sage ich, «dort muss es passiert sein, nicht wahr?»
«Ach, Sie wissen es?»
Es ist das Erste, was ich über meine Mutter in Erfahrung bringen konnte. «Ja, ich weiss es schon lange», sage ich. «Aber ich habe es nie so recht glauben wollen. Und wie es genau vor sich gegangen ist, weiss ich bis heute nicht ...»
«Das können wir Ihnen schon sagen. Obwohl wir es nicht direkt erlebt haben, damals haben wir ja noch nicht hier

gewohnt, erst ein halbes Jahr später sind wir eingezogen. Aber jeder hat es gewusst ...» Maria Manz seufzt tief. Und dann erzählt sie, was alle wussten: «An jenem Morgen Anfang November 1972 verliess Ihr Papa wie jeden Tag das Haus, um zur Arbeit zu gehen. Er hatte eine Stelle als Dreher in einem Baugeschäft. Vielleicht hatten sie sich zuvor wieder einmal gestritten; jedenfalls wollte die Mama nicht, dass er wegging, und machte ihm eine Riesenszene. ‹Du bleibst hier›, soll sie geschrien haben. ‹Ich muss doch zur Arbeit›, habe er erwidert. Da habe sie den Christian, ihren kleinen Sohn, gepackt und aus dem Küchenfenster gehalten. ‹Wenn du jetzt gehst, dann lasse ich ihn fallen!› Da ist der Mann ins Haus zurückgegangen, hat das Kind an der Hand genommen und direkt zum Jugendamt gebracht – er gab sein Kind weg, weil er fürchtete, die Frau werde es umbringen ...»

Adoptiert
Christian, Mutti und Vati

Ich stand da. Erstarrt. Was ich sah, durfte nicht wahr sein. Dicht vor mir loderten Flammen. Meterhoch. Es hatte mit einem leisen, unheimlich dumpfen Blaffen begonnen, und dann war da nur noch Feuer.
«Lauf, Kleiner!» Ich mochte es, wenn er ‹Kleiner› zu mir sagte. «Lauf weg und sag ihnen, dass es brennt!»
Franz warf seinen verschwitzten Oberkörper gegen die brennenden Strohballen – ein sinnlos verzweifelter Versuch, die Flammen zu ersticken.
«Lauf!»
Und ich rannte, was die Beine hergaben. Lief zum Wohnhaus, schrie um Hilfe und hetzte in kopfloser Panik über ein abgeerntetes Feld, stolperte, rappelte mich wieder hoch, rannte weiter. Endlich erreichte ich den schützenden Wald. Ich lehnte mich an einen Baum und zitterte am ganzen Leib. Ich spürte, wie mir das Herz bis zum Hals pochte.
Ich fühlte mich schuldig. Ich war einfach weggelaufen und hatte mich verkrochen. Zum ersten Mal – Hals über Kopf. So, wie ich es noch oft tun würde. Aber damals konnte ich noch nicht wissen, dass Weglaufen und Verkriechen zu den wenigen konstanten Strategien in meinem Leben gehören sollten ...
Es war ein heisser Sonntagmittag im Spätjuli 1982, die letzte Woche der Sommerferien stand bevor. Ich war noch nicht ganz 13 Jahre alt und verbrachte den Landdienst auf dem Bauernhof der Familie Hofer in der Region Frauenfeld.
Ein schwacher Wind trug die Sirene der Feuerwehr zu mir herüber. Ich hörte das schmerzerfüllte Brüllen der Kühe. Und das panische Quieken der Schweine.

Und dann dieses Geräusch, das aus der Vergangenheit kam und alte Schuldgefühle weckte: das verzweifelte Schreien einer Katze.
Und mich schauderte.

Ostern – ich war sieben Jahre alt und trieb mich in einem alten Stall neben unserem Ferienhaus herum. Auf dem Heuboden gab es allerhand zu entdecken.
Wir waren wieder einmal nach Gstalden ins Appenzellische gefahren, die meisten Wochenenden verbrachten wir hier im Ferienhaus. Seit wir vor Jahresfrist die Ostschweiz verlassen hatten und in den Kanton Bern umgezogen waren, war Gstalden für die Eheleute, die nicht meine richtigen Eltern waren, eine letzte Verbindung zur alten Heimat geworden.

Es war niemand da, nur die Katze. Sie hatte sich im Heu zusammengerollt und blinzelte mich verschlafen an. Plötzlich war er da, der böse Gedanke. Ich wurde ihn nicht mehr los. Und dann tat ich es.
Ich packte die Katze im Genick und schleuderte sie durch eine Luke ins Freie.
Ich weiss nicht, warum ich es tat. Aber ich erinnere mich noch gut, wie mich das Gefühl berauschte, Macht über ein anderes Lebewesen auszuüben – ein hässliches, aber auch ein erschreckend befreiendes Gefühl. Ich lehnte mich hinaus, schaute in die Tiefe – und war erleichtert, als ich sah, wie sich mein Opfer verstört in die Büsche schlug. Das arme Tier war mit dem Schrecken davongekommen ...
Niemand hatte es gehört – niemand, der hätte auf den Gedanken kommen können, mit dem Kreischen der Katze rufe auch ein Kind um Hilfe.
Ein Kind, das die selbst erlittene Qual an einem Tier ausliess.

Seit mehr als einem Jahr war ich das Kind einer Frau, die ich ‹Mutti›, und eines Mannes, den ich ‹Vati› nennen durfte – nennen musste ... Wenn ich sie fragte, warum ich bei ihnen sei und warum meine richtige Mutter mich nicht besuchte, wurde die Frau seltsam traurig, und der Mann sagte unwirsch: «Das verstehst du nicht, Bub!»
«Aber warum denn nicht?»
«Weil du dafür noch zu klein bist!»
«Ist sie denn tot, meine Mutter?»
«Hör jetzt auf mit dieser Fragerei!» Seine Stimme hatte einen bedrohlichen Zwischenton bekommen, der mir Angst machte. «Du solltest froh und dankbar sein, dass du bei uns sein kannst!»
Ich wagte immer seltener, Fragen zu stellen. Irgendwann hörte ich ganz damit auf. Aber ich habe nie aufgehört, an meine Mutter und meinen Vater zu denken – an meine ‹richtigen› Eltern. Doch so sehr ich mein Gedächtnis auch bemühte: Ich konnte mich nicht einmal erinnern, wie sie aussahen.
«Wir sind jetzt deine Eltern, Christian», sagte die Frau, die ich Mutti nannte, und strich mir mit der Hand über den Kopf. «Du hast doch alles bei uns!»

Kurz vor Weihnachten 1974 war ein kinderloses Ehepaar aus der Schweiz nach Kalzhofen gefahren, einem kleinen Dorf im Allgäu, nahe der Grenze zu Österreich. Der Herr Doktor aus der Schweiz und seine Gattin suchten das Heim ‹St. Maria› auf, um die Kinder aus zerrütteten Familien zu begutachten, die hier von Klosterfrauen des Dillinger Franziskanerinnen-Ordens erzogen wurden. Wenige Tage später, Anfang Januar 1975, kamen die beiden ein zweites Mal – sie hatten an dem fünfjährigen Christian Schwegerl Gefallen gefunden und holten ihn kurzerhand in die Ostschweiz.

Die Adoption war, wie ich später erfahren sollte, noch nicht rechtskräftig vollzogen, und wir waren alle noch damit beschäftigt, uns an die neue Situation zu gewöhnen – da geschah ein kleines Wunder: Meine neue Mutter, die sich jahrelang sehnlichst gewünscht hatte, ein Kind zu gebären, und sich unterdessen damit abzufinden versuchte, die Frucht einer fremden Frau aufzuziehen – sie war schwanger geworden.
Das Kind kam am 13. August 1975 als Frühgeburt zur Welt. Es war der Tag, der mein Leben erneut radikal verändern sollte. Mit der Perspektive einer neuen Heimat bei einer richtigen Familie hatte sich alles so viel versprechend und hoffnungsvoll entwickelt ...

Ich war gerade sechs Jahre alt geworden, wir waren inzwischen in den Kanton Bern umgezogen, und ich sah einer unbeschwerten Zukunft im Schosse einer gutbürgerlichen Familie entgegen. Ich war der Sohn eines angesehenen Geschäftsmannes und seiner charmanten Gattin, und ich war dem Schicksal entronnen, das den meisten Heimkindern blüht: Im Gegensatz zu diesen hatte ich eine Chance bekommen. Für mich war der Traum wahr geworden, den alle Kinder im Heim träumen: Ich durfte ein normales Leben führen.
Dann kam David. Und alles wurde anders.

Von da an war ich ein Kind zweiter Klasse; das Ehepaar, das ich auch weiterhin «Vati» und «Mutti» nennen durfte, versuchte nicht einmal den Anschein zu erwecken, der leibliche Sohn würde nicht geringer geschätzt als der adoptierte. Unverhohlen schenkten sie dem Säugling all ihre fürsorgliche Zuwendung. David wurde geherzt und verhätschelt – ich für jedes Missgeschick verantwortlich gemacht und zur Rechenschaft gezogen.

Wenn ich mich ungerecht behandelt fühlte und aufbegehrte, bekam ich von meinem Vati barsche Worte zu hören. Und nicht selten auch harte Schläge zu spüren.
Ich fühlte mich schikaniert und verstossen.

Am wohlsten war mir, wenn ich mich in mein kleines Zimmer verziehen, meinen Gedanken nachhängen und die Frauengestalt aufleben lassen konnte, die immer häufiger meine Tagträume ausfüllte.
Und ich versuchte, sie zu malen.
Aber ich war nie zufrieden mit meinem Werk und ärgerte mich über mein zeichnerisches Unvermögen. Gemessen an der vollkommenen Frau, die mir in der Fantasie vorschwebte, war das Geschöpf auf dem Papier höchst mangelhaft. Meistens zerknüllte ich das missratene Werk, verbrannte es im Papierkorb, legte mich auf mein Bett und stellte sie mir vor. Jetzt war sie wieder schön und anmutig, durch und durch weiblich – genau so, wie ich werden und sein wollte.
Damals schon.

Als ich in die dritte Klasse kam, zogen wir erneut um; wir kehrten vom Kanton Bern wieder zurück in die Ostschweiz.
Die guten Noten, die ich von der Schule nach Hause brachte, waren meine einzigen Erfolgserlebnisse. Bei den Mitschülern galt ich als Streber und war entsprechend unbeliebt. Mit den Buben wollte ich sowieso nichts zu tun haben, und die Mädchen kicherten über mich. Ich war in unserer Klasse der krasse Aussenseiter.

Besonders ein Junge namens Manfred hatte es auf mich abgesehen; ich ging ihm nach Möglichkeit aus dem Weg. Manchmal erwischte er mich trotzdem. Er lauerte mir mit ein paar anderen Burschen hinter der Turnhalle auf, und wenn ich mich vor Schreck nicht mehr rühren konnte, nutzten sie das aus und schlugen sofort zu. Ich fühlte mich so ohnmächtig und war so schmächtig, dass ich nicht einmal versuchte, mich zu wehren. Der rohen Gewalt hatte ich nichts entgegenzusetzen. Auf dem Schulweg nicht und auch nicht zu Hause.

Zu Hause erwartete mich eine Familie, der ich mich je länger je weniger verbunden fühlte. Da war Vati, den ich fürchtete und mied, weil er noch härter zuschlagen konnte als Manfred. Da war Mutti, die ich vergötterte, weil sie so fraulich war; die ich zugleich aber auch bedauerte, weil sie sich von ihrem Mann so viel gefallen lassen musste.
Und dann war da noch David, mein kleiner Adoptivbruder – sechs Jahre jünger zwar, aber das Fleisch und Blut der Eltern. Schon mit vier Jahren liess er keine Gelegenheit aus, seine privilegierte Position gegen mich auszuspielen. Mit der Körpergrösse wuchs auch seine Arroganz mir gegenüber; er suchte Streit, wo immer er konnte. Und wusste ganz genau, dass die Eltern ihm den Rücken frei halten und die Schuld in jedem Fall bei mir suchen würden. Manchmal liess sich allerdings nicht bestreiten, dass ich im Recht war. Dann kam Vati jeweils mit seinem stereotypen Spruch: «Du bist doch der Ältere, Christian; du solltest es besser wissen!»

Niemand verstand mich, keiner nahm mich ernst – am wenigsten, so schien mir, meine Adoptiveltern. Ich zog mich, so lange ich zu Hause war, immer mehr in das Schneckenhaus meiner Fantasien zurück. Ich dachte an die Frau – und sehnte mich nach den Sommerferien.
Ferien in Engelburg. Wenn es in den Jahren meiner Kindheit etwas gab, woran ich mich gerne erinnere, dann sind es die

Sommerferien in der kleinen Gemeinde vor den Toren von St. Gallen, wo mein ‹Gotti› Irene Strässle zusammen mit ihrem Mann lebte, der für mich ‹Onkel Albert› war. Im Garten vor dem Haus zogen sie Gemüse und zauberten daraus die beste Suppe der Welt. Jeweils am Abend meiner Ankunft dampfte sie in einem grossen Topf als Willkommensgruss auf dem Tisch. Während wir tafelten, berichtete ich von meinen kleinen und grossen Sorgen – und man hörte mir gespannt zu. Die beiden zeigten echtes Interesse an mir.

Engelburg war mein Schlaraffenland. Das lag nicht nur an den Koch- und Backkünsten von meinem ‹Gotti› und Onkel Albert. Es lag an den vielen Stunden, die wir mit Malen und Musizieren, an den gemütlichen Abenden, die wir mit Gesellschaftsspielen verbrachten. Vor allem aber lag es an der Harmonie, die hier herrschte.

Ich spürte, dass ich geliebt und ernst genommen wurde – ein ungewohntes, ein wunderbares Gefühl. Wenn die Ferien zu Ende gingen und ich zu den Adoptiveltern zurückkehren musste, konnte ich die Tränen nicht zurückhalten.

Ungeduldig sehnte ich mich jeweils nach den nächsten Ferien, der Zeit, die mir Freiheit bedeutete. Nicht wegen des Unterrichts; ich ging ja sehr gerne in die Schule. Auch nicht nur wegen der Klassenkameraden, in deren Gemeinschaft ich nie wirklich aufgenommen worden war. Ich freute mich auf die Ferien, weil ich dann jeweils für ein paar Wochen dem bedrückenden Umfeld meines Elternhauses entfliehen konnte und bei Menschen wie Irene Strässle oder meiner Tante Cécile Aufnahme fand – Menschen, bei denen ich mich wohl fühlte, weil sie mich ernst nahmen.

So war es auch bei der Familie Hofer. Im Sommer 1983 hatten meine Eltern mich für drei Wochen zum Landdienst auf deren Bauernhof, unweit von Frauenfeld, angemeldet. Zunächst reiste ich mit gemischten Gefühlen in den Thurgau; mich schreckte die harte körperliche Arbeit, die mich dort wohl erwarten würde.

Doch die Herzlichkeit, mit der die Familie mich in ihrer Mitte aufnahm, zerstreute rasch alle Bedenken. Sie behandelten mich von Anfang an wie einen Sohn – alle drei. Franz, dem zwanzigjährigen Jungbauern, galt meine heimliche Bewunderung. Er war der jüngste von Hofers drei Sprösslingen, besuchte die landwirtschaftliche Berufsschule, und es war vorgesehen, dass er den Hof übernehmen sollte. Ich nahm gerne jede Gelegenheit wahr, an seiner Seite irgendeine Arbeit zu verrichten.

Mutter Hofer, eine währschafte Bäuerin, hatte den Hof im Griff. Die liebenswürdige Frau hatte die Hosen an und das Herz auf dem rechten Fleck.

Der Vater, deutlich älter als sie, ein gedrungener, knorriger Mann, stapfte schon vor Sonnenaufgang in seinen viel zu grossen Gummistiefeln vom Wohnhaus über den Vorplatz zum Stall, um die Tiere zu versorgen: rund zwanzig Stück Braunvieh, ein paar Pferde, eine Menge Schweine und noch mehr Federvieh – Hühner, Enten und auch Fasane.

Ich half beim Ausmisten und fütterte die Hühner, fuhr mit dem Bauern auf dem Traktor zur Weide hinaus, wo ich ihm die Pflöcke hielt, die er für den neuen Zaun einschlug. Am meisten Arbeit hatten wir mit dem Einbringen des Heus: Wenn der zweite Schnitt jeweils auf den Wiesen lag, musste er rasch zusammengetragen werden, bevor gegen Abend die Sommergewitter losbrachen.

Der Höhepunkt des Tages war die Znünipause. Nach den ersten Arbeitsstunden setzten wir uns in der Stube zu Tisch. In dem dicken roten ‹Hafen› mit den weissen Punkten dampfte die frische Milch. Dazu gab es Kaffee, Brot, Käse – und lüpfige Ländlermusik von DRS 1.

Ich gab die ersten Anekdoten des Morgens zum Besten und berichtete von meinem Alltag zu Hause und in der Schule – ich redete wie ein Buch, und alle hörten interessiert zu. Endlich einmal durfte ich im Mittelpunkt stehen. Ich genoss dieses Gefühl. Und blühte auf.

Vor allem, wenn Franz Zeit für mich hatte. Wie an jenem heissen Sonntagmittag im Juli 1982 – die letzte Woche der Sommerferien hatte begonnen. Die Eltern Hofer hatten sich im Schlafzimmer zur Siesta zurückgezogen. Ich lungerte draussen herum, vor der riesigen Holzkonstruktion des Stallgebäudes, in dem oben Hunderte von Stroh- und Heuballen lagerten und unten die Vierbeiner im Schatten wiederkäuten.

Auch ich hielt mich an den kleinen Schattenstreifen, den die Steinfassade des Wohnhauses auf den geteerten Vorplatz warf. Vom Brot, das ich mir in der Küche als heimliches Dessert geschmiert hatte, tropfte Konfitüre auf den Boden. Und sofort machte sich ein halbes Dutzend gelber Insekten wild surrend darüber her.

Franz kam vom Schweinestall rübergerannt und fuchtelte wild mit den Armen um sich. «Verfluchte Scheissviecher», schimpfte er. «Diese elenden Wespen!»

«Ich glaub, sie kommen vom Stall.»

«Nicht vom Stall, sie hocken oben auf dem Heuboden», sagte Franz. «Dort muss ein Nest sein!»

«Man müsste sie verbrennen», sagte ich naiv.

«Nicht verbrennen, ausräuchern müssen wir sie!» Franz war ins Haus geflüchtet und rief vom Korridor. «Christian, wart! Ich komme gleich. Du kannst mir helfen!»

Ich war ganz aufgeregt. Nicht nur wegen der Wespen.

Franz kam mit einem Eimer, aus dem ein bläulicher Rauch quoll. «Das sind Schwefelstäbe», sagte er und grinste. «Damit schicken wir den Wespen einen letzten Gruss! Komm, halt mal!»
Er drückte mir den Henkel des Eimers in die Hand und ging voraus – zur Treppe, die auf den Heuboden führte.
«He, ist das nicht gefährlich?», rief ich zu ihm hinauf. «Mit dem Rauch hier und dem ganzen Heu da oben ...»
«Keine Angst, Kleiner! Passiert schon nichts. Wir müssen halt vorsichtig sein!»

Franz stocherte mit der Mistgabel im Heu, das wir vorgestern erst zu einem Ballen zusammengebunden hatten. Jetzt schossen die Wespen böse brummend zwischen den Halmen heraus und schwirrten in wildem Zickzack-Kurs um unsere Köpfe. Ich stellte den Eimer auf den Boden. Über den Blechrand wälzte sich der Schwefelqualm auf den Boden, stieg wieder hoch und kroch zwischen die Halme. «Scheissviecher!», sagte Franz. Gleichzeitig wühlte er mit der Gabel im Stroh. «Kommt nur raus!»

Eine der Mistgabelzinken verhakte sich an einer Schnur. Die Schnur riss. Der Ballen platzte. Das Heu stob auseinander und hüllte uns in eine würzig duftende Staubwolke.
Instinktiv griff ich nach dem Henkel des Eimers, in dem die Schwefelstäbe glommen und qualmten, und riss ihn zur Seite. Zu spät.

Staub und Rauch vereinten sich zu einem explosiven Gemisch – es ging plötzlich sehr schnell. Die Flammen frassen sich durchs Heu, züngelten über die Holzwände.
«Lauf, Kleiner!»

Draussen herrschte eine merkwürdige, eine unheimliche Stille. Irgendwo gackerte ein Huhn.
Ich rannte über den Vorplatz zum Wohnhaus, wo Frau Hofer gerade aus der Tür trat und mir entgegeneilte. «Christian, was ist passiert?»
«Es brennt!» Meine Stimme überschlug sich. «Auf dem Heuboden. Der Franz ist noch drin!»
Ich deutete zum Stallgebäude. Um die Ritzen zwischen den Brettern des Verschlags spielten kleine Rauchwolken.
«Um Gottes willen!» Frau Hofer kehrte um und alarmierte die Feuerwehr.

Und dann lief ich weg. Es mochte ungefähr eine Stunde vergangen sein, als ich zum Hof zurückkehrte.
Die Flammen schlugen aus dem Scheunendach. Ihr Prasseln und das Ächzen der berstenden Balken vermischte sich mit dem Knattern der Motorpumpen. Uniformierte Feuerwehrleute hasteten über den Hof, bellten kurze Befehle und schleppten lange Schläuche. Jeweils zwei Männer standen an einer Spritze und richteten den Strahl auf die Fassade des Wohnhauses. Andere gaben jenen Wasserschutz, die mit Eisenstangen das Vieh aus dem Stall prügelten. Die verstörten Tiere, gelähmt vor Angst und vor Schmerz brüllend, hatten jegliche Orientierung verloren.
Ich stand da und konnte nicht fassen, was ich sah. Niemand beachtete mich. Bauer Hofer trieb die geretteten Kühe zusammen und brachte sie zum Hof des Nachbarn in Sicherheit. Seine Frau eilte zum Hühnerstall. «Die Hühner!», schrie sie. «Treibt die Hühner raus!»
Aber wo war Franz? Ich konnte ihn nirgends sehen.
Ich verkroch mich hinter einer Beige Brennholz, die beim Hühnerstall aufgeschichtet war. Ich wollte nichts hören, nichts se-

hen von der Katastrophe, die wir angerichtet hatten. Ich wollte nur endlich aus diesem Albtraum erwachen.

Stundenlang kauerte ich in meinem Versteck und vergrub das Gesicht in den Händen, um alles, was rund um mich herum geschah, von mir fern zu halten. Endlich, vielleicht gegen sechs Uhr am Abend, verliess ich mein Versteck.
Das ganze riesige Stallgebäude war bis auf die Grundmauern eingeäschert, nur eine schwarze mottende Ruine war davon übrig geblieben, aus der beissender Rauch stieg. Das Wohnhaus war – abgesehen von ein paar Fensterscheiben, die zu Bruch gegangen waren, unversehrt geblieben.
Ich sah Hofer und ein paar Feuerwehrleute – mit Seilwinden zerrten sie die Kadaver verendeter Rinder und Schweine aus dem stinkenden Schutthaufen.
«Christian!» Frau Hofer kam mir entgegengerannt; unendliche Erleichterung sprach aus ihrer Stimme. «Gott sei Dank – da bist du ja! Wir haben dich überall gesucht!» Sie nahm mich in die Arme und drückte mich an ihren Busen, und ich konnte meine Tränen nicht mehr zurückhalten.
«Das haben wir nicht gewollt», brach es aus mir heraus, «wirklich nicht!»
«Es ist gut, Christian, du kannst nichts dafür!»
Kein vorwurfsvolles Wort. Noch zögerte ich, ihr zu glauben. Ich war es doch, der die qualmenden Schwefelstäbe auf den Heuboden geschleppt hatte.
«Wo ist Franz?»
«Franz lebt!»
Franz Hofer lag im Spital Frauenfeld; er hatte schwere Verbrennungen am ganzen Oberkörper erlitten.

. . .

Ich habe sie bewundert, sehr sogar; ich eiferte ihr nach – ich wollte ihr gefallen.

Die Frau, die ich ‹Mutti› nannte, nahm aktiv am Vereinsleben teil, und wenn es auf Weihnachten zuging, schuf sie die schönsten Krippenfiguren. Sie hatte ebenso viele Talente wie Minderwertigkeitsgefühle; oft war sie hypernervös, dauernd litt sie unter Frustrationen.

Kultiviert und charmant konnte sie Anmut und Demut verbinden und strahlte dabei eine sanfte, edle Schönheit aus.

Für mich war sie mit jeder Pore Frau – ihre Weiblichkeit faszinierte mich.

Ich verdanke ihr viel – die Liebe zur klassischen Musik etwa und auch das feine Gespür für das makellos Schöne. Mutti hat mir beigebracht, wie man sich in guter Gesellschaft manierlich benimmt. Sie hat auch mein musisches Flair erkannt und gefördert. Und sie hat sich dafür eingesetzt, dass ich im St. Galler Singkreis aufgenommen wurde.

Mutti war eine Frau mit Stil.

Heute tut sie mir Leid. In all den Jahren ist der Glanz verblasst, den ich damals so bewunderte. Mutti hat sich in ihrer Demut verloren und ist seelisch verkümmert. Das macht mich traurig. Im Schatten ihres Mannes ist sie selbst ein Schatten geworden. Ihr eigener.

Aber damals verehrte ich sie. Oft freute ich mich schon die ganze Woche auf den Sonntagmorgen. Denn der gehörte nur Mutti und mir. Er begann mit dem gemeinsamen Kirchgang. Nicht das innere Verlangen nach priesterlichem Segen trieb mich ins Gotteshaus. Einzig das drängende Bedürfnis, von Mutti geliebt zu werden, liess mich eine Stunde lang auf der harten Holzbank ausharren. Ich ahnte, dass die Gemeinschaft in der Gemeinde für sie eine der wenigen Gelegenheiten war, dem häuslichen Unfrieden zu entkommen. Vor allem aber wusste ich, wie sehr sich die fromme Frau freute, wenn ich sie auf ihrer kleinen Flucht begleitete.

Nach der Kirche setzte ich mich zu ihr in der Küche. Wir schälten Kartoffeln, rüsteten Gemüse und sprachen über die Worte des Priesters. Sie lächelte, wenn mir eine kluge Bemerkung einfiel. Und das machte mich glücklich.

In diesen Momenten waren wir einander sehr nahe, es waren die seltenen Momente, in denen ich mich ernst genommen fühlte.

Wir führten gute, verbindende Gespräche, die allerdings nie tief schürften. Und schmerzhaft musste ich bald erkennen, dass auch Mutti nichts von dem spürte, was mich seit Jahren beschäftigte. Und zunehmend beunruhigte. In mir lauerte etwas – ein seltsames Geheimnis. Es äusserte sich als Gefühl, für das ich keine Worte hatte. «Du bist anders», sagte mir dieses Gefühl. «Anders als du bist.»

Damit konnte ich nichts anfangen. Es machte mir nur Angst.

Im Winter richtete sich das Sonntagsprogramm nach dem Weltcup-Kalender. Wenn nach der Kirche ein Skirennen übertragen wurde, durfte ich mich zu Mutti vor die Kiste setzen. Wir schwärmten beide für Erika Hess. Wenn die Obwaldnerin sich durch die Torstangen schlängelte, fand ich sie fast so heiss wie Billy Idol, wenn er auf der Bühne rockte.

Gelegentlich gesellte sich auch Vati zu uns. Dann fühlte ich mich plötzlich höchst unwohl. Ich konnte seine Gegenwart immer weniger ertragen und ging ihm nach Möglichkeit aus dem Weg. Manchmal wechselten wir wochenlang kein Wort miteinander.

Wenn Vati kam, griff ich mir die Zeitungsseite mit der Startliste und verdrückte mich nach oben aufs Zimmer.
Dort veranstaltete ich mit der Damenmannschaft mein eigenes Skirennen. Ich nahm Papier, Bleistift sowie fünf Würfel zur Hand und stellte mit den Namen meiner Heldinnen – Erika Hess, Michela Figini und Doris de Agostini, Tamara McKinney, Anita Wachter und all die anderen – meine eigene Rangliste zusammen. Die Summe der Würfelaugen war das Weltcup-Punktekonto – zehn Durchgänge mit fünf Würfeln für jede Athletin. Fast jedes Mal brachten meine Würfel jene Fahrerin in Führung, die via Bildschirm auch im Zielgelände triumphierte: Erika Hess.

Im Bestreben, Muttis Gunst von David auf mich zu lenken, nahm ich klaglos all die kleinen Demütigungen hin, die meinen Alltag vergifteten.
Ich strich mir jeden Morgen Margarine aufs Brot. Alle anderen taten sich an der frischen Butter gütlich, nur für mich hatte Mutti Margarine auf den Tisch gestellt. Dabei hätte ich viel lieber Butter gehabt. Aber ich brachte den Mut nicht auf, mich gegen die Margarine aufzulehnen. Das hätte sie mir womöglich als Undankbarkeit ausgelegt.
Ich war der Einzige, der aus dem hässlichen weissen Teller essen musste. Das schöne braune Service war für die anderen. Ich hasste diesen alten Teller. Aber ich fügte mich und sagte kein Wort.
Oft hatten wir Gäste zum Essen, Freunde und Verwandte. Bei solchen Anlässen konnte Mutti in der Rolle der Gastgeberin ihren erlesenen Geschmack zur Geltung bringen; sie war eine Meisterin der Dekoration. Ob sie den Tisch schmückte oder sich selbst, sie tat es mit perfekter Nonchalance – und war doch nie zufrieden mit sich und ihrem Werk.

Ihr Make-up war schlicht und unaufdringlich, die Tönung ihres Haares dezent, aber wirkungsvoll. Sie hüllte sich in teure Seide, schlüpfte in ihre elegantesten Schuhe und setzte ihrer strahlenden Erscheinung mit diskretem Brillantschmuck die Krone auf. Sie wahrte den Schein der Perfektion und hütete sich, damit aufzutrumpfen. Im Gegenteil: Stets hielt sie sich im Hintergrund. Denn die höchste Zier, das predigte und lebte sie uns immer vor, war die Bescheidenheit.

Wenn wir bei anderen Leuten zum Essen eingeladen waren und ich gefragt wurde, ob ich ein zweites Mal schöpfen wolle, sagte ich brav «Nein, danke!» – auch wenn ich ganz gerne noch mal zugelangt hätte. Aber das, fand Mutti, schicke sich nicht. Und ich tat alles, um ihr zu gefallen.

Nein, ich musste gewiss keinen Hunger leiden. Wenn der Magen knurrte, war immer was Essbares in der Küche. «Nimmst halt ein Stück Brot!» – das war Muttis stehende Rede. Ich mochte kein Brot essen, mich trieb vielmehr eine unbändige Lust nach feinen Süssigkeiten um. Aber das kam natürlich nicht in Frage; das war ungebührlicher Luxus – und alles andere als bescheiden.

So begann ich, meine Lust heimlich zu befriedigen. Ich wusste immer, wo Mutti ihre Handtasche stehen hatte. In einem unbeobachteten Moment genügte ein schneller Griff nach dem Portemonnaie. Ich nahm nur das Münz, mal war es ein Fünfliber, mal fand ich nur einen Zweifränkler. Das genügte, um beim Bäcker einen Bienenstich zu kaufen. Oder einen Schoko-Riegel am Kiosk in der Coop-Filiale. Cailler-Branchli, Minörli, Ragusa – ich testete so ziemlich das ganze Sortiment. Die kleinen Marzipan-Bananen waren meine klaren Favoriten. Wenn ich allein im Zimmer hockte und mich meinen heimlichen Fantasien hingab, vernaschte ich meine Beute.

Doch wohin mit dem Abfall? Die kleinen Papierchen, in welche die Süssigkeiten verpackt waren, hätten mich verraten können. Der Abfalleimer kam natürlich ebenso wenig in Frage wie der Papierkorb und mein Hosensack noch weniger. Schliesslich entdeckte ich, dass meine alte Blechtrommel, die seit Jahren unbenutzt in einem Regal gelegen hatte, sich ganz leicht öffnen liess – ein ideales Versteck, um verräterische Spuren zu entsorgen! Mit der Zeit füllte sich die ganze Trommel mit Schoggi-Papierli. Ich achtete darauf, dass sie immer, wenn ich mein Zimmer verliess, in der hintersten Ecke meines Kleiderschrankes verborgen war.

Als ich die Primarschule besuchte, nahmen meine Sehnsüchte und Fantasien immer deutlicher zwanghafte Züge an. Die Weiblichkeit in mir dominierte mein Denken und Handeln. In meinem Kopf war ein Schalter eingebaut, den ich immer häufiger betätigen musste.
Ich schaltete ihn ein, wenn ich mich am Morgen in meine Jeans zwängte – und schon schlüpfte ich gedanklich in einen kurzen Sommer-Jupe. Ich knipste ihn an, wenn ich vor dem Spiegel stand – und schon erkannte ich weibliche Züge in diesem Gesicht. Sogar im Turnunterricht, wenn ich mit den Buben ‹Böckli gumpen› musste, konnte ich meinen Schalter einsetzen – und wähnte mich plötzlich bei einem Tanzspiel im Mädchenturnen. Auf dem Schulweg wurden meine Schritte sofort beschwingter, wenn ich schaltete – und schon fühlte ich mich genauso mädchenhaft und begehrenswert wie Tamara.
Tamara war das coolste Mädchen in der Klasse. Ich bewunderte sie heimlich; alle Jungs standen auf Tamara. Sie durfte ins Kino, hatte immer das neuste ‹Bravo› und wusste über alles Bescheid. Sie war hinreissend.
Ich wollte sein wie Tamara und werden wie Mutti.

Manchmal, wenn ich alleine zu Hause war, schlich ich ins Schlafzimmer der Eltern, öffnete Muttis Schränke und liess meine Hand liebkosend über die feinen Stoffe ihrer schönsten Kleider gleiten. Mutti hatte viele Kleider; ich wusste von jedem, wie es sich anfühlt, und konnte mich nicht satt sehen daran. Ich stellte mir vor, wie es wäre, in eine ihrer seidenen Abendroben oder in ein luftiges Sommerkleid zu schlüpfen. Es waren Gedankenspiele, die mich reizten, weil der Ruch des Verbotenen daran haftete.

Aber ich habe nie gewagt, es wirklich zu tun.

Bei den Schuhen war das anders. Es gehörte zu meinen Pflichten, jede Woche die Schuhe der Eltern zu putzen – eine Arbeit, die ich möglichst immer dann verrichtete, wenn niemand da war. Ich fing jeweils mit Vatis Schuhen an, um rasch damit fertig zu werden. Dann nahm ich mir Muttis Schuhe vor – elegante Designermodelle mit Stiletto-Absätzen, grazile Sandaletten mit dünnen Riemen. Ich konnte meine Füsse gerade noch knapp hineinzwängen, und dann stolzierte ich vor dem grossen Spiegel auf und ab.

Jedes Mal nahm ich immer nur ein Paar aus dem Schuhkasten und achtete genau darauf, dass ich die Schuhe wieder genau so zurückstellte, wie ich sie vorgefunden hatte, bevor ich mir ein neues Paar aussuchte.

Neben dem Schuheputzen hatte ich noch eine ganze Reihe weiterer Pflichten im Haushalt. Beim Abwasch trocknete ich jeden Tag das Geschirr ab. Ich wischte in der Küche und im Esszimmer den Boden und im Vorraum die Treppe. Manchmal musste ich auch die Garage schrubben. All diese ‹Jöbli› erledigte ich in der Regel, ohne zu murren. Ich glaubte, dass ich so Muttis Zuneigung gewinnen könnte. Aber das war nicht so einfach ...

Im Winter, wenn draussen Schnee gefallen war, nahm ich die grosse Schaufel zur Hand. Schneeschaufeln war die unangenehmste meiner Pflichten. Es hätte mir wohl nicht so viel ausgemacht, wenn da nicht David gewesen wäre, der untätig herumstand und hämisch grinste.
Der Kronprinz war halt noch viel zu klein, um sich die Hände schmutzig zu machen.
Ich hingegen wurde gleich als ‹Taugenichts› und ‹Drückeberger› beschimpft, wenn nicht der ganze Vorplatz restlos vom Schnee befreit war. Mutti hat das jeweils peinlich genau kontrolliert.
«Ich weiss gar nicht, was du hast», sagte Frau Leuenberger, eine Freundin meiner Mutter, als diese wieder einmal meckerte, weil sie noch einen Rest Schnee entdeckt hatte. «Das hat der Christian doch sehr gut gemacht!» Die Bemerkung war zwar nur eine kleine Geste der Solidarität, aber ich war ihr unendlich dankbar dafür.

Immer, wenn Leuenbergers uns auf den langweiligen Wanderungen begleiteten, die meinen Eltern so furchtbar wichtig waren, beneidete ich Corinne und Nicole. Während die beiden Leuenberger-Töchter zu Hause bleiben durften, im Radio die Hitparade verfolgten oder sich vor dem Fernseher eine Folge von ‹Denver-Clan› reinzogen, musste ich mit den Erwachsenen durch die Landschaft latschen.
«Ich bleib lieber daheim», maulte ich einmal.
«Kommt nicht in Frage», beharrte Mutti. «Du kommst mit!» Und Vati doppelte nach: «Keine Diskussion!»
«Aber Corinne und Nicole müssen doch auch nicht wandern», beharrte ich.
«Das ist nicht unsere Sache», hiess es dann. «Du kommst jedenfalls mit uns – fertig, Schluss!»

Dem hatte ich nichts mehr entgegenzusetzen. Ich war überzeugt, dass Corinne und Nicole nur deshalb zu Hause bleiben durften, weil deren Eltern Verständnis für weibliche Teenager hatten.

Ich wünschte mir, kein Bub sein zu müssen.

Tränen der Wut füllten meine Augen. «Ich hab genug von euch!», heulte ich. «Ich geh weg und suche meine richtige Mutter!» Ich wusste, dass ich sie damit treffen würde. «Dann geh doch», sagte Mutti beleidigt, «wenn du glaubst, dass du es dort besser hast!» Und fuhr, nach einer kurzen Pause, mit trauriger Stimme fort: «Ach Christian, wenn du wüsstest ... Deine Mutter hätte dich beinahe umgebracht ...»

. . .

«Christian», sagte der Mann, den ich ‹Vati› nannte, «hast du mir nichts zu sagen?»
Er war von seinem Direktorenbüro in Bern direkt ins Spital gefahren, um Mutti zu besuchen, die vor wenigen Tagen David geboren hatte, seinen ersten und einzigen leiblichen Sohn. Seit Wochen schon, seit sich immer deutlicher abzeichnete, dass das Kind eine Frühgeburt werden und einen schweren Start ins Leben haben würde, wirkte Vati gereizt und nervös. Seine Launen liess er an mir, dem sechsjährigen Adoptivsohn, aus. Bald glaubte ich felsenfest, die Ursache all seiner Sorgen zu sein. Ich hatte zwar keine Erklärung dafür, aber mir war klar, dass ich durch meine blosse Existenz Schuld hatte an den lebensbedrohenden Umständen, welche die Geburt des kleinen David begleiteten. Sollte der Winzling in dem Brutkasten seinen verzweifelten Kampf ums Überleben verlieren, würde ich wohl auch dafür zur Verantwortung gezogen werden.

Vati zitierte mich, sowie er am Abend nach Hause gekommen war, ins Wohnzimmer und musterte mich misstrauisch.
«Na? Sag schon!?»
Ich wusste genau, was jetzt kommen würde, und ich hatte Angst davor.
«Äh – ä-ähem ...» Ich druckste herum, versuchte, seinem bohrenden Blick auszuweichen, und wünschte mir, der Boden solle sich unter meinen Füssen öffnen und mich verschlucken.
Er sagte nichts. Er brauchte auch nichts zu sagen. Seine dunklen Augen, die mich unablässig fixierten, sagten mir, was ich zu tun hatte: Wortlos, zitternd vor Angst und Scham, stellte ich mich vor ihn hin, liess die Hose runter und präsentierte meine Unterhosen zur Inspektion – inbrünstig hoffend, dass dem Vati nichts auffallen möge.
«So lass ihn doch!» Meine Oma stand im Türrahmen. «Der Junge kann ja nichts dafür!»
Vatis Mutter war für ein paar Wochen bei uns eingezogen, um zu kochen und den Haushalt zu besorgen, solange Mutti sich im Wochenbett von der schweren Entbindung erholte.
«Misch dich da nicht ein», sagte Vati. «Ich weiss schon, was ich zu tun habe, um dem Jungen die Flausen auszutreiben!»
«Es kommt noch so weit», erwiderte Oma mit besorgter Stimme, «dass sie euch das Kind wieder wegnehmen!»
Sie konnte ja nicht ahnen, wie nahe ihre Befürchtung der Wirklichkeit noch kommen sollte ...
Und ich konnte damals nicht wissen, dass mein seltsam verstocktes Benehmen bereits aktenkundig geworden war. Den Behörden waren die Spannungen, die sich zwischen meinen Adoptiveltern, vor allem zwischen Vati und mir, entwickelt hatten, nicht verborgen geblieben. Das für meine Adoption zuständige Jugendamt in Memmingen hatte bei der kantonalbernischen Vormundschaftsbehörde interveniert und ent-

sprechende Abklärungen veranlasst. Doch es wurden offensichtlich weder schlüssige Erkenntnisse gewonnen noch konkrete Massnahmen getroffen.

Vati war ein angesehener und einflussreicher Bürger, der grossen Wert auf seinen guten Ruf legte.

Er konnte sich nie damit abfinden, dass jener fröhliche, aufgeweckte Junge, den er seinerzeit aus dem deutschen Heim geholt hatte, sich zusehends zu einem ‹Waschlappen› entwickelte.

Und dass er, der Christian, diese Memme, sogar wieder begonnen hatte, in die Hose zu machen, empfand Vati als persönliche Beleidigung.

Es passierte mir immer häufiger, dass ich das Wasser nicht halten konnte. Und Vati übersah sie nie, die verräterischen gelben Spuren.

Jedesmal befahl er mir, die Unterhosen hinunterzustreifen, legte mich übers Knie und versohlte mir den Hintern.

Der physische Schmerz wäre ja zu ertragen gewesen. Aber da war noch etwas – ein Gefühl der Ablehnung und Demütigung. Dieser Schmerz bohrte sich tief in meine Seele.

Mein Verhältnis zu Vati wurde nicht besser – im Gegenteil. Der Mann konnte nicht nachvollziehen, was in mir vorging. Und ich wagte es nicht, ihm meine innere Zerrissenheit zu offenbaren. Das einzige Gefühl, das wir teilten, war eine vage Angst: Ihn trieb die – durchaus berechtigte – Sorge um, dass aus mir nie ein rechter Mann werden würde, und ich fürchtete mich vor seinen gewalttätigen Ausbrüchen, die er mich jedes Mal spüren liess, wenn ich seinen Ansprüchen nicht zu genügen vermochte.

Er konnte jegliche Beherrschung verlieren, wenn er seine Autorität in Frage gestellt sah.

Stefan war ein schmächtiger Bursche aus meiner Klasse, unscheinbar zwar, aber ausgesprochen vorlaut und respektlos. Jeweils am Wochenende machte er mit einer Horde anderer Schüler die Skipiste unsicher. Ich wäre ganz gern auch dabei gewesen; nicht etwa, weil der Stefan mir besonders gut gefallen hätte, ich wollte einfach dazugehören und akzeptiert sein. Aber Vati bestand darauf, dass wir im Familienverband Ski fuhren; stets wollte er David und mich in seiner Nähe wissen.
An jenem Samstag herrschte bei der Talstation des einzigen Skilifts im Dorf ein wildes Gedränge. David und ich standen hinter Vati brav am Ende der Warteschlange, als Stefan und seine Freunde johlend an uns vorbei nach vorne drängelten. Ich spürte, wie Vati innerlich zu kochen begann. «He, ihr da», herrschte er meine Klassenkameraden in einem Ton an, der einem Feldweibel gut angestanden hätte. «So geht das nicht! Ihr stellt euch hinten an, wie alle anderen auch – und zwar sofort!»
Stefan pflanzte sich vor ihm auf, schaute zuerst mich, dann Vati herausfordernd ins Gesicht und grinste frech. Da verlor Vati jegliche Kontrolle über sich. Er holte mit der Hand aus und schmierte dem Kerl eine Ohrfeige, dass er beinahe das Gleichgewicht verloren hätte.
Gott, war mir das peinlich.
Sekundenlang blieb Stefan fassungslos stehen und warf mir einen wütenden Blick zu. Dann trollte er sich und suchte das Weite.
Die Ohrfeige hatte zwar ihm gegolten, doch getroffen hatte sie vor allem mich. Denn von jenem Tag an wurde ich in der Schule mehr denn je gemieden. Ich hätte so gern dazugehört. Aber das konnte ich jetzt vergessen.

Ich wurde immer mehr zum Aussenseiter. Und wäre doch so gerne eine Prinzessin gewesen.

An der Fasnacht sah ich überall Prinzessinnen. Sie trugen wunderschöne wallende Kleider, himmelblau und rosarot, sie tippelten auf den hohen Absätzen ihrer eleganten, silbrig glänzenden Schuhe über das Strassenpflaster, und im kunstvoll frisierten Haar steckten kleine Krönlein.

Ich hingegen hatte mir diesen hässlichen Blechstern über der Brust ins Gilet stecken müssen. Mitten im bunten Fasnachtstreiben war ich ganz allein – und todunglücklich. Mit dieser scheusslichen braunen Theaterschminke, die Mutti mir ins Gesicht geschmiert, und dem albernen Schlapphut, den sie mir über den Schädel gestülpt hatte, mit der lächerlichen Käpslipistole samt Platzpatronengurt und Halfter fühlte ich mich potthässlich und elend.

Ich, der traurige Cowboy-Clown, und an meiner Hand strahlte Häuptling David über das knallrot bemalte Gesicht. Seine freie Hand fuchtelte wild mit einem Gummi-Tomahawk herum, und der Federkranz auf seinem Kopf war in bedenkliche Schieflage geraten.

Vati und Mutti standen hinter uns und waren furchtbar stolz auf ihre schönen Fasnachts-Bööggen.

Wenn ich doch nur den Mut aufgebracht und ihnen gesagt hätte, wie zuwider mir diese doofe Montur war. Hätte ich ihnen doch nur ganz aufrichtig gestehen können, wie gern ich so eine kleine Prinzessin gewesen wäre.

Doch so sehnlich ich mir wünschte, mich vertrauensvoll mit Vati und Mutti über die beunruhigende Gegenwelt in mir aussprechen zu können, so aussichtslos schien mir allein schon der blosse Gedanke an ein solches Gespräch. Ich dachte an die end- und freudlosen Diskussionen, die meine heimliche Sehnsucht auslösen würde, und ich unterdrückte meine Abscheu gegen den Cowboy.

Es war Fasnacht, und an der Fasnacht hatte man lustig zu sein. Ich hab mir ja auch alle Mühe gegeben, lustig zu sein. Unter den Prinzessinnen suchte ich mir die schönste aus und versuchte, sie fröhlich anzulächeln. Aber ich brachte nur eine gequälte Grimasse zustande.

Einer der jährlich wiederkehrenden Höhepunkte im Schulalltag war das Sportfest. Jeweils am ersten Samstag im Juni fand sich das ganze Dorf auf der Leichtathletikanlage hinter dem Sekundarschulhaus ein.
Ich hatte gerade meinen dritten Versuch gelandet, hockte im Sand der Weitsprung-Anlage und wollte mich wieder aufrappeln, als ich erschrocken zusammenfuhr.
Ich erkannte ihn schon von weitem. Der Mann, der mit schnellen Schritten über die Wiese auf mich zueilte, konnte nur Vati sein.
Er hatte sich noch nie am Sportfest blicken lassen. Zwar bläute er mir bei jeder Gelegenheit peinlich ehrgeizig und peinvoll handgreiflich ein, wie wichtig ein gutes Schulzeugnis für das Leben sei, aber meine Leistungen auf dem Sportplatz interessierten ihn überhaupt nicht.
Was wollte er hier?
«Christian, du kommst jetzt mit nach Hause!»
Er versuchte, cool zu wirken. Aber ich spürte seine Nervosität. Vati war aufgebacht.
«Aber warum denn?»
«Weil ich es sage!»
«Ich kann doch jetzt nicht weg», begehrte ich auf. «Ich muss noch zum Kugelstossen ...»
«Christian!» Diese Stimmlage kannte ich nur zu gut. Sie duldete keinen Widerspruch. «Komm», sagte Vati, wandte sich um und ging.

Ich hatte das Gefühl, aller Augen seien auf mich gerichtet, als ich hinter ihm her zu seinem Auto zottelte.
Es war so beschämend.

Auf der Fahrt nach Hause sprach er kein Wort, und ich wagte nicht, irgendetwas zu sagen. Ich hatte keine Ahnung, was passiert war. Aber ich wusste genau, dass es etwas Schlimmes sein musste.
«Geh hinauf in dein Zimmer», befahl Vati und zog die Haustür hinter sich zu.
Mit weichen Knien stieg ich die beiden Treppen hoch. Ich spürte ein flaues Gefühl in der Magengegend. Er ist drin gewesen, schoss es mir durch den Kopf, er war in meinem Zimmer. Im selben Moment sah ich, dass die Tür nur angelehnt war.
Ich stiess sie auf und sah, dass auch die Tür des Kleiderschranks offen stand. Davor lag meine alte Trommel mit geöffnetem Blechdeckel. Rund um sie herum war der Teppich übersät mit Dutzenden zerknüllter Fetzen. Jede dieser bunten Plastik- und Alufolien war ein kleines Beweisstück gegen mich.
Die Schoggi-Papierli – Vati war hinter mein wohlgehütetes Geheimnis gekommen. Aber wie sollte ich das erklären? Ich zermarterte mir das Hirn nach einem halbwegs plausiblen Argument. Aber mir wollte nichts einfallen.
«Kannst du mir das hier erklären?» Seine Stimme war gefährlich leise. «Christian – ich warte!»
Meine Augen füllten sich mit Wasser.
«Dann halt nicht ...», sagte er barsch und wandte sich um. «Komm mit!» Er ging hinunter. In den Werkraum. Ich wusste, was das bedeutete.
«Bitte, Vati! Bitte nicht!» Ich hatte meine Stimme wieder gefunden. «Es tut mir ja Leid – wirklich!»

Im Werkraum bewahrte Vati seine Bambusruten auf. Meistens brauchte er sie als Wachstumshilfe für die jungen Pflanzen im Garten.

«Woher hast du das Geld?» Er prüfte die Ruten, wählte eine aus. Und schlug zu.

«Sag! Woher?»

Mit jedem Hieb steigerte sich seine Wut. Der zuvor scheinbar so gefasste, ruhige Mann hatte jegliche Kontrolle über sich verloren.

«Du hast das Geld gestohlen!»

Er presste zwischen den Schlägen kurze Sätze über die Lippen.

«Aus Muttis Portemonnaie hast du es genommen!»

Jedesmal, wenn er ausholte, machte die Bambusrute ein zischendes Geräusch.

«Gibs zu, Nichtsnutz, elender!»

Er schlug wahllos zu. Auf den Rücken und auf die Arme, die ich schützend vor das Gesicht und die Weichteile hielt.

«Ich verspreche dir ...» – seine Stimme überschlug sich – «... dass ich dir das Stehlen schon noch austreiben werde!»

Ich krümmte mich in der Ecke zusammen und sagte nichts mehr. Hör doch endlich auf, dachte ich, bitte hör auf! Und ich versuchte wegzulaufen – wenigstens in Gedanken.

Wie war es bloss möglich, dass es sich bei dem Mann, der wie von Sinnen auf mich eindrosch, um denselben Vati handelte, der gestern noch die Liebenswürdigkeit in Person war – gestern, als Leuenbergers mit ihren Töchtern zu Besuch waren. Vati verhehlte nicht, wie gut er die Mädchen mochte – im Gegenteil: Mit ausgewähltem Charme machte er ihnen die schönsten Komplimente, las ihnen jeden Wunsch von den Augen ab. Mutti stand leicht betreten daneben, und ich spürte Eifersucht in mir aufsteigen.

Warum bin ich nicht so ein hübsches Ding? Ein Kind, das bewundert und verwöhnt wird.
Warum liebt mich keiner? Warum, verflucht noch mal, bin ich so ein blöder Kerl?
Warum darf ich kein Mädchen sein?

Als der Stimmbruch kam und mit ihm die scheusslichen Pickel auf meinem Gesicht erblühten, als hässliche Haare an Stellen zu wachsen begannen, wo zuvor keine waren, warf mich die einsetzende Pubertät vollends aus der Bahn. Unkontrollierte Hormonschübe verwirrten meine Sinne, romantische Träumereien schürten meine Sehnsucht nach Liebe, und die erwachende Sexualität gab meinen Selbstzweifeln neue Nahrung. Ich fühlte mich so einsam und unverstanden, ich war so verzweifelt wie nie zuvor.
Es war jedes Mal ein Spiessrutenlauf, wenn ich nach dem Turnen mit den anderen Jungs unter der Dusche stand. Sie trieben Unfug, liessen ihre Seifen über die Fliesen schlittern und rutschten auf dem blanken Hintern hinterher. Und ich stand verschämt unter dem Wasserstrahl, wandte mich der Wand zu, beobachtete verstohlen das ausgelassene Treiben der nackten Jungs und hoffte, dass keiner sehen würde, wie gut der jungen Frau in mir dieser Anblick gefiel.

Zu Hause wurden die Spannungen mit Vati schier unerträglich, und in der Schule fiel es mir immer schwerer, mich auf die Worte des Lehrers zu konzentrieren. Meine Blicke schweiften ab und mit ihnen die Gedanken – hin zu den Mädchen. Diese entwickelten sich unübersehbar zu Frauen: Die meisten trugen schon Büstenhalter. In der Pause streckten sie kichernd die Köpfe zusammen und tuschelten über die Vor- und Nachteile von Tampons. Ich hätte gerne mitdiskutiert.

Und ich spürte, wie der Neid mich vergiftete.
Sie hatten immer die neueste Mode am Leib, und ich musste diese altmodischen Manchesterhosen aus zweiter Hand tragen, die Mutti von der Kleiderbörse nach Hause schleppte. Meine Eltern waren ja keine armen Leute, doch wenn ich mir trendige Sachen zum Anziehen wünschte, hatten sie absolut kein Verständnis. «Solange ich deine Kleider bezahle», sagte Vati immer wieder, «ziehst du an, was ich will!»

An einem Abend im Januar 1984 sass Vati auffallend wortkarg am Tisch. Sein düsterer Blick liess Schlimmes erahnen. «Dein Lehrer hat uns einen Brief geschrieben», sagte er, «einen Brief, der Mutti und mir ganz und gar nicht gefällt.»
Ich ahnte schon, was in dem Brief stand. Sechs Jahre hatte ich zu den Besten in der Klasse gehört; meine guten Schulnoten waren so ziemlich das Einzige, womit ich Vati regelmässig Freude bereiten konnte. Aber seit geraumer Zeit hatte ich keine Freude mehr am Lernen und wurde wiederholt ermahnt, ich solle mich zusammenreissen.
Umständlich faltete Vati das Papier auseinander, setzte sich die Lesebrille auf die Nase und las laut vor:
«... müssen wir Ihnen leider mitteilen, dass die Leistungen Ihres Sohnes Christian massiv nachgelassen haben ...»
Ich hatte beide Hände in den Schoss gelegt und starrte angestrengt auf die Tischplatte.
«... ist seine Versetzung in die zweite Sekundarklasse akut gefährdet ...»
Die beiden letzten Worte hatte Vati mit Nachdruck betont. Er nahm die Brille wieder ab und sagte scharf: «Das hast du jetzt von dem ewigen Musikgeplärre!»
Ich stand damals total auf die Sängerin Nena, konnte jedes ihrer Lieder auswendig, und die Wände meines Zimmers waren

vollgeklebt mit Nena-Postern – bis zu jenem Tag vor ein paar Wochen, als Vati mir in einem seiner Wutanfälle befahl, alle Bilder herunterzuholen. Die Erinnerung daran trieb mir Tränen der Wut in die Augen.

«Ich werde nicht dulden, dass du jetzt auch noch in der Schule versagst. Hast du mich verstanden?»

Ich nickte.

«Ich will, dass du endlich begreifst, worauf es im Leben ankommt, und ich erwarte von dir, dass du im Frühling versetzt wirst! Ab sofort werden andere Saiten aufgezogen!»

Ab sofort war jede freie Stunde gestrichen. Akribisch überwachte Vati meine Hausaufgaben, und wenn ich damit fertig war, dachte er sich neue aus.

Am schulfreien Mittwochnachmittag sass ich am Tisch und musste büffeln. Und am Sonntag ging es gleich nach dem Frühstück weiter – ich musste lernen, lernen, lernen ... Wenn ihm keine Aufgaben mehr einfielen, fragte er Französisch-Vokabeln ab.

«Na ...», sagte er, wenn mir nicht gleich die richtige Antwort einfiel. «Weisst du es nicht?» Er stand hinter mir, aus den Augenwinkeln konnte ich seine flache Hand erkennen, mit der er drohend neben meinem Gesicht herumfuchtelte.

«Soll ich dir ein bisschen nachhelfen?»

Drei Monate lang ging das so. Oft sass ich stundenlang nur da, kämpfte mit den Tränen und war ausser Stande, irgendetwas aufzunehmen. Je unerbittlicher Vati meinen Lerneifer erzwingen wollte, desto hartnäckiger wurde mein innerer Widerstand.

Und so kam es, wie es kommen musste: Als das Schuljahr im Frühling zu Ende ging, hatte ich die Versetzung nicht geschafft und musste das letzte Jahr in der Realschule absitzen.

Von diesem Tag an liess Vati mich in Ruhe. Er beachtete mich kaum noch. Ganz offensichtlich hatte er mich aufgegeben. Mir war das nur recht.

Hier wäre dieses Kapitel eigentlich zu Ende. Aber so kann und will ich es nicht beschliessen. Denn ich würde meinen Adoptiveltern, zumal dem Vati, Unrecht tun, wenn ich es nicht mit einem versöhnlichen Gedanken ergänzte.
Es ist mir wichtig, die Jahre, die ich im Hause B. verbracht habe, ungeschminkt und wahrheitsgetreu zu schildern – so, wie ich sie als Kind wahrgenommen und heute noch in Erinnerung habe. Aber aus der Distanz von 15 Jahren weiss ich heute, dass man vieles auch ganz anders sehen kann. So habe ich zwar darunter gelitten, dass David deutlich liebevoller behandelt wurde als ich. Doch darf man den Eltern übel nehmen, dass sie das sehnlichst erwünschte eigene Kind dem adoptierten vorziehen? Ich habe inzwischen begriffen, dass dies nur menschlich ist. Ich trage meinen Adoptiveltern nichts nach.
Vatis harte Hand hatte, so weiss ich heute, auch eine fürsorgliche Seite. Er wollte mich auf den ‹rechten Weg› führen und mit allen Mitteln zu einem ‹richtigen Mann› erziehen. Er wusste es wohl auch nicht besser; viel später erst erfuhr ich von seiner Schwester, dass er selbst ausgesprochen streng erzogen worden war. Im Grunde hat er es nur gut gemeint. Aber völlig falsch angepackt, weil meine innere Zerrissenheit für ihn nicht nachvollziehbar war. Sie war ein Rätsel, das ihn schlicht überforderte.

Die kleine weisse Feder, welche in meinem Leben zunehmend an Bedeutung gewinnen würde, liegt heute auf dem Regal in meiner Wohnung. Unmittelbar neben einem Poesiealbum, das mir schon als Kind ein treuer Begleiter war.

In diesem Album steht ein Satz, mit dem ich damals nichts anzufangen wusste. Ein Satz, dessen tieferer Sinn mir erst im Laufe der Jahre bewusst geworden ist. Wenn ich ihn heute lese, frage ich mich, ob der Schreiber vielleicht doch das Geheimnis meiner Seele geahnt hat.

Die stille Natur sagt uns mehr als die laute Welt.

Vati hat mir diesen Satz gewidmet.
Ich bin ihm dankbar dafür.

Spurensuche II
Jugendamt

«Jetzt halten Sie sich mal gut fest!»
Mit gelangweilter Eleganz gleiten zwei Grönlandwale durch eine trübgrüne Tiefseelandschaft in ferner Zukunft. Unter ihren grauen Leibern ragen muschelverkrustet die Pfeiler des Pariser Arc de Triomphe aus dem sandigen Meeresgrund.
Vor der lithografierten Fantasie – geschaffen vom Surrealisten Roland Cat und von Greenpeace übertitelt mit der Mahnung «Die Erde gehört nicht nur den Menschen» – stützt Gabriele Paul ihre Ellbogen auf der Schreibtischplatte auf. Die ebenso freundliche wie resolute Endvierzigerin hat nicht nur ein Herz für Meeressäuger; als Sozialpädagogin beim Jugendamt der Stadt Memmingen lenkt sie das Schicksal vieler Kinder aus verwahrlosten Elternhäusern, indem sie – seit nunmehr 24 Jahren – Mündel und Adoptiveltern vermittelt und betreut.
An den Fall Schwegerl erinnert sie sich noch gut; die Odyssee des kleinen Christian – aber auch jene seiner Geschwister, von deren Existenz ich bis anhin allerdings nur gerüchteweise erfahren habe – hat in den frühen Siebzigern hohe lokale Wellen geschlagen.
«Zuständig war damals noch meine Vorgängerin», sagt Gabriele Paul und wirft ihr kupferfarbenes Haar über die Schultern ihres schwarzgelb karierten Baumwollhemdes.
«Ich habe die Akten durchgearbeitet und einige interessante Informationen zusammengetragen.»
Sie nimmt einen Stoss Papier vom Tisch und blättert darin. Auf ihrer Nasenspitze sitzt eine filigrane Lesebrille, über deren Goldrand hinweg wache Augen das seltsame Quartett auf den Besucherstühlen mustern: Inge Löffler, die Frau, der wir die

Audienz bei Gabriele Paul verdanken, Alain Godet, der Dokumentarfilmer vom Schweizer Fernsehen, und Dani Schüz, der Fahrer und Biograf – sie alle begleiten mich auf dieser Spurensuche.

Alains Kamera irritiert Frau Paul; sie wirft erst den Journalisten einen misstrauischen, dann mir einen fragenden Blick zu. «Das ist schon in Ordnung», stelle ich klar. «Die Herren sind Journalisten. Sie haben mein volles Vertrauen!»

Über den Umstand hingegen, dass der Bub Christian Schwegerl, um den es hier geht, jetzt, dreissig Jahre später, in der Gestalt einer Frau vor ihr sitzt, scheint Gabriele Paul – nach all den bizarren Vorfällen, die sie den Unterlagen entnommen hat – nicht sonderlich erstaunt zu sein.

Ich fühle mich von ihr verstanden und ernst genommen.

Wenige Wochen zuvor, Anfang März 2000, hat mein Stiefbruder David den Stein ins Rollen gebracht. Er beschaffte mir meine Papiere, die bis zu jenem Zeitpunkt von meinen Adoptiveltern unter Verschluss gehalten und mir vorenthalten worden waren.

Unter diesen Dokumenten befand sich auch meine Geburtsurkunde, aus der hervorgeht, dass eine gewisse Schwegerl Gisela, geborene Löffler, Ehefrau des Schwegerl Karl, am 14. Dezember des Jahres 1969 im Memminger Kreiskrankenhaus von dem männlichen Kind Christian entbunden wurde. Der genaue Zeitpunkt dieser Niederkunft, zivilstandsamtlich unter Nummer 1309/1969 registriert, fehlt auf dem Papier – zu meinem grossen Bedauern. Ich hätte mich zu gerne einmal astrologisch analysieren lassen.

Doch da war noch diese neue Information, sie elektrisierte mich: Ich hatte schon immer gewusst, dass ich, bevor ich bei der Familie B. aufgenommen wurde, Christian Schwegerl hiess.

Aber all meine Nachforschungen über die Umstände meiner frühen Kindheit und den Verbleib meiner leiblichen Eltern scheiterten, weil niemand mit dem Namen Schwegerl irgendetwas anfangen konnte. Zum ersten Mal begegnete ich diesem anderen Namen: geborene Löffler ...
Könnte es sein, dass meine Mutter sich scheiden liess und danach wieder ihren Mädchennamen führte?
Ich war erstaunt über die vielen Löfflers, die im Memminger Telefonbuch verzeichnet sind. Eine Gisela war allerdings nicht dabei. Vielleicht war sie ja in eine andere Stadt gezogen, und es gab noch Verwandte. Ich wählte eine Nummer nach der anderen ...
«Löffler hier!»
«Guten Tag, Frau Löffler! Entschuldigen Sie bitte, wenn ich Sie mit meinem Anliegen überfalle, aber vielleicht können Sie mir weiterhelfen ... Ich bin auf der Suche nach meiner Mutter; sie heisst Gisela Löffler und wohnte bis zu meiner Adoption vor 25 Jahren in Memmingen ...»
«... ist ja interessant!» Eine sympathische Stimme, ausgesprochen liebenswürdig sogar – ich hatte sofort das Gefühl, dass ich dieser Inge Löffler uneingeschränkt vertrauen kann. Sie hörte mir aufmerksam zu, während ich freimütig meine Geschichte erzählte.
«Leider muss ich Sie enttäuschen», sagte sie schliesslich. «In der Familie meines Mannes gibt es keine Gisela; wir sind nicht verwandt mit Ihrer Frau Mama. Aber wissen Sie was, wenn Sie wollen, helfe ich Ihnen gerne bei der Suche. Ich lebe ja schon seit vielen Jahren hier und hab da so meine Beziehungen ...»
Und dann hat sie ihre Beziehungen spielen lassen.

Inge Löffler ist eine beeindruckende Frau. Sie hat die seltene Fähigkeit, einem vollkommen fremden Menschen Freund-

schaft entgegenzubringen, selbstverständlich und selbstlos. Ihre Dienste erwarten keine Gegenleistung – eine Erfahrung, die mir vollkommen neu war.
Tagelang hat sie recherchiert, hartnäckig und geduldig verhandelt und insistiert. In langen Telefongesprächen hat sie mich über die Ergebnisse ihrer Nachforschungen auf dem Laufenden gehalten und mit subtilen Andeutungen auf das eingestimmt, was die Sozialpädagogin vom Jugendamt mir jetzt eröffnen würde.

«Sie brauchen nicht alles aufzuschreiben», sagt Gabriele Paul zu dem Journalisten, der seine schwarze Kladde mit Notizen füllt. «Sie bekommen eine Kopie dieser Zusammenfassung.» Aus dem Blick, mit dem sie die beiden Männer mustert, spricht noch immer eine Spur Unbehagen. Doch der Journalist schreibt unbeirrt weiter, und Gabriele Paul holt tief Luft.

«Nun, Frau Brönimann», hebt sie an. «Es gibt keinen Grund mehr, Ihnen diese Informationen vorzuenthalten – beide leiblichen Elternteile sind ja verstorben ...»
Inge hatte etwas angedeutet. Meine Mutter lebt nicht mehr, wohl schon lange nicht mehr.
«... ja, Frau Bröniman, das ist sehr lange her – Gisela Schwegerl wurde am ... sie kam am 15. März 1983 ums Leben ...»
«... wie wurde sie ... was ist passiert damals?»
Ich ahne es, eigentlich weiss ich es ja ... aber ich glaube es erst, wenn ich es aus ihrem Mund höre.
«Das ist eine andere Geschichte. Ich komme noch darauf zurück, Frau Brönimann. Aber das hier ...» Sie deutet mit dem rechten Zeigefinger auf das Papier in ihrer Linken. «... das ist Ihre Geschichte, und die liest sich wie ein Krimi ... Frau Brönimann, es ist happig. Haben Sie genug Kraft?»

Sie schraubt eine Flasche Memminger Mineralwasser auf und stellt vier Gläser auf den Tisch. Ich nehme einen kleinen Schluck, trotzdem versagt meine Stimme. Ich nicke und versuche, sie mit einem Lächeln davon zu überzeugen, dass ich die Fassung schon nicht verlieren werde.
«Sie waren nicht das einzige Kind. Gisela Schwegerl hat innerhalb von acht Jahren fünf Kinder geboren. Sie haben zwei Brüder und zwei Schwestern. Ihre Mutter lebte in Bad Wörishofen und arbeitete als Spülerin im Hotel ‹Sonnenhof›, als sie Wolfgang, Ihren ältesten Bruder, am 25. Januar 1968 unehelich zur Welt brachte. Der Kindsvater ist unbekannt ...»
Ihre Stimme ist nicht besonders laut, aber in meinem Schädel hallt sie dröhnend wieder. Der Mund – so trocken. Ich greife nach dem Glas und frage mich, wie es wohl all meinen Geschwistern ergangen sein mag ...
«Alle fünf Kinder mussten von Amtes wegen bei Pflegefamilien untergebracht werden ...» Gabriele Paul hält inne und prüft mit besorgt gerunzelter Stirn meine Körpersprache. «... geht es noch, Frau Brönimann?»
Ich fürchte, dass mir gleich schlecht werden wird.
Sie klaubt eine Mentholzigarette aus ihrem Etui – «darf ich?» –, steckt sie an, wendet sich wieder ihrem Papier zu und zitiert daraus:
«... *nach der Geburt meldete Frau Löffler sich beim Kreisjugendamt Mindelheim, in dem Glauben, dass sie ihr Kind bei der Entlassung aus dem Krankenhaus ‹dort lassen› könne und dieses dann ohne Mitwirkung der Kindsmutter abgeliefert wird. Sie hatte weder Windeln noch Babywäsche noch eine Decke oder ein Kissen besorgt.*»
Wolfgang wurde bei einer Pflegefamilie in Oberammingen untergebracht. Das Jugendamt brachte in Erfahrung, dass die unverheiratete Gisela Löffler sich weder nach dem Kind erkun-

digte noch es je besuchte. Weitere Nachforschungen, die das Jugendamt im Verwandtenkreis meiner Mutter anstellte, liessen auf einen höchst zweifelhaften Charakter schliessen. So gaben ein Josef und eine Maria Löffler – offenbar meine Grosseltern – zu Protokoll, dass keines der fünf Kinder, die sie gross gezogen hatten, «so geraten» sei wie Gisela.

Zwei Jahre nach Wolfgangs Geburt wurde die Mutter vom Amtsgericht Mindelheim wegen Unterhaltspflichtverletzung zu einer Busse von 200 Mark verurteilt, zahlbar in monatlichen Raten von 20 Mark.

Im November 1969, ein Monat vor meiner Geburt, heiratete Gisela Löffler den Kindsvater Karl Schwegerl und gründete mit ihm in Eisenburg, einem Dorf bei Memmingen, einen Haushalt. Offensichtlich versuchte sie, Boden unter den Füssen zu gewinnen. Ende April 1970 holte sie Wolfgang bei der Pflegefamilie ab und nahm ihn mit nach Hause. Doch schon drei Tage später erschien sie mit dem Säugling vor dem Memminger Jugendamt. Sie könne sich nicht an das Kind gewöhnen, erklärte sie, sie wolle es zur Adoption freigeben.

Im April 1970 war ich schon auf der Welt, schiesst es mir durch den Kopf, ich war vier Monate alt. «Damals», unterbreche ich Gabriele Pauls Redefluss, «war ich doch schon zu Hause!» «Was damals mit Ihnen geschah», sagt Gabriele Paul, «ist sehr bitter. Ich war schockiert, als ich es erfuhr ...» Aus ihrem wissenden Lächeln spricht Mitgefühl. «Wir kommen schon noch darauf zu sprechen. Indem ich Ihnen schildere, wie es Ihren Geschwistern ergangen ist, versuche ich, Sie auf Ihre eigene Geschichte vorzubereiten!»

Das dritte Kind meiner Mutter war ein Mädchen: Manuela kam im Herbst 1971 zur Welt, gut ein Jahr nachdem das erste, Wolfgang, offiziell zur Adoption freigegeben worden war. Noch während der Schwangerschaft hatten meine Eltern beschlossen, dass sie auch für dieses Kind die Verantwortung nicht übernehmen wollten. Sie nahmen Manuela nicht einmal mit nach Hause.

Zwei Jahre nach dem dritten, am 25. September 1973, wird Gisela Schwegerl von ihrem vierten Kind entbunden.
Gabriele Paul zögert, als sie die Stelle erreicht, an der ihre Schrift den Namen des Neugeborenen erwähnt. Es ist bizarr. Das zweite Mädchen trägt denselben Namen wie seine ältere Schwester: Manuela.
«Ich kann mir das nur mit der Vermutung erklären», sagt Frau Paul, «dass Ihre Mutter sich selbst und dem Kind noch eine Chance geben wollte. Vielleicht glaubte sie, sie könne die Fehler, die sie mit Manuela eins gemacht hatte, bei Manuela zwei korrigieren; denn dieses Kind hatte sie behalten wollen ...»
Doch dem kam die Behörde zuvor: Nach den bitteren Erfahrungen mit den drei ersten Kindern verfügte das Jugendamt vorsorglich, dass Manuela zwei gleich nach der Geburt im Kinderheim St. Hildegard untergebracht werde.

Der Gedanke kommt immer wieder, wird immer schneller – er tobt wie ein Wirbelsturm auf einer Endlosschlaufe durch mein Gehirn: Das ist keine Fremde, von der hier die Rede ist, nicht irgendeine Pennerin – Gisela Schwegerl-Löffler ist die Frau, in deren Leib ich das Leben empfangen habe. Ich müsste einen Zorn haben auf sie, aber ich kann ihr nicht böse sein – das einzige Gefühl, das mich beim Gedanken an meine Mutter erfüllt, ist unendliche Traurigkeit.

Ich höre Frau Paul reden, aus weiter Ferne dringt ihre Stimme in mein Bewusstsein – sie berichtet von einem weiteren,

dem fünften Kind, einem Sohn, geboren am 1. 6. 1976: Andreas – sein Vater ist ebenso unbekannt wie Wolfgangs, des ersten Sohnes Erzeuger – Andreas wurde vom Krankenhaus direkt in die Kinderkrippe abgeschoben und schon nach wenigen Tagen bei seinen nachmaligen Adoptiveltern untergebracht.
Nach der Entbindung kehrte meine Mutter in die Obdachlosenunterkunft an der Erlenstrasse zurück. Sie war inzwischen so tief auf der sozialen Leiter abgestiegen, dass sie nicht einmal mehr ein eigenes Dach über dem Kopf hatte.

Mir fällt ein, dass ich zu jenem Zeitpunkt bereits bei der Familie B. in der Schweiz Aufnahme gefunden hatte. Vati und Mutti waren inzwischen mit David und mir nach Meikirch in den Kanton Bern umgezogen. Und ich frage mich, was wohl aus all meinen Halbgeschwistern geworden ist. Ob Wolfgang, die beiden Manuelas und Andreas mit ihren Adoptivfamilien mehr Glück gehabt haben als ich ...

«Wir haben damals einige Schritte unternommen», sagt Gabriele Paul, die offenbar meine Gedanken erraten hat. «Sie müssen wissen, dass das nicht ganz einfach war. Wolfgangs Adoptiveltern zum Beispiel widersetzten sich jeder Kontaktaufnahme ...»
Sie nimmt ihre Lesebrille ab, setzt sich eine andere Brille auf die Nase, reibt mit einem Taschentuch über die Gläser der zweiten und legt magistrales Gewicht in die Stimme. «Erfahrungsgemäss gibt es viele Adoptiveltern, die das angenommene Kind nicht über die Umstände seiner Herkunft aufklären. Oft erfährt das Mündel erst, wenn es heiraten will und die Geburtsurkunde beibringen muss, dass es nicht von dem Ehepaar gezeugt worden ist, das die Elternrolle spielt.»

Sie legt eine Pause ein und lächelt mich an.
«Ja, Frau Brönimann, jetzt kommen wir zu Ihnen, zum kleinen Christian ...» Ihre Stimme ist jetzt wieder ganz weich. «Wollen Sie wirklich, dass die Kamera weiterläuft?»
Ich nicke.
«Zunächst einmal möchte ich betonen, dass Sie durch alle Akten hindurch als ausgesprochen aufmerksames Kind mit ansprechendem Wesen geschildert werden. Ihre Fröhlichkeit wirkte auf ihre Umwelt ansteckend.»
Mit einem Räuspern deutet Gabriele Paul an, dass sie jetzt zur Sache kommt.
«Sie waren das einzige Kind Ihrer Mutter, das nicht unmittelbar nach der Geburt in fremde Pflege gegeben wurde; Ihre Mutter hat Sie als Baby mit nach Hause genommen. Die Sozialarbeiterin, welche das Jugendamt Ihrer Mutter zur Seite gestellt hatte, ermahnte sie mit Nachdruck, letztlich aber ohne Erfolg, eine Mütterberatungsstelle aufzusuchen. Sie hatte auch den Auftrag, sich bei regelmässigen Kontrollbesuchen um Gisela Schwegerl und den kleinen Christian zu kümmern. Nach Weihnachten erkrankte die Betreuerin; es muss eine schwere Krankheit gewesen sein; erst nach mehreren Monaten nahm sie ihre Arbeit wieder auf ...»
«Hat das Amt denn keine Stellvertreterin bestellt?», fragt Dani. Es ist das erste Mal während dieser Unterredung, dass sich der Journalist zu Wort meldet.
«Unglücklicherweise nicht», antwortet Frau Paul leicht betreten. Stumm liest sie in ihrem Bericht ein paar Zeilen weiter.
«Nach ihrer Genesung suchte die Sozialarbeiterin die Familie Schwegerl an der Bergstrasse 6 in Eisenburg auf, wo sie vor dem Umzug an die Nudelburg lebte – das muss Ende April oder Anfang Mai 1970 gewesen sein. Das Baby befand sich in einem so beklagenswerten Zustand, dass es notfallmässig in

die Kinderklinik eingeliefert werden musste. Dort diagnostizierten die Ärzte eine schwere Dystrophie, verbunden mit Rachitis ... »

«Dystro ...?»

«Das bedeutet, dass Sie extrem unterernährt waren; Sie schwebten in akuter Lebensgefahr. Sie waren noch keine sechs Monate alt, Frau Brönimann, als Ihre Mutter Sie beinahe verhungern liess ...»

Beklemmende Stille herrscht in dem Amtsbüro. Alle schauen mich an. Etwas schnürt mir den Hals zu. Ich spüre Übelkeit aufkommen und versuche, mit gefasstem Lächeln ein Schluchzen zu unterdrücken.

Alain richtet sein Kameraauge auf mich.

Dani schreibt unablässig.

Inge Löffler legt mir beruhigend die Hand auf den Arm und reicht mir das Glas mit Mineralwasser. «Komm», sagt sie, «nimm einen Schluck!»

«Geht es wieder?», fragt Frau Paul fürsorglich.

«Danke, ja!»

«Nach drei Monaten wurden Sie mit dem Befund ‹klinisch gesund› aus der Klinik entlassen», fährt die Sozialpädagogin fort. «Und Sie wogen mit neun Monaten zwölf Pfund – normalerweise das Gewicht eines drei Monate alten Babys. Doch Sie waren über dem Berg und fanden zunächst im Heim St. Hildegard Aufnahme ...»

«Aber der Vater», wirft der Journalist zum zweiten Mal ein, «der muss doch gemerkt haben, dass das Kind nicht richtig versorgt wurde ...»

«Müsste er eigentlich ...» Frau Paul wirkt etwas ratlos. «Aber darüber steht nichts in der Akte. Es wird lediglich erwähnt, dass Ihr Vater sich offenbar doch um Sie gekümmert hat. Nach der Entlassung aus dem Heim wurden Sie in einer Tageskrippe betreut; Karl Schwegerl brachte Sie zuverlässig hin und holte Sie auch wieder ab. Das Jugendamt hatte ihm nach der Trennung von Gisela im Jahr 1972 das Sorgerecht für beide Kinder übertragen – für Christian und für Manuela eins, die im Herbst des Vorjahres geboren und danach bei Pflegeeltern untergebracht worden war.»

Es muss eine schwierige, chaotische Zeit gewesen sein, an die ich zum Glück keinerlei Erinnerung mehr habe. Offenbar brachte es mein Vater, nachdem er sich von seiner Frau getrennt hatte, doch nicht übers Herz, die völlig mittellose Frau sich selbst zu überlassen. Er zog von Eisenstadt nach Memmingen und nahm Gisela wieder bei sich auf – in dem neuen Haushalt, den er an der Nudelburg gegründet hatte. Bis zum 3. November 1972 ...

«Am Morgen jenes Tages erschien Herr Schwegerl mit seinem knapp drei Jahre alten Sohn Christian auf dem Jugendamt und erklärte, er fürchte um das Leben seines Sohnes; die Mutter habe das Kind aus dem Fenster werfen wollen ...»

So verschlug es mich, nach einem kurzen Aufenthalt im Hildegardsheim, zu den Franziskaner-Nonnen in Kalzhofen. In den beiden Jahren, die ich dort verbrachte, habe meine Mutter, so steht es in den Akten, mich zweimal besucht. Man habe ihr jedes Mal das Kind Christian vorstellen müssen, weil Gisela Schwegerl ihren Sohn nicht erkannt habe.

Die Scheidung meiner Eltern wurde am 6. Juni 1973 aktenkundig; zu jenem Zeitpunkt lebten sie bereits seit einem halben Jahr nicht mehr zusammen. Meine Mutter war im sechsten Monat mit Manuela zwei schwanger; sie wohnte mit ihrer

Freundin Evelyne wieder in Eisenstadt und war nicht mehr in der Lage, sich von dem Schock zu erholen, den das Scheitern ihrer Ehe ausgelöst hatte.
Gisela Schwegerl verwahrloste immer mehr.

Karl Schwegerl wurde seit Januar 1973 nicht mehr in Memmingen gesehen. Seine Spur verliert sich während der nächsten Jahre. Irgendwann in der ersten Hälfte des Jahres 1974 tauchte er in München auf. Er wurde in die Neurochirurgische Abteilung des Klinikums rechts der Isar eingeliefert und war bereits so krank, dass man ihn von Amtes wegen entmündigen und unter ‹Pflegschaft› stellen musste. Als er am 15. Juli 1974, sechs Wochen vor seinem 41. Geburtstag, an einer Krankheit starb, deren Diagnose nirgends vermerkt wurde, hinterliess er ein Barvermögen von rund 5000 Mark.
«Das Geld wurde auf die Kinder aufgeteilt», sagt Gabriele Paul, «und an die betreffenden Adoptiveltern überwiesen.»
Ich stutze. «Davon habe ich nie etwas gewusst!» Sollte Vati mir das Erbe meines Vaters vorenthalten haben? «Das müssen Sie abklären», sagt Frau Paul. «Das Geld steht Ihnen zu!»
Sehr viel später erst erinnerte ich mich, dass Vati rund zweitausend Franken in die Handelsschule investiert hatte, welche ich 1993 ein Semester lang in Basel besuchte – offenbar das Geld, welches mein verstorbener leiblicher Vater mir hinterlassen hatte.

Als dem Memminger Jugendamt die Konflikte, die zwischen meinen neuen Adoptiveltern und mir ausbrachen, zugetragen wurden, wurden die Beamten hellhörig.
Zu jenem Zeitpunkt lief eine Art ‹Bewährungsfrist›, noch war meine Adoption nicht offiziell vollzogen.

«Wir legten der Familie B. mit Nachdruck nahe, die kantonale Erziehungsberatung in Bern aufzusuchen.» Gabriele Paul fasst mit ernster Stimme zusammen, was die Akte ‹Christian Schwegerl/B.› über mein Adoptionsverfahren enthüllt: «Die Kinderpsychologin, welche sich auf unser Ersuchen hin um Sie und Ihre Adoptiveltern kümmerte, hat uns in Ihrem Bericht dringend empfohlen, das laufende Adoptionsverfahren einzustellen und Christian umzuplatzieren.»

Wieder nimmt sie ihre Brille ab, lässt das Papier auf die mit Aktenstapeln zugepflasterte Fläche des Schreibtisches sinken und schaut mich aus traurigen Augen an. «Ich habe das alles gestern Abend noch einmal durchgelesen – und ich muss sagen: Ich war fassungslos ...»

Sie zündet sich eine neue Zigarette an, inhaliert tief und bläst den Rauch über die Grönlandwale auf dem Greenpeace-Plakat. «Sie sollen eine ausgeprägte Neigung gehabt haben, sich mit Frauen zu identifizieren; ‹überidentifizieren› steht hier ... Sie waren damals sieben Jahre alt ...»
Ich frage mich, wie die Berner Erziehungsbehörde diese brisanten Informationen in Erfahrung gebracht hat. Aber ich sage nichts.
«Aus dem Bericht geht klar hervor, dass Sie in einem falschen Körper geboren wurden; sie empfanden sich als und fühlten wie ein Mädchen. Aber damit konnte niemand umgehen, schon gar nicht Ihr Adoptivvater. Das war für ihn nicht nachvollziehbar, es musste wegtherapiert werden. Heute, mit der neuen Adoptionsgesetzgebung, wäre so etwas nicht mehr möglich. Heute ist die Herzenswärme, die zwischen Adoptiveltern und Mündel bestehen soll, wichtiger als Stellung und gesellschaftliches Ansehen.»

Als Vati und Mutti erfuhren, fährt Frau Paul fort, dass das Memminger Jugendamt die Abklärungen in Auftrag gegeben hatte, seien sie sehr besorgt gewesen, mit dem Pflegekind Christian auch das Gesicht zu verlieren. In überzeugender Weise sei es ihnen vermutlich gelungen, den Eindruck einer heilen Familie vorzutäuschen. «Dass Sie von dem Adoptivvater auch geschlagen wurden», sagt Gabriele Paul, «davon hatte die Behörde allerdings nichts gewusst ...»
Ein Gedanke schiesst mir durch den Kopf: Es würde mich nicht überraschen, wenn Vati nichts unversucht gelassen hätte, um den Adoptionsentscheid der Vormundschaftsbehörde zu seinen Gunsten zu beeinflussen.
Zornige Gedanken. Aber auch jetzt sage ich nichts.

Dafür sagt der Journalist etwas.
«Frau Paul», sagte er, «wer ist der Mann, der Nadias ... der Christians Mutter ermordet hat?»
Die Frage trifft. Lange schaut sie den Journalisten an und zögert.
Ich glaube, eine ganz persönliche Betroffenheit zu spüren.

Später, beim Abschiednehmen vor der Tür, wird Gabriele Paul, die ihr Leben der Aufgabe widmet, heimatlosen Kindern eine Familie und ein Zuhause zu vermitteln, uns eröffnen, dass sie selbst keine Familie hat. Sie widmet die Freizeit ihren Hunden und engagiert sich im Übrigen für den Schutz bedrohter Meeressäuger.

«Ja», sagt sie endlich. «Ich kenne den Mann, er war neunzehn Jahre alt. Aber er ist kein Mörder ...»

Sie sei täglich mit tragischen Familienverhältnissen konfrontiert, holt Frau Paul aus. Hautnah habe sie es mit gescheiterten Existenzen zu tun und mit oft schier hoffnungslosen Schicksalen. «Aber Sie sind anders, Frau Brönimann. Sie haben eine besondere Gabe: Sie können sich noch freuen. Sie erkennen Ihre Chance und Sie packen sie. Andere sind so verbittert, dass sie das Glück einfach ausblenden und nichts Positives mehr wahrnehmen können. Das trifft auf Ihre Mutter ebenso zu wie auf den Mann, dem sie in der letzten Stunde ihres Lebens begegnet ist ...»

Gabriele Paul hat Gisela Schwegerl nie kennen gelernt. Alles, was sie über den Fall ‹Christian Schwegerl/B.› weiss, hat sie aus den Akten zusammengetragen. Aber der Mann, der meine Mutter getötet hat, ist keine archivierte Aktennummer, er ist für Frau Paul kein Fremder ...

«Ich bin befangen», sagt sie. «Ich kann nicht offen reden. Der junge Mann war ... Ich habe ihn damals persönlich betreuen müssen ...»

Toulon
Sabrina-by-Night

«Vingt francs la nuit.»
Sie schob das Schiebefenster zur Seite, musterte mich kurz von oben bis unten, und nicht die geringste Regung ihrer Miene liess erkennen, was sie sich dabei dachte. Hinter ihr zwitscherte ein Kanarienvogel in seinem Bauer. Und auf einem Bildschirm trällerte sich eine Schlagersängerin durch die Hitparade.
Ich hatte Glück.
Die erste Herberge, die ich angesteuert hatte – eine ziemlich heruntergekommene Pension in der ‹Vieille Ville›, der Altstadt von Toulon –, war bemerkenswert billig. Und offenbar gab es hier sogar noch ein freies Bett.

Mit einem müden Ächzen stemmte sich die Concierge aus ihrem Stuhl, fischte einen Schlüssel vom Brett an der Wand, streckte ihn mir mit ihrer fleischigen Hand entgegen und knurrte, noch bevor ich irgendetwas sagen konnte: «Cinquième – d'où êtes-vous origine?»
«Suisse», sagte ich.
«Etage fünf. Zahlen vorher. Cash. Wie viel Tage Sie bleiben?»
Ich zupfte eine zerknüllte 100-Franc-Note aus dem Sack meiner engen Jeans. «Une semaine.»

Sie machte eine träge Bewegung mit der Hand zu dem dunklen Gang hinter ihrem Kabäuschen. Ein Geruch von Mottenkugeln und verbranntem Fett lag in der Luft. Es gab keinen Lift in dem schäbigen Etablissement, und selbst wenn ... ich hätte es nicht gewagt, ihn zu benutzen. Er wäre bestimmt stecken geblieben.

Steile, enge Stufen führten zu einer kleinen Kammer unterm Dach.
Bett. Stuhl. Schrank. Nachttisch.
Die Bettwäsche gräulich. Auf dem Stuhl eine Ausgabe des ‹Nice Matin› von vorletzter Woche. Die Schranktür halb geöffnet. Zwei diebstahlsicher verankerte Kleiderbügel. Auf dem Nachttisch ein Aschenbecher und darunter ein Nachthafen. Beide sauber. Immerhin.

Ich öffnete eine Türe, die auf eine Veranda unter dem Dach des gammligen Hauses führte, entliess den Schweiss meines Vorgängers ins Freie und prüfte vorsichtig das rostzerfressene Geländer, bevor ich mich mit beiden Händen darauf abstützte. Dunkelrot glühte der Dunst über der Skyline der Stadt. Die Ausleger der Krane, die Aufbauten und Masten der Kriegsschiffe in Europas grösstem Marinehafen zeichneten einen bizarren Scherenschnitt auf den Abendhimmel.
Tief unter mir strömte der Verkehr. Das Hupkonzert der Taxis und Lieferwagen verschmolz mit den Chören betrunkener Matrosen, dem Keifen der Strassenmädchen und dem eiligen Staccato ihrer Bleistiftabsätze zu einem Klangteppich, dessen Vibrationen mich berauschten.
Rechts unter mir baumelte, zwischen weissen Laken und Unterhemden, bunten Geschirrtüchern und Bluejeans, einsam ein knallroter Büstenhalter. Auf verschiedenen Stockwerken hatten die Hausfrauen ein Netz von Wäscheleinen über die schmale Seitenstrasse gespannt. Es kam mir wie eine fröhliche Festtagsdekoration vor.
Der Mistral blies mir die schwüle Abendluft um die Nase. Sie war gesättigt von den Abgasen der Dieselmotoren und den Ausdünstungen der Meeresfrüchte im Fischerhafen. Und vom Salz des Mittelmeeres.

Ich sog sie in tiefen Zügen ein und schloss die Augen. Minutenlang verharrte ich so, dann ging ich ins Zimmer zurück und legte meine Lieblingskassette in den Ghettobluster ein, der mir zum wichtigen Reisebegleiter geworden war. Rose Laurens schmetterte mit schmachtender Stimme ihr ‹Quand tu pars› über die Stadt.

Im Rhythmus des Songs liess ich die Hüften schwingen, während ich die Lippen wie eine Playback-Sängerin synchron zum Text bewegte.

Ich fühlte mich stark und unabhängig – und so frei wie noch nie zuvor.

Du bist frei, dachte es in mir – frei, frei ... – und niemandem Rechenschaft schuldig. Du hast einen Beruf, bist frisch diplomierter Kellner und kannst tun und lassen, was du willst.

Das Leben liegt dir zu Füssen. Es wartet auf dich – jetzt!

Gestern noch hatte ich einfach mein kleines Köfferchen gepackt und mein Radio-Tonbandgerät, einen sperrigen Ghetto-Blaster, unter den Arm geklemmt, ich war zum Bahnhof gegangen und hatte mich, getrieben vom Drang, in meinem Leben eine Wende einzuleiten, in den erstbesten Zug Richtung Süden gesetzt.

Ich hatte es ihnen gezeigt. Allen. Meiner Familie – Vati, der mich in einem seiner gefürchteten Wutanfälle vor die Tür gesetzt hatte, und Mutti, die nach Fassung ringend daneben stand und ein tränenfeuchtes Seidentuch in den Händen zerknüllte. Ich hatte es den Leuten vom Hotel ‹Alpenrose› in Wildhaus gezeigt – dem Besitzer Niklaus Stump, der früher als Skirennfahrer mindestens so erfolgreich gewesen sein soll, wie er es heute als Hotelier ist; und seinem Sohn Roland, den alle, wenn er es nicht hören konnte, nur Roli nannten, obwohl er doch der Juniorchef war. Es ist noch gar nicht so lange her,

dass ich aus seiner Hand mein Fähigkeitszeugnis als ‹diplomierter Servicefach-Angestellter› entgegengenommen hatte.
Ich hatte ihnen gezeigt, dass ich auf sie nicht mehr angewiesen bin.
Im Grunde genommen waren sie mir vollkommen gleichgültig. Entscheidend war, dass ich jetzt hier war, weit weg von allem, was bis gestern noch meinen Alltag prägte. Ich war an der Côte – in Toulon. In der Stadt, die ich ziemlich genau vor Jahresfrist schon einmal besucht hatte. Auf Empfehlung von zwei jungen Frauen.

Sie waren Schwestern und sie hiessen, wenn ich mich richtig erinnere, Sonja und Tanja.
An jenem Winterabend hatte ich die ersten zehn Monate meiner Lehrzeit in der ‹Alpenrose› schon hinter mir und schob Bar-Dienst.
Ich schnitt Limonen in Stücke, gab sie in zwei Longdrink-Gläser, füllte diese mit Crash-Eis auf, schüttete reichlich Wodka darüber und erwiderte dabei die flirtenden Blicke der beiden jungen Frauen. Nicht, dass ich auf ein Abenteuer aus gewesen wäre. Beileibe nicht!
Die Girls waren ja durchaus attraktiv, besonders Sonja, die Jüngere der beiden. Sie war sechzehn, sah bezaubernd aus und schäkerte auf Teufel komm raus – aber auch auf verlorenem Boden: Ich konnte dem weiblichen Geschlecht in Sachen Erotik nun mal herzlich wenig abgewinnen. Aber das liess ich mir nicht anmerken.
So aufgedreht, wie sie wirkten, war dies kaum ihr erster Drink an diesem Abend, und ich nahm mir vor, es auch nicht den letzten sein zu lassen. Sie hatten den Zimmerschlüssel mit der Nummer 14 so unübersehbar auf den Tresen gelegt, dass er mir wie eine Einladung vorkam.

«Ihr seid im selben Zimmer?», fragte ich.

«Ja», antwortete Tanja, die Ältere, und Sonja ergänzte mit neckischem Augenzwinkern: «Aber wir benutzen es nicht immer gleichzeitig!»

Sie waren Schweizerinnen, lebten jedoch mit ihrer Mutter und deren Lebensgefährten in Südfrankreich – in einem Haus irgendwo im Hinterland der Côte d'Azur.

«Komm uns doch mal dort besuchen!» Sonja lächelte verführerisch.

«Reitest du gerne?», fragte Tanja. «Wir haben auch Pferde!»

«Super», sagte ich und notierte mir Adresse und Telefonnummer. «Aber ich warne euch: Ich komme wirklich – vielleicht schon in diesem Frühling!»

«Darauf stossen wir an! Mach uns noch mal so eine ‹Caipirinha›!»

«Ich hab da eine bessere Idee: Kennt ihr die ‹grüne Witwe›?»

«‹Grüne Witwe›?»

Ich nahm zwei neue Gläser vom Gestell, jonglierte sie elegant von der einen Hand in die andere, tauchte den Rand in Zucker, deckte den Boden mit Eiswürfeln, füllte die Gläser zu einem Drittel mit Blue Curaçao und schüttete in hohem Bogen einen Strahl frisch gepressten Orangensaft darüber. Kiwi- und Orangenschnitze vollendeten die Kreation.

«Das ist die ‹Grüne Witwe›», sagte ich. «Süss und süffig – ein richtiger Weiberdrink!»

«Auf das Leben!», sagte Tanja.

«Auf die Côte d'Azur!», sagte ich.

«Auf die Liebe!», sagte Sonja.

Ich liebte den Job an der Bar. Wenn ich hinter der Theke stand, war ich Herrscher in meinem kleinen Reich – und niemand kontrollierte mich. Ich bestimmte, je nach Stimmung und Zusammensetzung der Gäste, welche Musik-CD im Hintergrund

lief; ich flirtete und plauderte, lachte und tröstete – und die Menschen zeigten mir, dass sie mich mochten.
Ich stand im Mittelpunkt, und das gefiel mir.

Aber meistens wurde ich im Service eingesetzt. Dann stand ich steif im ‹Jägerstübli› herum, einem der beiden A-la-carte-Restaurants im hinteren Teil des Vier-Sterne-Hotels. Ich drückte den rechten Unterarm ins hohle Kreuz, hatte über den angewinkelten linken eine frisch gestärkte, weisse Serviette drapiert und passte auf, ob einer der blasierten Gäste mit dem Finger schnippte, weil er endlich den passenden Tropfen in der Karte gefunden hatte oder noch einmal betonen wollte, dass er das Châteaubriand, «bitteschön», wirklich «saignant» wünschte.
Im Service war ich immer etwas unsicher. Meistens stand die Chefin beim Eingang, um die Gäste zu begrüssen, und ich musste Roli, ihrem Sohn, beim Weinkredenzen assistieren. Die beiden liessen mich nicht aus den Augen. Kein Lapsus entging ihnen, und solange ich ihre Blicke im Nacken spürte, unterlief mir natürlich einer nach dem anderen.

An einem Abend wollte ich es besonders gut machen. Ich hatte erstens ein schlechtes Gewissen und war zweitens völlig übermüdet, weil ich in der Nacht zuvor mit den anderen Lehrlingen abgeschlichen und nach Wildhaus gefahren war, in den ‹Pferdestall›, die einzige Disco weit und breit, die so etwas wie eine Art Nachtleben bieten konnte.
Als wir gegen vier Uhr am Morgen auf Zehenspitzen durch die Hintertür des Hotels zurückkehren wollten, stand plötzlich der Juniorchef auf der Treppe. Ich hatte ihn noch nie so aufgebracht erlebt, es war mir sehr peinlich. Deshalb konzentrierte ich mich am nächsten Tag auf diese Flasche, einen Burgunder, der beste auf der Karte und der teuerste.

Ich präsentierte dem Gast, irgendeinem der Herren Doktoren mit Gattin, die regelmässig hier dinierten, die Etikette, reinigte den Flaschenhals, setzte den Zapfenzieher an ... Und dann – ich kann mir heute noch nicht erklären, wie es passieren konnte – lag die Flasche auf dem Boden, der edle Tropfen ergoss sich über die Fliesen, der Herr Doktor machte ein Gesicht, als würde er unverzüglich in Tränen ausbrechen, die Chefin kam wie von der Tarantel gestochen hinterm Buffet hervorgeschossen, und ich stand da, zur Salzsäule erstarrt. Jämmerlich hilflos.

«Christian», zischte mir die Chefin ins Ohr, «Sie gehen jetzt sofort auf Ihr Zimmer und warten dort!» Sie lächelte betreten und tausend Mal um Entschuldigung bittend den noch immer fassungslosen Gast an und mengte ihrer Stimme noch eine Prise Gift bei: «Auf das Zimmer, von dem Sie letzte Nacht nicht besonders ausgiebig Gebrauch gemacht haben!»

Das mit dem Châteaubriand war ähnlich – nur, dass die Chefin hinter dem Buffet beschäftigt war und nicht das Geringste mitbekommen hatte. Ich stand am Beistelltisch eines älteren Ehepaars – Akademiker, dieselbe Gästekategorie wie Herr und Frau Doktor mit dem Faible für Burgunder –, die Fleischgabel in der einen, das Tranchiermesser in der anderen Hand, und erinnerte mich an die Schneidetechnik, die uns in einem Tranchierkurs empfohlen worden war: Vor dem Ansetzen des Messers, schräg zur Maserung des Fleisches, müsse die Gabel mit sanftem Druck gegen die zu schneidende Tranche gepresst werden, um möglichst gleichmässig dünne Scheiben zu erzielen. Als ich merkte, dass ich die Sanftheit meines Drucks nicht im Griff hatte, war es schon zu spät. Der Fleischmocken rutschte mir vom Schneidebrett und landete mit einem unangenehm klatschenden Geräusch auf dem Boden. Wie vom Donner ge-

rührt starrte ich auf das Châteaubriand zu meinen Füssen und überlegte mir, ob ich es in eine Papierserviette einwickeln sollte und wie lange es wohl dauern würde, bis die Chefin mir wieder eine ihrer Liebenswürdigkeiten ins Ohr tuscheln würde.
«Ssssst – junger Mann!»
Es war die Frau am Tisch, deren leerer Teller neben meinem Tranchierbrett stand.
«Es hat niemand etwas gesehen», flüsterte sie.
Schön wärs, dachte ich.
«Legen Sie doch einfach das Fleisch wieder auf das Brett und schneiden Sie weiter!»
«Wie bitte? Das Fleisch da auf dem Boden?»
«Aber schnell, bevor jemand etwas merkt!»
Ihr Lächeln war verschwörerisch, meines dankbar.

Als ich zum Kaffee den Cognac serviert hatte, setzte sich die Chefin, wie es ihre Gewohnheit war, zu den beiden an den Tisch. Ich stand am Buffet, polierte wie ein Besessener Weinkelche und schwitzte Blut, weil mir klar war, dass die Chefin jetzt erfahren würde, was für einen tollpatschigen Unglücksraben sie da im Service hatte.
«Christian!» Die Chefin bedeutete mir mit einer Handbewegung, ich solle zu ihnen an den Tisch kommen. «Kommen Sie doch kurz zu uns an den Tisch!»
Ich betrachtete eingehend meine Hände, die ich im Schoss gefaltet hatte. Machen Sie es kurz, dachte ich, damit ich endlich hinaufgehen und meinen Koffer packen kann.
«Die Herrschaften erzählen mir gerade, dass das Châteaubriand nicht nur vorzüglich geschmeckt habe, es sei auch vorbildlich serviert worden. Ausdrücklich loben sie die freundliche und aufmerksame Bedienung. So etwas hört man natürlich gerne!»

Als ich der Frau Doktor in den Mantel half, schenkte sie mir ein verstecktes Lächeln – und steckte mir ein besonders grosszügiges Trinkgeld-Nötli zu.

Die Trinkgelder waren eine willkommene Ergänzung meines Lehrlingslohnes: Der entsprach dem gesetzlichen Minimum, wovon mir der maximal zulässige Betrag für Kost und Logis abgezogen wurde. Am Monatsende blieben mir gerade noch knapp 150 Franken. Grosse Sprünge liessen sich damit nicht machen.

So gesehen konnte ich mir die Reise nach Südfrankreich eigentlich gar nicht leisten. Doch ich sagte mir: Du bist eingeladen, also pack die Chance! So günstig kommst du nie mehr ans Meer!
Am Bahnhof von Toulon erwarteten mich Sonja und Tanja mit ihrer Mutter. Sie fuhren mit mir zu einem grosszügigen, weissen Landhaus, idyllisch mitten in einem Pinienhain, in welchem ich für die nächsten paar Tage zu Gast war.
Tanja war meistens mit den Pferden beschäftigt, derweil ich mich lieber mit Sonja am Strand vergnügte. Sie sah toll aus in ihrem weissen Bikini. Kein Gramm Fett, sie hatte eine perfekte Figur.
Ich konnte mich nicht sattsehen an Sonja, und das blieb ihr nicht verborgen, irritierte sie allerdings auch nicht – im Gegenteil: Sie genoss es, setzte sich und ihre Oberweite unverhohlen in Szene. Ich parierte ihre Avancen mit freundlichen, aber unverbindlichen Ausflüchten, was sie mir wohl als Schüchternheit auslegte. Jedenfalls fühlte sie sich herausgefordert und setzte ihr neckisches Spiel noch eine Spur kecker fort.
Wie hätte ich ihr erklären sollen, dass ich sie ja gar nicht begehrte, sondern nur neidvoll bewunderte. Ich wollte ihren Körper

nicht erobern, sondern sehnte mich einfach nur danach, zu sein wie sie.
Aber das hätte Sonja nie verstanden ...

Bald fand ich es viel spannender, allein in den Gassen der Altstadt von Toulon herumzulungern. Wie ein streunender Hund, der an jeder Ecke sein Revier markiert, setzte ich mich an einen Kneipentisch, stand wieder auf, bevor der Garçon die Bestellung aufnehmen konnte, nahm im nächsten Strassencafé Platz und hockte alsbald in der Bar nebenan.
Das Bistro ‹Au Port› lag direkt am Hafenquai, und Armand, der junge Geschäftsführer, sah nicht nur gut aus – er war auch ausgesprochen sympathisch.
«Tu cherches un travail – toi?», fragte er, als ich ihm wieder einmal beim Gläserpolieren zuschaute.
«Non, pas directement ... mais ...» Mein Französisch war kaum besser als sein Deutsch, trotzdem verstanden wir einander bestens.
«Aber ...?»
«Alors – also – am liebsten würde ich ja hier bleiben, aber ich muss wieder in die Schweiz zurückfahren und meine Lehre abschliessen.»
«Lehre?»
«Education – comme Service-Fachange ... ähm, comment on dit ... Gastro-Branche – je suis Garçon!»
«Parfait!» Er war ganz entzückt. «Tu vas travailler chez moi!»
«Aber es dauert noch ein Jahr», wandte ich ein, «bis ich fertig bin ...»
«De rien! Du kannst immer kommen, isch 'abe immer Arbeit für disch – gutt Arbeit, gutt Geld!»
«Wirklich?»
«Mais bien sûr!»

Es tönte verlockend. Meine erste Reise ins Ausland, mein erstes Stellenangebot – und Armand, ein schöner, liebenswürdiger Franzose! Ich war ein Glückspilz!

Toulon hatte es mir angetan. Ich hatte feuchte Augen, als Sonja, Tanja und ihre Mutter mich auf dem Perron in die Arme schlossen, bevor ich in den Zug stieg. Nur mein fester Vorsatz, übers Jahr zurückzukehren und bei Armand im ‹Au Port› zu arbeiten, milderte den Abschiedsschmerz.

Das letzte Lehrjahr in der ‹Alpenrose› verging wie im Flug. Die zehn Monate zwischen Juli 1987 und April 1988 waren geprägt von skurrilen Episoden und romantischen Nächten – eine turbulente Zeit voll ängstlicher Unsicherheit und jugendlicher Neugier. Ich stand auf der Schwelle von der Pubertät zur Geschlechtsreife und hatte im Niemandsland zwischen Mann und Frau die Orientierung verloren; ein Ertrinkender, links und rechts rettende Ufer – zum Greifen nah und doch unerreichbar.

Eine aufgestaute Energie rumorte in mir – wie Lava kurz vor dem Ausbruch des Vulkans. Ich konnte dem Lockruf nicht länger widerstehen, ich wollte das Geheimnis Sexualität ergründen. So, wie es alle jungen Menschen in diesem Alter tun.
Mit dem Unterschied, dass die Sehnsucht, die mich trieb, noch viel rätselhafter war. Ich war ein heranwachsender Jüngling, und mein lustvolles Begehren galt jungen Männern.
Ich konnte es nicht bekämpfen, und eigentlich wollte ich das auch gar nicht; denn bei jeder Gelegenheit wurde mir immer deutlicher bewusst, dass ich damit leben musste.
Zum Beispiel in jener schwülen Sommernacht: Es war so warm, dass die Luft selbst in den Morgenstunden kaum spürbar

abkühlte. Drei Uhr war vorüber, ich hätte meine Bar längst schon dichtmachen müssen. Aber den Gästen – ein gutes Dutzend Swissair-Angestellte, die sich zu einem Seminar in der ‹Alpenrose› eingefunden hatten – war mehr nach Feiern als nach Schlafen zu Mute. Damit mir am nächsten Tag niemand vorwerfen konnte, ich kümmere mich nicht um die Polizeistunde, machte ich einen Vorschlag: «Der Schwendisee ist ganz in der Nähe, keine zehn Minuten von hier – und das Wasser ist herrlich warm!»
Es war noch dunkel, so dass niemand eine Badehose für notwendig hielt. Der Mond schien jedoch hell genug, um die blanken Körper durchs Wasser schimmern zu lassen. Ich beteiligte mich rege an dem ausgelassenen Geplansche. All die nackten Männer beflügelten meine Fantasie. Frauen waren natürlich auch dabei, aber sie interessierten mich weniger.

Frauen erregten mich nicht. Ich stand auf Männer. Der Fall war klar: Ich war schwul ...
Mit der Homosexualität hätte ich mich abfinden können. Aber da war noch etwas – eine innere Stimme: «Du bist nicht homosexuell», sagte sie mir immer wieder. «Nicht schwul und schon gar nicht lesbisch. Du bist eine heterosexuelle Frau!»
Ich ahnte, dass die Stimme Recht hatte, auch wenn ich es mir nicht erklären konnte. Diese Frau, tief in mir drin, spürte ich ja sehr gut. Aber niemand erkannte sie. Man konnte nur Christian sehen, und wer sich auf den einliess, ahnte nicht, dass er es in Wirklichkeit mit einer Frau zu tun hatte.
Ich fühlte mich als Opfer einer bösen Laune der Natur, die mich zwang, meine Weiblichkeit zu verleugnen. Weil sich die Frau in mir mit einem männlichen Körper tarnte, musste ich, wenn ich meiner sexuellen Neigung zu Männern nachgeben wollte, den Schwulen markieren.

Noch hatte ich keine Ahnung von den Sitten und Gebräuchen im Schwulen-Milieu – abgesehen von dem Erlebnis in einem Pfadilager. Ich war 14 damals, und der Lagerleiter – nicht viel älter als ich – richtete es so ein, dass ich als Einziger das Zelt mit ihm teilte. In jener Nacht spürte ich zum ersten Mal eine fremde Hand zwischen meinen Beinen. Es war mir zuerst höchst unangenehm, aber irgendwie auch spannend – ich liess ihn gewähren und widersetzte mich auch nicht, als er Anstalten machte, meine Hand in seinen Schlafsack zu führen. Das Ding war erschreckend gross. Als ich den klebrigen Saft auf meinen Fingern spürte, erfasste mich Abscheu, merkwürdigerweise aber auch eine gewisse Erregung. Ich beschloss, die Erinnerung an jene Nacht im Pfadilager zu verdrängen.

Erst vier Jahre später kam mir das Erlebnis wieder in den Sinn. Ich weiss nicht, warum ich mich erneut auf einen Typen einliess. Er gehörte zu den Gästen einer Geburtstagsparty in der ‹Alpenrose›, war weder besonders attraktiv noch geistreich. Aber er verstand es, meine Neugier zu wecken. In einem unbeobachteten Moment nahm er mich zur Seite und machte mir geheimnisvolle Andeutungen. Ich solle ihn ruhig mal besuchen kommen, sagte er, er wohne in Kloten, und ich würde es gewiss nicht bereuen.
Als ich am nächsten freien Tag nach Kloten fuhr, wo der Mann ein unscheinbares Appartement bewohnte, schien er ebenso überrascht wie erfreut, dass ich seiner Einladung gefolgt war. Er forderte mich auf, neben ihm auf dem Sofa Platz zu nehmen, und nahm einen Stapel Fotos aus einer Schachtel – nackte Männer in pornografischen Posen. Wieder empfand ich diese Mischung aus Widerwillen und Faszination, hütete mich aber, mir anmerken zu lassen, dass die Bilder mich irgendwie irritierten. Plötzlich läutete es an der Tür, und mein Gastgeber

begrüsste einen zweiten Mann, den er offenbar schon erwartet hatte.
Damit hatte ich nicht gerechnet; Panik erfasste mich. Und während die beiden in der Küche tuschelten – offenbar sprachen sie ab, wie sie sich diesen jungen Grünschnabel gefügig machen könnten –, suchte ich fluchtartig das Weite.

Mir wurde bald einmal klar, dass meine weitere Suche nach einer erfüllten homoerotischen Erfahrung in der toggenburgischen Provinz kaum Aussicht auf Erfolg haben würde. Und so bestieg ich eines Abends in Wattwil die Bodensee-Toggenburg-Bahn Richtung St. Gallen. Dort sollte es im Linsenbühl-Quartier – so war mir zu Ohren gekommen – eine Bar geben, die als Schwulen-Treff bekannt war.
Er fiel mir sofort auf: Gross war er und schlank, mit seinen dunklen Augen und dem schwarzen Kraushaar entsprach der junge Mann ganz dem Typ des temperamentvollen Latin Lover. Er erwiderte meinen Blick mit einem aufmunternden Lächeln. Es dauerte nicht lange, bis wir in eine angeregte Diskussion verwickelt waren. Bald gab Dominique mir mit verheissungsvollem Blick zu verstehen, dass er mehr wollte. In der Nähe habe er ein kleines Studio.
Unterwegs steuerte er den Stadtpark an. Während ich mit klopfendem Herzen neben ihm herging, spürte ich plötzlich, wie seine Hand meine suchte. Eine sanfte Berührung nur, die mich erschauern liess. Jetzt fasste er meine Hand mit entschlossenem, liebevollem Druck. Ich warf ihm einen dankbaren Blick zu. Bestimmt sehen wir jetzt aus wie ein vertrautes Liebespaar, dachte ich, dabei kennen wir einander doch überhaupt nicht. Aber genau das machte auch den Reiz der Situation aus.
Meine erste Liebesnacht stand unmittelbar bevor – ich konnte mein Glück kaum fassen. Und ich hoffte, dass er nicht merk-

te, wie mir die Nerven flatterten. Aus Angst, sein Interesse an mir zu verlieren, hatte ich es nicht gewagt, ihm zu offenbaren, dass ich noch nie ... dass ich – nun, vielleicht nicht gerade unberührt, aber doch noch gewissermassen jungfräulich war ... Ich riss mich zusammen, lächelte Dominique so cool wie möglich an und liess ihn mit dem zärtlichen Spiel meiner Finger in seiner Hand ahnen, wie mir zu Mute war. Blind vertraute ich ihm und zweifelte keinen Moment daran, dass Dominique mir die Geheimnisse der Homosexualität offenbaren würde.

Achtlos im ganzen Raum verstreute Klamotten und das ungewaschene Geschirr in der Kochecke liessen vermuten, dass dieses Junggesellenstudio nur selten bewohnt wurde. Die beiden mächtigen Lautsprecher einer High-Tech-Anlage dominierten die spartanische Einrichtung. In der Ecke ein Bett – so schmal, dass man sich zu zweit nur eng umschlungen darin wohl fühlen konnte. Auf der Matratze ein schwarzes Laken, zerwühlt zwar, aber feinstes Satin, davor ein halbes Dutzend Kerzen, zum Teil schon fast heruntergebrannt.
Dominique legte eine Tonbandkassette ein, nahm meine Hand, führte mich zum Bett. Und dann trug uns die unvergleichlich erotische Stimme der Rocksängerin Rose Laurens in eine andere Welt.
Wir brachten kein Auge zu in jener ersten Nacht. Wenn wir zwischendurch erschöpft voneinander liessen, waren wir viel zu aufgeregt, um einzuschlafen. Dann redeten wir. Wir lachten über belanglose Anekdoten aus unseren Lebensgeschichten und erhitzten uns in tiefschürfenden Debatten über Sex, Gott und eine bessere Welt.

Er hatte meine Erwartungen nicht enttäuscht. Er hatte sie übertroffen. Der Umstand, dass Dominique mein erster Mann wurde, war nicht der einzige Grund für mein Gefühl, dass mir die Nächte mit ihm – und nicht nur die Nächte! – als unvergessliche Erfahrung in Erinnerung bleiben werden. Der Latin Lover mit den feurig funkelnden Augen erwies sich als ein sanfter, einfühlsamer Liebhaber, dessen verträumter Blick mich dahinschmelzen liess.

Das Glück währte zwei verrückte Wochen lang.
Eines Tages war sein Interesse an mir erloschen. Es fiel kein böses Wort, als er mir eröffnete, dass es vorbei sei. Der Moment war zwar sehr schmerzhaft für mich, aber ich machte Dominique keinen Vorwurf. Im Gegenteil: Ich war ihm dankbar, dass er mir zwei wesentliche Erkenntnisse über schwulen Sex beigebracht hatte. Erstens können Liebesaffären zwischen Männern ebenso romantisch, zärtlich und leidenschaftlich sein wie ich mir aufgrund jahrelanger ‹Bravo›-Lektüre heterosexuelle Beziehungen vorstellte. Aber sie waren, zweitens, in der Regel auch besonders kurzlebig.
Ich habe seither nie mehr etwas von ihm gehört. Aber ich höre immer wieder unsere Musik: Die Tonbandkassette ist meine einzige Erinnerung an Dominique geblieben – Rose Laurens laszive Stimme: ‹Quand tu pars› ...

Als ich abreiste, war der Trennungsschmerz längst überwunden. Ich freute mich auf die vertrauten Gassen von Toulon, und ich konnte es kaum erwarten, meinen Job als Kellner in Armands kleiner Hafenkneipe anzutreten.
Immer wieder lief ich den Quai rauf und runter, aber das Bistro ‹Au Port› war verschwunden – wie vom Erdboden verschluckt.
Dort, wo sich vor Jahresfrist Matrosen und Nutten, Franzosen und Touristen an Bier und Pastis gütlich taten, war jetzt ein

Souvenirgeschäft. Oder war es diese neue Jeans-Boutique nebenan?
Schliesslich gab ich auf und beschloss, mir ein Quartier für die Nacht zu suchen. Ich steuerte auf die erstbeste Herberge zu, eine schmuddelige, kleine Pension, und ich hatte Glück: Es war noch ein Zimmer frei, und es kostete nur zwanzig Francs.

Ich wusste nicht, wie lange ich, versunken in den Anblick der pulsierenden Stadt, auf meinem kleinen Balkon gestanden hatte. Die Nacht war hereingebrochen, über mir funkelten die Sterne und unter mir brodelte das Nachtleben. Leuchtreklamen flackerten in allen Farben, und die Geräusche der Menschen und Motoren waren lauter geworden.
Erotik lag in der Luft.
Ich musste raus.
Ich schlüpfte in meine engen Jeans, zog mir ein luftiges, weisses Hemd über, strich frische Pomade ins Haar und tupfte ein paar Tropfen ‹Claude Montana› hinter die Ohren und auf die Handgelenke.
Die Concierge döste hinter ihrem Schiebefenster über einem Kreuzworträtsel. Die Strasse links hinauf und dann quer durch den Park, sagte sie auf meine Frage, ob es hier auch ein Lokal ‹pour pédés› gebe: «Un club, il s'appelle ‹Le Diable› – mais c'est rien pour vous ...»
Im fahlgelben Licht schmiedeiserner Laternen warfen alte Männer Pétanque-Kugeln über den Kies; weiter hinten in der Parkanlage lungerten junge Männer herum.
«Ssssst!»
Erschrocken drehte ich mich um. Der Typ war kaum älter als ich. Hungrige Augen, eingefallene Wangen. Er grinste linkisch.
«Je te suce!», zischte er. «Je te le fais bien!»
«Hä?» Ich verstand nicht, was er wollte.

«Idiot!» Vulgär schlug er die rechte Hand auf die Beuge seines linken Arms und trollte sich.

Sowie ich den Park wieder verlassen hatte und auf die Rue du Nord trat, erkannte ich die blaue Leuchtschrift über einer weiss lackierten Tür: ‹Le Diable›. Neben der Tür ein Klingelknopf, auf der anderen Seite ein Schaukasten. Erst auf den zweiten Blick erkannte ich, dass die spärlich bekleideten Damen keine gewöhnlichen Striptease-Tänzerinnen waren. Ein Schriftzug zwischen den Fotos räumte den letzten Zweifel aus: ‹Spectacle travestie›.
In der Tür ging ein kleines Fenster auf, als ich auf den Klingelknopf drückte. Ein misstrauisches Augenpaar prüfte mein Outfit und meine Alterskategorie. Endlich wurde ich eingelassen. Drinnen prägten Aluminium, Glas und Chromstahl die Ambience: die Tanzfläche verspiegelt, ebenso die Wände hinter und neben der Showbühne, Hocker, mit dunkelrotem Plüsch bezogen.
Ich sass an der Bar vor einer Cola und bemühte mich angestrengt, den Augen der Männer auszuweichen, die mich unverhohlen fixierten und taxierten. Es irritierte und faszinierte mich gleichermassen, es turnte mich seltsam an, und es hielt mich nicht länger auf meinem Hocker – ich musste tanzen.
Ich tanzte wie von Sinnen; in bester Cancan-Manier warf ich die Beine hoch und den Jungs im Lokal verruchte Blicke zu. Sie reagierten mit anerkennenden, anzüglichen und anfeuernden Bemerkungen.
Plötzlich verstummte die Musik. Hinter der Bühne ein lautes Geräusch – wie das Trillern der Pfeife eines Fussballschiedsrichters. Nur viel schriller.
«Trrrrrrrrrrrrr ...»
Es war ihr Erkennungszeichen.

Sie nannte sich Sabrina. Sabrina-by-Night.

Durch eine weisse Wolke, von der Nebelmaschine über die Showbühne geblasen, schwebte Sabrina ins Scheinwerferlicht. Eine schwere Lederjacke auf zarten Schultern. Stiefel, die bis über die Schenkel reichten. Auf den Hüften ein breiter nietenbeschlagener Gürtel. Blanke Haut unter schwarzem Leder, das in frivolem Kontrast stand zu einer weissen Federboa, die aufreizend durch den Schritt glitt.

Das Zucken der Stroboskopblitze zerhackte ihre Bewegungen und verlieh dem Tanz etwas Übernatürliches.

Langsam schälte sie sich aus ihrer Montur. Sie hatte kleine Brüste, schön rund und fest, wie zwei Halbkugeln. Das überraschte mich; ich hatte eigentlich erwartet, dass das ‹Spectacle travestie› in diesem Schwulen-Club ausschliesslich von Männern in Frauenkleidern dargeboten wurde.

Als Sabrinas Ledertanga auf den Spiegelboden glitt, erkannte ich im Bruchteil einer Sekunde, bevor sie in koketter Schamhaftigkeit die Hände über den Schoss legte, dass die Raupe sich verpuppt hatte: Sie war zum Schmetterling geworden – eine Frau bis zur letzten Konsequenz.

Sabrina – sie war so schön und selbstbewusst, wie ich sein ... wie ich werden wollte. Ich war verzaubert von der sinnlichen Magie, die sie ausstrahlte.

Und mir wurde klar: Sie war auf dem Weg, der noch vor mir lag.

Von jener ersten Begegnung an verbrachte ich Nacht für Nacht im ‹Le Diable›. Bald war ich bekannt wie ein bunter Hund; für die Jungs vom Personal und für andere Gäste, die regelmässig den Club besuchten, war ich ‹le petit Suisse›, harmlos und naiv.

Mit dem einen oder anderen liess ich mich nach dem Spectacle auf einen One-Night-Stand ein, flüchtige, erotische Begegnungen in fremden Schlafzimmern, lustvoll zwar, aber auch lieblos.

Ich kam nur ihretwegen, und ich kam ihr jedes Mal ein Stück näher. Sabrina spitzte, wenn sie sah, wie ich sie anhimmelte, ihre roten Lippen zum Kussmund und lächelte mich an, mich ganz allein.

Nach einer Woche liess sie es zu, dass ich sie hinter der Bühne aufsuchte. Ich brachte ihr etwas zu trinken, setzte mich auf einen Hocker neben dem Schminktisch und schaute zu, wie sie sich schwarze Wimpern auf die Lider klebte. Sehr gerne hätte ich mich mit ihr über das unterhalten, was mich mit ihr verband: Wie hatte sie ihre Transsexualität entdeckt, wie sich damit arrangiert? Aber ich wagte es nicht, ihr Fragen zu stellen. Sie duldete mich, wahrscheinlich mochte sie mich sogar. Aber ich spürte, dass sie ‹darüber› nicht reden wollte.

Auch nicht, wenn wir nach der Show im Bistro sassen.

Morgens um fünf, wenn die Scheinwerfer zum letzten Mal abgedimmt wurden, draussen im Park die Vögel erwachten und der Besitzer des Bistros nebenan die Gitterjalousien hochzog und eimerweise Wasser übers Trottoir schüttete, liessen Sabrina, der DJ und die Kellner vom ‹Le Diable› die Nacht bei heissem Kaffee und frischen Croissants ausklingen.

Und ich durfte sie begleiten.

Schüchtern sass ich neben Sabrina, die aufgekratzt mit den anderen kicherte. Ich verstand nicht einmal die Hälfte der Gespräche, aber das war mir gleichgültig. Ich wollte ihr einfach nur nahe sein; und wenn sie mir ausnahmsweise einmal ein gnädiges Lächeln schenkte – «n'est-il pas mignon, notre petit chouchou de la Suisse!» –, war ich schon glücklich.

Sie war immer noch in ihrer Rolle – ein umschwärmter Paradiesvogel, der niemandem einen Blick auf den Menschen hinter der Fassade erlaubt. Solange sie auch nur ein Augenpaar auf sich ruhen spürte, war sie Sabrina-by-Night. Ich wusste, dass sie mit dem Barkeeper eine Absteige ganz in der Nähe bewohnte, und ich ahnte, dass diese Lichtgestalt der Nacht sich in ein graues, trauriges Geschöpf verwandeln würde, sobald hinter ihr die Tür ins Schloss fallen und sie mit sich allein sein würde.
Diesen Menschen hätte ich gerne kennen lernen wollen.
Aber ich wusste ja noch nicht einmal, wie sie wirklich hiess.

«Monsieur!»
Bevor ich mich an ihr vorbeischleichen konnte, hatte die Concierge im Parterre ihr Schiebefenster geöffnet und rieb den Daumen ihrer rechten Hand über den Zeige- und Mittelfinger.
«Si vous voulez rester ...»
«Oui, oui», sagte ich. «Demain!» Und machte mich aus dem Staub.

Ich ging zu McDonald's, bestellte einen Hamburger mit Cola und schob dem Mädchen an der Kasse meine letzte Fünfzig-Franc-Note hinüber. Sie tat mir Leid, weil sie diese lächerliche Baseballmütze tragen musste.
Lustlos biss ich in das fade Hackfleisch-Sandwich, während ich auf die Strasse hinaustrat, meine Schritte Richtung Hafen lenkte und meine Situation überdachte. Ich ernährte mich, seit ich vor knapp zwei Wochen hier angekommen war, praktisch ausschliesslich von Croissants und Hamburgern. Die Nächte schlug ich mir in einem Travestie-Club um die Ohren, weil ich einer unnahbaren Frau nahe sein wollte, die einmal ein Mann gewesen war. Tagsüber liess ich mich, um meine Einsamkeit

zu vergessen, von schwulen Männern vernaschen, die mir nichts bedeuteten.

Ich war abgemagert und abgebrannt. Und ich fühlte mich unglücklich. War das die grenzenlose Freiheit, von der ich geträumt hatte?

Nein – ich war alles andere als frei. Ich war süchtig. Süchtig nach der Illusion eines kurzen Glücks. Süchtig nach der Nähe zu Sabrina. Sie kostete mich täglich dreissig Francs – ohne Getränke ...

Mein Geld reichte gerade noch für einen letzten Eintritt. Aber womit sollte ich mein Zimmer bezahlen? Wenn ich der Alten nicht bis morgen früh einen Hunderter ablieferte, würde sie mich stante pede vor die Tür setzen. Es würde das Ende meines Traumes bedeuten.

Meine Augen füllten sich mit Tränen der Verzweiflung. Nein – es durfte nicht sein, die Seifenblase durfte nicht platzen. Ich musste mir dringend etwas einfallen lassen.

Ich dachte an den schönen Armand, den Besitzer der Bar ‹Au Port› – seinetwegen war ich hier, er hatte mir damals versprochen, mich ohne bürokratischen Aufwand als Kellner einzustellen. Doch er war ebenso spurlos verschwunden wie seine kleine Kneipe.

Während ich am Quai entlangschlenderte und meinen Gedanken nachhing, stach sie mir plötzlich ins Auge – die Jeans-Boutique, und diesmal war ich ganz sicher, dass genau dort, wo jetzt trendige Klamotten im Schaufenster lagen, noch vor Jahresfrist Armands Gäste ihr Bier kippten oder am Pastis nippten.

Ich trat ein.

«Monsieur ...» Ein zuckersüss lächelnder blonder Männertraum stürzte sich auf mich.

«Ich suche Armand. Kennen Sie einen Armand?»
«Non, désolée – wir 'aben kein Armand.» Sie lächelte noch immer wild entschlossen.
«Er war der Patron vom ‹Au Port› ...»
«Au Port?»
«Ja. Das Bistro, das früher hier war ...»
«Monsieur, vous vous trompez! C'est pas un bistro ici ...»
«Ich weiss. Aber vorher – avant ... Kann ich den Geschäftsführer sprechen?»
«Sie sprechen mit die Chefin!»
«Ach so, ähem ... Ich bin ein guter Verkäufer! Sie können bestimmt einen guten Verkäufer brauchen!»
«'aben Sie Permis?»
Ich suchte im Portemonnaie nach meinem Personalausweis.
«Non, non ...», sagte sie. «Permis pour travailler!»
Ich zuckte die Achseln.
Das Lächeln war jetzt ganz aus ihrem Gesicht verschwunden. Sie ging zur Tür und öffnete sie. «Pour vendre il faut parler français! Au revoir, Monsieur!»

Auch im Fischrestaurant auf der anderen Strassenseite waren weder Armand noch das Bistro ‹Au Port› bekannt. Er sei erst seit einem halben Jahr hier, bedauerte der Patron. Ausserdem habe er genug Personal, und Ausländer könne er sowieso nicht brauchen – schon gar nicht Ausländer ohne Arbeitsbewilligung ...

Als ich über den Marché schlenderte, stieg mir der Duft von frischen Meeresfrüchten in die Nase, und auf den Tischen der Marktfrauen lachten mich saftige Pflaumen und glänzende Pfirsiche an. Mir lief das Wasser im Mund zusammen. Nein, nein, nein! Ich werde doch nicht mein letztes Geld für schnöde Nahrungsmittel ausgeben. Der Hunger wird sicher bald wieder vergehen.

Als ich mich dem Park näherte, in dem nach Einbruch der Dunkelheit das Angebot an jungen Boys meist grösser war als die Nachfrage von älteren Herren, erinnerte ich mich an ein Gespräch, das ich zwei Tage zuvor mit Luc geführt hatte, einem der Stammgäste im ‹Le Diable›, mit dem ich mich auf ein Schäferstündchen eingelassen hatte.
Luc sprach ganz gut deutsch, das war sein grösster Vorzug – mit ihm konnte ich wenigstens vernünftig reden.
Er hockte auf dem Bettrand und zog den Rauch seiner Zigarette tief in die Lungen, während ich auf der Matratze lag, an die Decke starrte und bedauerte, dass es schon vorbei war. Warum, fragte ich mich, ist schwuler Sex oft so gierig und ungeduldig?
«Wovon lebst du eigentlich?», fragte Luc unverhofft. Er blies kleine Rauchwolken zur Decke.
«Das würde ich auch gern wissen», sagte ich und lachte bitter. «Im Moment sitze ich ziemlich auf dem Trockenen ...»
«Warum gehst du nicht in den Park?»
«In den Park?»
«Du kennst den Park nicht?»
«Na ja ...» Natürlich wusste ich, was im Park los war. Es war jedes Mal, wenn ich das ‹Le Diable› aufsuchte, ein Spiessrutenlauf. «Du meinst ... ich soll auf den Strich gehen?»
«Wieso denn nicht?»
«Ich kann doch kaum ein Wort Französisch ...»
«Du sagst einfach: ‹Je te suce!› Das genügt vollkommen; das versteht jeder!»
«Und was heisst das?»
Er schaute mich fast ein bisschen mitleidig an.

«Blasen – compris?»
«Hast du das auch schon gemacht?»
«Klar!»
«Wie viel verlangst du dafür?»
«Nun ja, man muss halt nehmen, was sie geben – am Anfang machst du damit bestimmt noch keine grossen Sprünge! Trotzdem: Es ist schnell und einfach verdientes Geld!»

Er sollte Recht bekommen.
Es war einfacher, als ich gedacht hatte. Jedenfalls beim ersten Mal.
Mein erster Freier kam mit dem Auto. Langsam fuhr er an mir vorbei, hielt weiter vorne an und wartete, bis ich, lässig auf dem Trottoir schlendernd, zu ihm aufgeschlossen hatte. Durchs offene Fenster fixierte er mich mit fragendem Blick. Ich versuchte, cool zu nicken, aber ich glaube, dass es ziemlich linkisch ausgesehen hat.
Das einzig Bemerkenswerte an dem Typ war seine Unscheinbarkeit. Ich habe keinerlei optische Erinnerung an ihn. Auch keine akustische. Das Geschäft wurde wortlos abgewickelt.
Der Mann beugte sich über den Sitz, öffnete die Türe und fuhr, als ich Platz genommen hatte, in eine unbelebte Seitenstrasse hinter dem Bahnhof. Wortlos klaubte er einen Hunderter aus seiner Brieftasche und drückte ihn mir in die Hand. Er faltete ein Papiertaschentuch auseinander und legte es griffbereit auf das Armaturenbrett. Schliesslich kippte er die Sitze in die Liegeposition und knöpfte seine Hose auf.
Mit unmissverständlicher Handbewegung gab er mir zu verstehen, was ich zu tun hatte.
Ich tat es mit geschlossenen Augen. Zum ersten Mal war ich froh, dass schwule Männer oft beim Sex rasch zur Sache kommen – und dass die Sache ruckzuck von der Hand geht.

Es dauerte keine fünf Minuten, dann war die Sache erledigt. Der Mann reichte mir ein zweites Taschentuch, damit ich meine Hände abwischen konnte, und stieg aus, um seine Garderobe wieder in Ordnung zu bringen, bevor er mich zum Park zurückbrachte.

Das ‹Le Diable› hatte gerade geöffnet; ich ging direkt zur Toilette und wusch mir ausführlich Gesicht und Hände. «Jetzt bist du ein kleiner, billiger Stricher», sagte ich zu meinem Spiegelbild, «du hast dich verkauft, damit du hier sein kannst – du bist für diese Sabrina auf den Strich gegangen ...»
Aber ich fühlte mich erstaunlich gut dabei. Ich hatte eine Möglichkeit gefunden, rasch und unkompliziert zu Geld zu kommen; ich war meine grösste Sorge los. Vorerst jedenfalls.

Am übernächsten Tag ging ich erneut in den Park und bediente zwei, drei Freier. Unter den schwulen Männern – es waren ja immer wieder dieselben – hatte sich allmählich herumgesprochen, dass ein Neuer im Angebot war. Frischfleisch war immer begehrt – ich musste selten lange auf Kundschaft warten.
Manchmal bezahlten sie nur fünfzig Francs und stellten dabei noch grosse Ansprüche. Am liebsten hätten sie alle Stellungen ausprobiert und mich die ganze Nacht bei sich behalten. Einer weigerte sich sogar, zu bezahlen. Er lachte mich einfach aus und meinte, ich könne ja zur Polizei gehen, wenn mir was nicht passe. Den Fehler, erst nach vollbrachter Dienstleistung zu kassieren, habe ich nur einmal gemacht.

Sobald ich zwei-, dreihundert Francs beieinander hatte, liess ich mich für ein paar Tage nicht mehr im Park blicken – bis das Geld aufgebraucht war.

Ich lebte von der Hand in den Mund.
Aber mit der Zeit fiel es mir immer schwerer, auf den Strich zu gehen.
Ich hasste dieses ewige Feilschen um ein paar Francs. Ich fühlte mich erniedrigt, wenn ich nachgab und mich für ein Trinkgeld verkaufte. Und es ekelte mich immer mehr an, diese ungewaschenen, übel riechenden, alten Männer anzufassen.

Nach fünf oder sechs Wochen, es war inzwischen Juli geworden, wurde mir klar, dass ich am Tiefpunkt angelangt war – es konnte so nicht mehr weitergehen. Der Mann, den ich bedient hatte, war so widerwärtig gewesen, dass ich den Brechreiz kaum noch kontrollieren konnte, als ich aus seinem Auto gestiegen und fluchtartig ins ‹Le Diable› lief. Sabrina würde erst in einer halben Stunde kommen, das wusste ich aus Erfahrung. Deshalb suchte ich den Ort auf, der mir am vertrautesten war: In Sabrinas Garderobe war ich vorerst ungestört. Ich würgte den Ekel vor diesen widerlichen geilen Männern aus mir heraus und kotzte mein ganzes Elend in Sabrinas Lavabo.
«Eh – qu'est-ce que tu fais là, chouchou?» Plötzlich stand sie in der Tür – es war mir furchtbar peinlich. «Oh pardon», sagte ich, weil mir nichts anderes einfiel.
Sabrina rümpfte die Nase, als sie sah, was ich angerichtet hatte, konnte sich jedoch nicht entscheiden, ob sie mich schelten oder bemitleiden wollte, und ging erst einmal hinaus, um an der Bar ein Glas Mineralwasser zu holen. «Voilà», sagte sie nur und stellte mir das Glas hin, während ich ihr Lavabo reinigte. Sie legte mir die Hand auf die Schulter. «Tu es malade, toi?»
Ich schaute in ihren Spiegel und sah ein Gespenst: rot unterlaufene Augen mit dunklen Rändern, hohle Wangen, weisse Haut. Mir grauste.

Wegen der stinkenden Garderobe solle ich mir keine Gedanken machen, meinte Sabrina, wohl, um mich zu trösten. Das mache ihr nichts aus, und abgesehen davon sei dies ihr letzter Abend im ‹Le Diable›.
Das hatte ich nicht gewusst. Mir stockte der Atem.
Sie werde nämlich im August ein neues Engagement wahrnehmen, sagte Sabrina beiläufig. «A Marseille.»
In diesem Moment ging eine Welt für mich unter.
Mir war klar, dass ich Toulon verlassen musste – und zwar so bald wie möglich. Es gab keinen Grund mehr, mich hier von fremden Männern bumsen zu lassen.

Man habe mir in der Schweiz einen guten Job angeboten, log ich, als die Alte in der Pension ihr Fenster aufschob. Deshalb müsse ich dringend in die Schweiz zurückfahren. Sie zuckte bloss die Schultern und meinte, das hätte ich halt früher wissen müssen.
«Mais ...», warf ich ein, und sie unterbrach mich sofort: «... non, non, non!» So kurzfristig könne sie das Zimmer nicht mehr weitervermieten.
«Mais ...»
«... non!»
Das Geld, das ich für diese Woche – wie immer bereits schon im Voraus – bezahlt hatte, könne sie mir ‹bien sûr› nicht zurückgeben.
Ich kramte in meiner Tasche. Es hätte nicht einmal für ein Zugticket nach Marseille gereicht.
Aber ich wollte ja gar nicht nach Marseille. Ich hatte mit Sabrina abgeschlossen.
Ich wollte arbeiten, Geld verdienen – ehrliches, sauberes Geld.
Hier in Frankreich würde ich nirgends einen Job bekommen.
Ich musste zurück in die Schweiz. Irgendwohin – Hauptsache,

möglichst weit weg von allem, was mich an meine Jugend erinnerte, weit weg von der Ostschweiz ...

Plötzlich dachte ich an Sonja und Tanja, die beiden Mädchen, die ich hier in der Nähe besucht hatte. «Wenn es dir schlecht geht, wenn du Hilfe brauchst», hatten sie gesagt, als ich mich vor ein paar Wochen verabschiedete, «ruf einfach an. Wir sind da!»
Ich suchte meine letzten Sous zusammen und ging zur nächsten Telefonkabine. Sonja quietschte vor Freude, als sie meine Stimme hörte. «Ich stecke total in der Scheisse ...», sagte ich kleinlaut. «Komm, lass uns das unter vier Augen besprechen», unterbrach sie mich. «Willst du zu uns zurückkommen?»
«Danke, aber ich muss in die Schweiz zurück – so schnell wie möglich!»

Am Abend trafen wir uns in der ‹Brasserie› beim Bahnhof. «Wir haben eine Tante in Genf», sagte Sonja. «Die ist ganz nett, und sie hat immer ein Zimmer frei!»
Genf. Genau! Warum nicht Genf? Immerhin war mein Französisch inzwischen so weit fortgeschritten, dass ich mir sogar zutraute, in irgendeiner Boutique Kleider zu verkaufen.
«Sollen wir sie anrufen?», fragte Sonja.
Ich nickte. «Aber ...»
«Der Abendzug ist schon weg. Erst morgen früh fährt wieder einer!» Sie schoben mir 150 Francs über den Tisch. «Damit kommst du bestimmt bis Genf!» Ich war gerührt.

Ein letztes Mal schlenderte ich zum Hafen hinunter und schaute sehnsüchtig aufs Meer hinaus.
Auf dem grossen Platz vor der Marine-Kaserne spielten Soldaten Volleyball. Ich blieb stehen und schaute ihnen lange zu.

Unter ihren Shirts zeichneten sich kräftige Muskeln ab. Sie lachten ausgelassen. Prächtige Mannsbilder – bestimmt alle ‹Hetis› ...
Ich fühlte eine magische Anziehung. Aber da war diese unsichtbare Mauer.
Endlich wandte ich mich ab, ging zurück zur Pension.
Und wischte mir ein paar Tränen aus dem Gesicht.

Genf
Die weisse Federboa

Dutzende von Büstenhaltern hingen an der Wand, in allen Grössen und Farben, daneben glitzernde Pailletten-Fummel und bizarre Korsett-Konstruktionen, kühn geschnittene String-Höschen und freche Leder-Tangas, aber auch elegante Roben, frivole Stiefel und hochhackige Stilettos in Übergrösse.
Von aussen war der Laden schlicht mit ‹Theater- und Künstler-Bedarf› beschriftet, innen verriet die bunte Auslage, dass die Kundschaft sich vor allem aus Damen der Halbwelt zusammensetzte – und aus Männern, die sich gern als solche ausgaben.
Ich war mir nicht so sicher, zu welcher dieser Kategorien ich mich zählen sollte, aber der Laden beeindruckte mich. Staunend bewunderte ich das Angebot.
Dann sah ich sie. Sie stach mir förmlich ins Auge. Und ich wusste: Die musste es sein. Die und keine andere.
«Ein schönes Stück», sagte die Verkäuferin, eine schrill geschminkte, schon etwas in die Jahre gekommene Kunst-Blondine. «Eine gute Wahl. Und gar nicht teuer!»
Die Frau holte das gute Stück und breitete es vor mir aus. Zärtlich strichen ihre Finger über feine Federn – flauschig weich und schneeweiss. Langsam liess auch ich es durch die Hände gleiten, drapierte es um den Hals, schmiegte die Wange daran und drehte und wendete mich vor dem Spiegel.
«Steht Ihnen ausgezeichnet! Sehr feminin ...»
«Wie viel, haben Sie gesagt?»
«Nur neunundzwanzig Franken.»
Ich hätte sie auch genommen, wenn sie das Zehnfache gekostet hätte. Sie erinnerte mich an Sabrina.

Es war exakt Sabrinas Federboa ...
Ich fühlte mich wie eine Königin, als ich die Ladentür hinter mir ins Schloss zog. Ausgelassen hüpfte ich übers Trottoir und schwenkte den Plastiksack mit meiner Trophäe auf und ab. Ich wurde das Gefühl nicht los, dass nicht ich es war, der die Federboa entdeckt hatte. Vielmehr hatte sie mich gefunden. Ich war noch nie in diesem abgelegenen Quartier der Stadt gewesen. Aber irgendeine seltsame Fügung hatte mich an diesem Nachmittag hierher gelockt. Zu diesem Transvestitenladen. Zur Federboa.
Ich konnte ja nicht ahnen, dass sie noch eine ganz besondere Bedeutung für mich bekommen sollte. Sehr bald schon. An diesem Abend noch ...

Wir begegneten einander vor der Haustür. Madame Vicini führte ihren kleinen Kläffer Gassi, und ich presste den Plastiksack unter den Arm. Ich wollte unbedingt vermeiden, dass meine neue neugierige Schlummermutter einen Blick in den Sack werfen konnte.
«Christian», sagte die Tante von Sonja und Tanja, «haben Sie jetzt endlich eine Arbeit gefunden?»
«Möglicherweise», antwortete ich ausweichend. «Beim ‹Grand Passage› suchen sie einen Hilfsdekorateur.» Das war nicht einmal gelogen; ich wusste allerdings nicht, ob der Job mich wirklich interessierte. «Übermorgen werde ich mich dort vorstellen.»
«Tun Sie das! So kann es ja nicht weitergehen mit Ihnen!»
Sie war Anwältin, eine elegante, äusserst gepflegte Frau, die ihre Mentholzigaretten in einem vergoldeten Etui aufbewahrte und mit spitzen Fingern auf einen perlmuttbesetzten Halter setzte, bevor sie sie mit einem goldenen Feuerzeug ansteckte. Leider hatte sie die unangenehme Eigenschaft, mir vor-

schreiben zu wollen, was ich zu tun und zu lassen habe. Dauernd wollte sie wissen, wo ich mich nächtelang herumtrieb, wenn ich erst in den frühen Morgenstunden nach Hause kam. Ich sei halt im Ausgang gewesen, gab ich ihr jeweils zu Antwort. Aber das, wand sie ein, koste doch bestimmt eine Menge Geld ...
Meistens zog ich mich dann wortlos in mein Zimmer zurück. Ich protestierte nicht; immerhin stand ich in ihrer Schuld – sie hatte mich, als ich vor zehn Tagen hier in Genf angekommen war, sehr unkompliziert bei sich aufgenommen. Sie hatte mir sogar, sozusagen als Startkapital, zweihundert Franken in die Hand gedrückt.

Die Wahrheit über meine nächtlichen Streifzüge konnte ich ihr natürlich nicht sagen. Wahrscheinlich wäre die gute Frau auf der Stelle tot umgefallen, wenn ich ihr erzählt hätte, dass ich Nacht für Nacht meinen Körper fremden Männern zur Verfügung stellte und das Geld der schwulen alten Männer brauchte, um mich mit schwulen jungen Männern in Nachtclubs zu treffen, in denen sich Transvestiten ihrer Frauenkleider entledigten.
Tatsächlich hatte ich in Genf vom ersten Tag an den Lebenswandel fortgesetzt, den ich bis zum letzten Tag in Toulon geführt hatte. Doch Genf war anders. Ich bewegte mich hier in zwei Szenen, die strikt voneinander getrennt waren; ich führte ein Doppelleben und musste teuflisch auf der Hut sein, dass ich von den Jungs im Travestieclub ‹Le Garçonnier› nicht als Stricher von der Rue de la Gare entlarvt wurde. Die Freier auf dem Genfer Schwulenstrich waren noch widerlicher, noch perverser als die Kundschaft im Homo-Park von Toulon. Aber sie bezahlten auch wesentlich besser: Unter hundert Franken lief gar nichts. Und so war ich zum ersten Mal meine akute

Geldnot los. Statt in der stickig heissen Kammer einer Billig-Pension auf den Abend zu warten oder am Mittelmeerstrand von Toulon sehnsüchtig nach den knackigen Bodys junger Matrosen zu schielen, konnte ich es mir jetzt leisten, am Tag über die Genfer Boulevards zu flanieren und in schicken Edelboutiquen extravagante Kleider zu erstehen.

Nach dem Eindunkeln, wenn die Ladenbesitzer an der Rue de la Gare ihre Geschäfte dichtgemacht hatten, stand ich in der Regel mit meinem neuen silbernen Seidenhemd vor dem Schaufenster eines Souvenirhändlers. Ich brauchte meistens nicht lange zu warten, schon nach wenigen Tagen hatte ich einen kleinen Kundenstamm aufgebaut.

«He, du!»

Er war wohl jünger, sah aber aus wie siebzig. Klein war er und knochig, sein schütteres graues Haar war ungepflegt, die faltige Haut weiss wie Schafskäse. In seinen Augen flackerte der unstete Blick, der vielen Perversen eigen ist.

«Willst du dir jede Woche einen Hunderter verdienen?»

«Kommt drauf an ...»

«Jeden Dienstag, punkt halb eins, gehst du in das Hotel dort an der Kreuzung. Das Zimmer ist reserviert, man wird dir den Schlüssel geben. Ich will, dass du nackt im Bett liegst, wenn ich komme. Und du musst schlafen ...»

Ich lag hellwach im Bett und kniff, als ich hörte, dass jemand vorsichtig die Türfalle niederdrückte, die Augen zu. Er gab sich Mühe, sich möglichst geräuschlos auszuziehen.

Ich wagte kaum zu atmen.

Das Bett knarrte leicht, als er auf die Matratze neben mir kletterte und vorsichtig die Decke von meinem Körper zog. Der Anblick des nackten Jünglings erregte ihn offenbar noch nicht genug; er musste mit der Hand nachhelfen. Plötzlich kniete er über mir, ich spürte an den Beinen, dass er die Socken anbehalten hatte, und als er versuchte, sein halbwegs hartes Instrument zwischen meine Hinterbacken zu würgen, hörte ich auf, den Schlafenden zu mimen. Ich verkrampfte mich vor Abscheu und stellte mich tot.

«So geht das nicht», schimpfte er unmutig und schwer schnaufend. «Du sollst friedlich und ahnungslos schlafen, und plötzlich fällt ein geiler Hengst über dich her und will dich mit Gewalt nehmen!»

«Okay», sagte ich und kämpfte mit dem Brechreiz. «Du willst also, dass ich mich wehre?»

«Muss ich dich erst darum bitten?»

Ich schwor mir, dieses Hotel nie mehr aufzusuchen. Aber am folgenden Dienstag lag ich wieder nackt und angestrengt ‹schlafend› in diesem Bett und wehrte mich in gespielter Verzweiflung, als der Hengst schnaubend über mich herfiel. Meine vorgetäuschte Panik versetzte ihn dermassen in Erregung, dass es mir viel zu lange dauerte, bis er endlich kam.

Sobald er sich erleichtert hatte, durfte ich aufstehen und mich anziehen. «Und denk dran», sagte er, wenn ich den Geldschein auf dem Tisch an mich nahm, «nächste Woche, gleiche Zeit!» Die Nachmittagshitze glühte in der Rue de Berne, wenn ich das klimatisierte Hotel verliess und zum Boulevard du Philosophe ging, wo Madame Vicini ihr Appartement im vierten Stock eines vornehmen Jugendstilhauses bewohnte. Unterwegs begegnete ich Dirnen, die gerade ihre erste Schicht angetreten hatten und vor den Türen zwielichtiger Kneipen rauchten. Ich lächelte jede freundlich an, und wenn sie zurücklächelten und mir einen Schritt entgegenkamen, weil sie ein Geschäft witterten, verwarf ich bedauernd die Hände und flüsterte auch mal der einen oder anderen zu: «Sorry, ich bin vom anderen

Ufer – von der Rue de la Gare!» Dann lachten wir meistens unisono laut heraus.

Es gab aber auch solche, die nicht lachten: meistens drogensüchtiges Frischgemüse. Junge Mädchen mit eingefallenen Wangen. Sie hatten sich längst schon aufgegeben. In ihren scheuen Augen sass die nackte Angst.

Ich kannte diese Angst. Ich hatte sie auch schon gesehen. In den Augen vieler Jungs, denen ich auf dem Schwulenstrich begegnet bin. Manchmal packte sie auch mich, unverhofft – die Angst, dass mir eines Tages passieren würde, was vielen schon widerfahren ist. Manche der ‹Kollegen› in der Rue de la Gare oder der ‹Kolleginnen› in der Rue de Berne haben es nicht überlebt.

Wenn der Anwalt, der meistens nach Einbruch der Nacht kam und immer nur mich wollte – und das manchmal mehrere Tage hintereinander –, im Lift des grossen Geschäftshauses, in dessen oberster Etage sich seine Kanzlei befand, die Gittertür zuzog, kam sie, die Angst, mit zuverlässiger Regelmässigkeit – Todesangst. Und wenn ich nackt auf den kalten Fliesen des Kanzleivorraums liegen musste, wenn er sich dann sabbernd über mich beugte und seine schweissfeuchten Hände meinen Körper betatschten, hatte ich immer nur einen Gedanken im Kopf: Es ist kein Mensch im Haus, niemand wird dich schreien hören ...

Madame Vicini hatte schon auf mich gewartet, als ich die Wohnung betrat.

«Christian, ich habe mit Ihnen zu reden!»

Auch das noch. Ich wusste genau, was jetzt kommen würde. Mir war nicht nach reden zu Mute. Ich wollte dringend unter die Dusche und erst mal ein paar Stunden schlafen, bevor ich mir das heisse Netz-Shirt und die ausgewaschene Lederjacke,

die ich mir neulich gekauft hatte, überziehen und mich ins pralle Leben des ‹Le Garçonnier› stürzen würde. Für heute hatte ich nämlich die Nase gestrichen voll vom Schwulenstrich.
«Christian, es tut mir ja Leid ...» Umständlich steckte sie eine neue Zigarette auf den Halter, zündete sie an und nahm einen tiefen Zug. «Ich kann Sie nicht länger bei mir aufnehmen ...»
«Aber ich hab jetzt einen Job.» Es war eine Notlüge. «Nächste Woche kann ich im ‹Grand Passage› anfangen!»
«Es geht nicht nur darum!» Sie seufzte und rang sichtlich nach Worten. «Ihr ganzer Lebenswandel ...»
Darüber mochte ich nun wirklich nicht mehr diskutieren. Hilflos und resigniert zuckte ich die Achseln, murmelte etwas wie «dann halt ...» und warf die Tür hinter mir ins Schloss.

Sie war kaum älter als ich und hatte mich schon eine ganze Weile beobachtet. Mir fiel auf, dass sie fast jeden Abend hier war – eine der wenigen Frauen unter all diesen Männern. Ich hielt ihrem Blick so lange stand, bis sie ihr Champagnerglas nahm und sich auf den Hocker neben mich setzte.
«Darf ich?», fragte sie in breitem ‹Züridüütsch›.
«Aber gern!»
«Carmen.» Ihre schmelzende Stimme war fast eine Spur zu süss, als sie mir die Hand reichte.
«Christian», gab ich zur Antwort. «Schön, dass ich mit dir nicht französisch parlieren muss!»
«Ich bin in Zürich aufgewachsen, aber meine Eltern stammen aus Katalanien. Und woher bist du?»
«Ich bin in Basel aufgewachsen», log ich. Und dachte: Basel ist gut, ich würde ganz gern aus Basel kommen.
Irgendwie war es mir unangenehm, die Ostschweiz zu erwähnen. Ich fürchtete, dass wir dann auf meine unklare Herkunft zu sprechen kommen könnten.

Tante Toni wohnte in der Nähe von Basel. Eigentlich hiess sie Antoinette, aber alle nannten Muttis Schwester nur Toni. Sie war Sozialarbeiterin, lockerer und weniger formell als die übrige Verwandtschaft. Wir sahen einander nur selten, meistens an Familienfeiern. Dann warf sie mir verschwörerische Blicke zu, und ich wusste, dass sie mich verstand. Toni aus Basel war meine Lieblingstante.

Ich würde sie gerne wiedersehen, dachte ich, und nahm mir vor, sie in den nächsten Tagen anzurufen.

«Du bist anders als die anderen hier», sagte Carmen.
«Irgendwie sind hier alle anders», wich ich aus. Dabei dachte ich: Du ahnst ja gar nicht, wie Recht du hast! Und sagte: «Auf jeden Fall wirst du es schwer haben, wenn du hier einen Mann abschleppen willst!»
Sie grinste. «Ich will keinen Mann abschleppen und schon gar nicht abgeschleppt werden. Bei euch Schwulen fühl ich mich sicher!»
«Du musst ja ganz üble Erfahrungen gemacht haben!»
Und dann erzählte sie mir die Geschichte, die ich schon von so vielen Frauen gehört hatte. Die Geschichte von den Männern, die nichts anderes im Kopf haben, als eine Frau erst über die Bettkante zu ziehen, ihr dann das Blaue vom Himmel und das Paradies auf Erden zu versprechen, um sich schliesslich schnöde aus dem Staub zu machen.
«Es sind nicht alle Männer so», sagte ich, als sie ihr Herz ausgeschüttet hatte.
«Übrigens», wechselte Carmen das Thema, «ich habe morgen Geburtstag. Ich werde zwanzig und gebe eine Party mit zwanzig Gästen, unten am See, auf einem Schiff. Ich habe aber erst neunzehn Leute eingeladen; willst du der zwanzigste sein?»
Ich fühlte mich geschmeichelt. «Klar, sehr gern sogar!»

Carmen sah mich lange aus ihren dunklen Augen an. Dann fragte sie ganz unvermittelt: «Bist du wirklich schwul?»
«Wie mans nimmt», sagte ich und wäre selber froh gewesen, wenn mir eine bessere Antwort eingefallen wäre.

Laute Kraftausdrücke aus dem Büro hinter der Bar unterbrachen unsere Unterhaltung. Die Stimme des Geschäftsführers tönte verzweifelt und aufgebracht.
«Michelle ist krank», sagte Rico, der Barkeeper, als er aus dem Büro kam.
Ich besuchte das ‹Le Garçonnier› schon so lange, dass ich mit den Angestellten und einigen Künstlern bereits bestens vertraut war; Michelle allerdings kannte ich am wenigsten. Ich wusste nur, dass sie ein Mann war, einer der Transvestiten, die sich mit Perücke und Mikrofon-Attrappe auf der Bühne produzierten. Michelle war für die Mitternachtsshow zuständig und machte auf Liza Minelli: ‹New York, New York ...›
«Und warum jetzt diese ganze Aufregung?»
«Wir haben keinen Ersatz für sie, aber wir können ihre Show auch nicht ausfallen lassen – ‹Liza Minelli› steht im Inserat!»
Eine innere Stimme sagte mir: Diese Chance kommt nur einmal! Pack sie!
«Nun, also – ich will mich ja nicht aufdrängen, aber die Minelli hatte ich auch schon mal im Repertoire ...»
«Du?» Rico schaute mich mit grossen Augen an. «Hast du denn überhaupt schon mal ein Mikrofon in der Hand gehalten?»
Ich wusste, dass ich jetzt dick auftragen musste und zuckte so cool wie möglich die Achseln. «Es waren nur kleinere Clubs ...»
Das ‹Le Garçonnier› hatte zwar auch nur eine winzige Bühne, aber ich wusste, dass ich ihm schmeicheln würde, als ich sagte: «... und auch nicht so mondän wie hier. Erst vor einem Monat hab ich noch die Minelli an der Côte d'Azur gemacht!»

So schnell habe ich den alten Rico noch nie ins Büro rennen sehen; Sekunden später kam er mit dem Geschäftsführer zurück. «Traust du dir das wirklich zu?»
«Ich müsste halt Michelles Fummel anprobieren.»
«Die sind alle unten in der Künstlergarderobe!»
Rico klebte mir persönlich grosse Wimpern auf die Lider und half mir beim Make-up. Als ich mir die schwarzen Wolford-Strumpfhosen über die Beine streifte und die weiche Seide sanft auf der Haut meiner Schenkel knisterte, überwältigte mich ein erregendes Gefühl, das ich in dieser – irgendwie schon fast gefährlich anmutenden – Deutlichkeit noch nie zuvor empfunden hatte. Ich schlüpfte in das enge, schwarze Kleid, es war an der Seite bis zur Hüfte aufgeschlitzt. Schliesslich stülpte ich mir einen Strumpf übers Haar und die schwarze Pagen-Perücke darüber, schlang mir Michelles weisse Federboa um den Hals und nahm das Mikrofon in die Hand.
«Toi, toi, toi!» Rico spuckte mir doch tatsächlich über die Schultern. Und dann hörte ich oben auch schon die Ansage: «Mes dames, messieurs ... Ladies and gentlemen, we proudly present you ...»
Ich tanzte wie in Trance. Führte das Mikrofon so dicht an die Lippen, dass ich einige der Jungs im Publikum aufstöhnen hörte. Stellte das rechte Bein auf einen Stuhl, sodass der Schlitz an der Seite sich klaffend öffnete. Legte die Hand auf die roten Lippen und fixierte die Männer vor mir mit einem verruchten Blick. Und dann spielte ich das Spiel mit der Federboa. Sie war eine Spur länger als jene, die ich mir kürzlich gekauft hatte. Aber sie war nicht so schön flauschig. Beim nächsten Mal würde ich meine eigene Boa mitnehmen ...
Als ich über eine steile Wendeltreppe aus der Garderobe zur Bar hochstieg, klatschte Carmen in die Hände. «Bravo!» Und der Geschäftsführer fummelte am Zapfen einer Champagner-

flasche herum. «Nicht schlecht!», sagte er. «Du hast Talent! Diese Flasche gehört unserer neuen Liza Minelli!»
«Auf Carmen», sagte ich und hob das Glas. «Carmen, die seit wenigen Minuten zwanzig Jahre alt ist!» Und dann neigte ich mich zu ihr hinüber und flüsterte ihr ins Ohr: «Liza Minelli hat nur für dich gesungen!»
Carmen lächelte mich dankbar an. «Auf unsere neue Freundschaft», sagte sie. «Das ist ein Wort!», sagte auch ich – und ahnte nicht, dass ich diese Freundschaft Jahre später in Anspruch nehmen und auf erbärmliche Weise strapazieren würde.

«Wenn du willst», meldete sich der Manager wieder zu Wort, «kannst du ab und zu bei uns auftreten!»
«Wirklich?» Ich konnte es kaum fassen.
«Ich meine es ernst!»
«Aber wenn du richtig in dieses Geschäft einsteigen willst», sagte Rico, «musst du nach Berlin fahren – Berlin ist das Mekka der Schwulen, die Hauptstadt der Transvestiten!»
Da wusste ich, warum ich neulich die weisse Federboa gekauft hatte ...

Am nächsten Tag ging ich Carmen bei den Vorbereitungen für die Geburtstagsparty zur Hand. Die ersten Gäste kamen schon am frühen Nachmittag an Bord des kleinen Ausflugsdampfers, den Carmen für das Fest gemietet hatte.
Erst als ich die ersten Drinks mixte, merkte ich, dass wir das Wichtigste vergessen hatten. Die Sonne brannte unbarmherzig auf unsere Schädel, und wir hatten kein Eis – nicht einen einzigen Würfel!
Wo sollte ich jetzt in nützlicher Frist Hunderte von Eiswürfeln herbekommen? Doch Carmen wusste Rat: «Ganz in der Nähe ist doch ein McDonald's – die haben tonnenweise Eiswürfel!»

Allerdings: Carmen und ich schleppten zwei Säcke – fast so gross wie wir selbst und prall gefüllt mit Eiswürfeln – auf dem Rücken aus dem Fast-Food-Laden. Es muss ein groteskes Bild gewesen sein, wie wir da wie zwei grönländische Weihnachtsmänner mit unseren Eiswürfelsäcken zwischen Herden japanischer Touristen über die grosse Kreuzung wankten.
«Sag mal», fragte ich, «hast du eigentlich eine grosse Wohnung?»
«Nein», lachte Carmen, «ein winziges Studio; ich kann mich kaum darin drehen! Warum fragst du?»
«Meine Zimmervermieterin hat mich rausgeschmissen!»
«Oh je – und warum das?»
Ich lachte. «Wegen meines Lebenswandels!»
«Ich kenne eine Frau, die Zimmer vermietet; eine Freundin von mir ist dort erst vor kurzem ausgezogen. Die Frau heisst Berger ... Madame Berger am Chemin de l'Escalade ...»
In diesem Moment, mitten auf der Kreuzung, hörte ich hinter mir einen leisen Knall, und ich fühlte mich plötzlich merkwürdig erleichtert. Kreischend stoben die Japaner auseinander, stolperten über Tausende von Eiswürfeln, die in alle Richtungen auseinander flogen und zwischen Menschen und Autos über den heissen Asphalt kullerten.
Mein Sack war geplatzt.
Ich muss ziemlich verdattert dagestanden haben, und Carmen prustete vor Lachen. «Zum Glück hab ich noch einen Sack!»

Madame Berger war noch jung, kaum über dreissig, und meistens furchtbar nervös. Allerdings schätzte ich an ihr, dass sie keine grossen Fragen stellte. Sie war vollauf mit ihrem quengeligen fünfjährigen Sohn beschäftigt, der sie dauernd auf Trab hielt. Von den Alimenten, die sie von ihrem geschiedenen Mann überwiesen bekam, und den 250 Franken, die ich ihr für das Zimmer bezahlen musste, konnte sie offensichtlich ganz gut leben. Jedenfalls schleppte sie jeden Tag neue Einkaufstaschen voller Waren an, die sie in allen möglichen Shopping-Paradiesen zusammengekauft hatte und wohl nie brauchen würde. Wenn sie nicht auf Beutezug war und ihr Junior ausnahmsweise einmal Ruhe gab, sah ich sie meistens in der Küche sitzen. Dann zog sich Madame Berger eine Linie Kokain rein.

Ihr eigener Lebenswandel nahm sie so in Anspruch, dass sie sich als Schlummermutter um mich keine Gedanken machte. Dabei war ich, als ich bei ihr einzog, auf dem besten Weg, endlich einmal einer seriösen Tätigkeit nachzugehen. Ich hatte tatsächlich den Job als Hilfsdekorateur im ‹Grand Passage› bekommen. Meistens musste ich in der hauseigenen Druckerei die Bleiformen von Zahlen und Buchstaben in Spiegelschrift aneinanderfügen, wenn ein neues Plakat irgendeine Aktion ankündigen sollte: ‹3 Paar Strumpfhosen im Multipack – heute nur 7.60 statt 12.80›.

Die Arbeit war so stumpfsinnig, dass ich es keine Woche aushielt. Da ging ich doch lieber auf den Strich. Das war zwar gefährlicher und allzu oft ausgesprochen widerlich. Aber irgendwie auch reizvoll und spannend.

Der Typ im weissen Mercedes-Cabriolet sah aus wie ein Lotto-Sechser. Er mochte Mitte dreissig sein, grossgewachsen, die Kleidung sportlich elegant, der Teint braungebrannt, gepflegte Hände mit viel Gold an den Fingern.

Er hielt seine Karosse neben mir an und schenkte mir ein strahlendes Lächeln. «Na?», machte er. «Lust auf eine kleine Fahrt ins Blaue?»

«Wohin solls denn gehen?»

«Nicht weit, ich wohne ein paar Kilometer ausserhalb der Stadt, Richtung Lausanne, direkt am See ...»

Juhui, dachte ich. Endlich mal ein guter Fang! Und setzte mich zu ihm ins Auto.

Unterwegs redete er kaum ein Wort. Die letzten Sonnenstrahlen fielen auf die Weinberge über dem See, an denen bereits die ersten Trauben reiften. Und in der Stereoanlage steigerte sich Maurice Ravels ‹Bolero› zum ekstatischen Crescendo.

Irgendwie beschlich mich ein mulmiges Gefühl. Eine innere Stimme versuchte mir zu sagen, dass hier etwas nicht stimmte. Wir waren schon seit mindestens einer Viertelstunde unterwegs, und er hatte doch gesagt, nur ein paar Kilometer. Aber ich verdrängte meine Zweifel rasch wieder.

Endlich – die Dämmerung war schon hereingebrochen – verliess er die Autobahn, fuhr zur Kantonsstrasse am See hinunter und bog rechts in eine Einfahrt ein.

Von der Strasse aus war nur die Garage zu sehen; das Haus selbst verbarg sich hinter dichten Hecken. Mir fiel auf, dass die Fensterläden geschlossen waren.

Der Mann stieg aus dem Wagen und hielt mir die Haustüre auf. Das Lächeln in seinem Gesicht war verschwunden, und er sagte immer noch nichts. Kaum hatte ich das Haus betreten, da wusste ich, dass ich in einer Falle sass. Es war ein Fehler gewesen, nicht auf meine innere Stimme zu hören.

Er machte kein Licht, obwohl es stockdunkel war in dem Korridor, der in einen Wohnraum führte. Ich wusste, bevor ich etwas sehen oder hören konnte, dass dort noch jemand war. Ich hörte, wie die Haustür ins Schloss fiel.

Im Salon sassen zwei weitere Männer, ein kleiner dicker und ein älterer mit grauen Haaren. Sie schwiegen und grinsten.

Helle Panik packte mich.

Ich stand am Anfang eines Albtraums, den ich kannte, obwohl ich ihn noch nie geträumt hatte. Ich wusste nur nicht, wie er enden würde.

Sie fackelten nicht lange herum.

«Zieh dich aus!», sagte der Alte mit leiser, bedrohlicher Stimme. Gleichzeitig öffnete er seinen Gürtel.

Meine Finger zitterten, als ich die Knöpfe meines weissen Hemdes öffnete.

«Wir können doch alles besprechen», hörte ich mich mit bebender Stimme sagen. Ich versuchte verzweifelt, Einfluss auf den Gang der Dinge zu nehmen.

«Sei ruhig», sagte der Alte. «Und mach vorwärts!»

Ich schaute hinter mich. Der Mercedesfahrer war nirgends mehr zu sehen.

Der Dicke brachte Whiskey.

Der Alte packte mich an den Haaren und zog mich zur Sitzgruppe, liess sich mit offener Hose auf das Polster fallen und presste meinen Kopf zwischen seine Beine.

Genf: Junger Stricher bei Sexspielen ermordet!

Ich sah die Schlagzeile vor mir und hatte eigentlich schon mit meinem Leben abgeschlossen. Die drei machten keinerlei Anstalten, ihre Gesichter zu verbergen. Die Autonummer, die Adresse – ich hätte mir alles merken können. Das konnte nur eines bedeuten: Nie mehr würde ich hier lebend rauskommen. Das hast du jetzt davon, sagte die Stimme in mir. So endet einer, der sich an fremde Männer verkauft.

«Gib dir mehr Mühe», sagte der Alte und riss mich an den Haaren. Gleichzeitig spürte ich, wie der Dicke sich hinter mir aufbaute. Mit roher Gewalt rammte er mich von hinten, und ich spürte, wie er mir den Darm aufriss.

Mein Gott, dachte ich, hilf mir! Ich möchte nicht sterben. Nicht so ... Und ich schwor dem lieben Gott, dass ich nie mehr auf den Strich gehen würde. Nie mehr.

Der Mercedes-Fahrer tauchte wieder auf, und er ging mit derselben Brutalität vor wie seine Komplizen.

Der Dicke hatte mich unterdessen in den Würgegriff genommen, und ich fürchtete, er würde mir die Kehle zudrücken. In meiner Todesangst versuchte ich, möglichst locker zu sein – trotz des Schmerzes, der in meinem Leib brannte. Und in meiner Seele.

Sie nahmen mich von allen Seiten. Sie verhöhnten mich mit ordinären Worten. Und sie schlugen mich ins Gesicht, wenn ich mich verkrampfte.

Irgendwann waren alle drei auf ihre Kosten gekommen; sie zogen ihre Hosen hoch und beachteten mich nicht weiter. Ich fühlte mich wie ein ausgewrungener nasser Lumpen, den man weggeworfen hatte.

Jegliches Gefühl für zeitliche Abläufe hatte ich verloren. War eine halbe Stunde vergangen? Die halbe Nacht?

«Hau endlich ab», sagte der Mercedes-Fahrer, «verschwinde!»

Ich traute der Sache nicht. Bestimmt würden sie mich von hinten erschiessen.

Während ich meine Kleider zusammenraffte, versetzte einer mir einen Tritt in den nackten Hintern.

Der Schlüssel steckte noch in der Tür. Splitternackt rannte ich – so schnell, wie ich noch nie gelaufen war – zur Strasse hinauf. Als ich mich hinter einem Baum anzog, merkte ich, dass ich aus dem Darm blutete. Ich heulte wie ein Hund – nicht nur wegen des Schmerzes, auch aus Erleichterung und fassungsloser Dankbarkeit, dass ich noch lebte.

Schon das erste Auto hielt an, eine junge Frau in einem Range Rover. «Was ist denn mit dir los?»

«Bitte fragen Sie nicht ...»

«Soll ich dich ins Spital bringen? Oder zur Polizei?»

«Nein – bitte nicht. Ich möchte heim ... in die Stadt ...»

Ich fürchtete, dass ich als illegaler Stricher zur Rechenschaft gezogen werden würde, wenn ich zur Polizei ging.

Als ich endlich in meinem Bett lag, standen für mich zwei Dinge fest: Keinen Tag mehr würde ich länger hier in dieser Stadt bleiben. Und nie, gar nie mehr würde ein Mann mich auf die schwule Tour nehmen.

Am nächsten Morgen packte ich meine wenigen Habseligkeiten in den Koffer, legte den Hausschlüssel auf den Küchentisch, einen Zettel dazu – «Pardon, ich muss sofort weg. Danke für alles!» – und verliess das Haus. Meine überstürzte Flucht erlaubte mir nicht einmal, mich von Madame Berger zu verabschieden.
Erst als ich am Bahnschalter stand, wusste ich, wohin ich wollte: «Ein Billett nach Berlin, bitte – einfach!»
Es war eine spontane Eingebung – Berlin, Mekka der Schwulen, Hauptstadt der Transvestiten. Ich hatte so viel über Berlin gelesen und gehört.
Diese Stadt, weit weg von allem, was ich hinter mir lassen wollte, war mein neues Ziel – die Stadt, von der man sagte, ihr gehöre die Zukunft.

Als der Zug den Rhein erreichte und bei Schweizerhalle die riesigen Anlagen der chemischen Industrie am Fenster vorbeizogen, dachte ich wieder an Tante Toni. Ich hatte sie immer noch nicht angerufen.
Ich wusste, dass der Zug an der Grenze einen längeren Halt einlegen würde – Zeit genug, um rasch eine Telefonkabine zu suchen.
Toni nahm sofort ab
«Christian – wo bist du?»

«Im Moment noch in Basel – aber nur auf der Durchreise. Ich bin unterwegs nach Berlin!»
«Wieso Berlin? Und überhaupt – wo hast du den ganzen Sommer lang gesteckt?»
«Ach, weisst du, das ist eine lange Geschichte!»
«Dann erzähl sie mir! Warte auf mich, ich hol dich am Bahnhof ab!»
«Aber ich muss doch nach Berlin!»
«Berlin kann warten ...»

Toni drückte mich mit einer Herzlichkeit an ihre Brust, die mir seit langem wieder einmal das wunderbare Gefühl gab, von einem Menschen geliebt zu werden.
«Jetzt schlaf dich erst einmal aus», sagte Toni, als sie mir die Tür zum Gästezimmer öffnete. Das Bett war frisch bezogen.
Ich nahm die weisse Federboa aus meinem Lederkoffer.
Mit der Boa im Arm fiel ich in einen tiefen, traumlosen Schlaf.

Berlin
In der Drückerkolonne

«Soso.»

Der Beamte auf der Bahnhofswache dachte wohl an die Dienstanweisung, welche Berliner Polizisten verpflichtet, Touristen besonders freundlich zu begegnen. Trotzdem wirkte seine Miene gelangweilt, und um die Lippen spielte ein spöttischer Zug. «Sie sind also bestohlen worden!»

Er nahm ein Papier mit der Aufschrift ‹Diebstahlanzeige› vom Formularstapel, sagte «Na, dann wollen wir mal», klickte mit dem Kugelschreiber und wiederholte gedehnt: «Soooso!»

Dann nahm er erst einmal meine Personalien auf.

Ich konzentrierte mich darauf, ganz ruhig zu bleiben. Dabei hätte ich, wenn ich es mir hätte erlauben können, am liebsten laut losgeheult vor Scham, Wut und Angst. Scham für mein dämliches Verhalten im Taxi. Wut über den Mistkerl, der mich gelinkt hat. Angst vor dieser bedrohlich fremden Stadt.

Als ich den Zug im Bahnhof Zoo verlassen hatte, musste ich aufpassen, dass ich nicht über obdachlose Bettler und Junkies stolperte, die den Bahnhof und die ganze Umgebung in Heerscharen bevölkerten.

Ich nahm zunächst einmal Kurs auf die nächste Wechselstube. Für die Devisen, die mir nach dem Kauf des Bahntickets übrig geblieben waren, liess ich mir siebenhundert Deutsche Mark auszahlen. Die Hälfte des Betrages deponierte ich in meiner Tasche und diese in einem Schliessfach – zusammen mit dem Lederkoffer, dem Ghettobluster und dem grossen Plüschaffen mit dem langen Schwanz, den Mutti mir gebastelt hatte.

An einer Imbissbude beim Kurfürstendamm bestellte ich eine Curry-Wurst mit Pommes.

Der Abend war schon angebrochen, bereits flimmerten die ersten Leuchtreklamen an mächtigen Jugendstil- und Glasfassaden der Berliner Innenstadt.

Ich schob mir fritierte Kartoffelstäbchen in den Mund und überdachte meine Situation. Mutterseelenallein war ich in einem Stein gewordenen Chaos gestrandet.

Berlin.

Im Sommer 1988 war die Stadt noch in Zonen aufgeteilt, eine bundesrepublikanische Enklave im sozialistischen Lager. Noch wurde das Land im fernen Bonn regiert. Aber das hier war die Hauptstadt: Man konnte sie bereits förmlich riechen – die Aufbruchstimmung der kommenden Jahre lag in der berühmten abgasgeschwängerten Berliner Luft.

Es gab genau zwei Möglichkeiten: Entweder ich suchte mir ein Zimmer in irgendeiner billigen Pension. Oder ich suchte – in der Hoffnung, jemanden kennen zu lernen, der vielleicht sogar sein Lager für die Nacht mit mir teilen würde – die nächste Disco auf.

Meine anfänglich lähmende Müdigkeit hatte einer fiebrigen Aufregung Platz gemacht. Ich war so aufgekratzt, dass ich notfalls sogar die ganze Nacht hätte durchtanzen können.

Wie vor drei Tagen: Ich hatte, weil der Zug nach Berlin erst morgens um sieben in Genf abfahren würde, in irgendeiner Discothek bis zum Morgen durchgetanzt. Nach dem traumatischen Erlebnis in der Villa am Genfersee und meinem panischen Abgang im Hause Berger mochte ich nicht mehr bei meiner koksenden Schlummermutter am Chemin de l'Escalade nächtigen.

Der spontane Zwischenhalt bei Toni in Ettingen war Balsam für meine verletzte Seele gewesen. Von der Vergewaltigung hatte ich ihr zwar kein Wort erzählt. Aber Toni spürte, dass ich Ruhe und Zuwendung brauchte, und stellte keine Fragen. Sie liess mich schlafen, solange ich wollte, bekochte mich fürsorglich, und als ich sagte, jetzt wolle ich meine Reise nach Berlin doch noch fortsetzen, liess sie mich widerspruchslos ziehen.

Ich wollte die traumatische Erfahrung in der Villa bei Genf wegstecken und suchte Ablenkung. Aus Erfahrung wusste ich, dass ich Schmerz am besten vergessen konnte, wenn ich mich zu heissen Disco-Rhythmen bewegte.

«Fahren Sie mich bitte zu einer Schwulen-Disco!»
Der Taxifahrer drehte den Kopf zu mir, und sein Blick liess vermuten, dass er noch nie im Leben einen Schwulen gesehen hatte. Ich kannte diesen Blick, seit ich das Leben eines Homosexuellen führte und gelernt hatte, auch dazu zu stehen. Es machte mir nichts aus, als schwul zu gelten. Aber die Ahnung, dass ich mich damit selbst betrog, verdichtete sich immer deutlicher zur Gewissheit. Und das beunruhigte mich.
«Na», sagte der Taxi-Fahrer. «Woher kommen wir denn?»
«Aus der Schweiz!»
«Grüüzi, grüüzi», lachte er, und ich wurde das Gefühl nicht los, dass der Mann im Begriff war, mit mir eine ausgedehnte Stadtrundfahrt zu unternehmen. «Zum ersten Mal in Berlin?»
«Ja – eine geile Stadt!» Kaum hatte ich es gesagt, bereute ich, dass ich mich als fremder Grünschnabel entlarvt hatte.

Eine steile Treppe führte in ein schummriges Lokal im Untergeschoss.
Aus schwarzen Lautsprecher-Boxen wummerte harter Beat. Es waren nicht viele Gäste da. Hauptsächlich Männer, Schwarze

vor allem. Ich legte mein Portemonnaie auf den Tisch, studierte die Getränke-Preise auf einer grünen Tafel über der Bar und bezweifelte, dass der Taxifahrer mich wirklich zu einer Schwulen-Disco geführt hatte.

Als ich mich entschieden hatte, war das Portemonnaie weg. Knapp vierhundert Mark – einfach weg. Und der Schlüssel vom Schliessfach.

Mein Gott, was war ich für ein Volltrottel! Hatte mich auf die dämlichste Art beklauen lassen. Direkt vor meiner Nase.

Zum Glück war ein Teil meines Geldes noch im Schliessfach. Es war nicht einfach, einen Taxifahrer zu finden, der mir die Geschichte vom Geld im Schliessfach abnahm und mich zum Bahnhof Zoo zurückbrachte. Jetzt bist du noch keine zwei Stunden in dieser Stadt, dachte ich mir, und schon hast du mit der Polizei zu tun. Das kann ja heiter werden.

«Soso», sagte der Polizist. «Sie hatten einen Schliessfachschlüssel in ihrem Geldbeutel ...»

«Sag ich doch!»

«Und welche Nummer hat dieses Schliessfach?»

«Ich hab sie mir nicht gemerkt ...»

«Soso – Sie haben sie sich nicht gemerkt. Aber Sie wissen doch bestimmt noch, was Sie alles in diesem Schliessfach eingestellt haben ...»

«Einen Koffer, einen Ghettobluster und einen Affen.»

«... einen Affen – soso ...»

In einer Seitenstrasse des Ku'damms fiel mir an der Fassade eines grauen Gebäudes die Leuchtschrift ‹Hotel/Pension elix› auf. Als ich fast vor der Tür stand, erkannte ich, dass im Buchstaben ‹F› die Glühbirnen durchgebrannt waren.

Die Herberge machte ihrem Namen wenig Ehre. Besonders glücklich wirkte der Nachtportier jedenfalls nicht, eher abwe-

send und abweisend. Seine Miene hellte sich erst auf, als ich zwei blaue Scheine zum Vorschein brachte.
«Zwei Nächte, ich bezahle im Voraus!»

Ich besorgte mir einen Stadtplan und verbrachte die Tage mit ziellosen U-Bahn-Fahrten und stundenlangen Streifzügen durch die Strassen und Kaufhäuser der Stadt. Die Nächte verbrachte ich in ‹Tom's Bar› oder in der Kneipe ‹Knast› am Nollendorfplatz, im ‹WuWu› am Wittenbergplatz oder in der riesigen Discothek ‹Big Eden› am Ku'damm. Allmählich wurden mir die Treffpunkte der Schwulen-Szene immer vertrauter.
Mein bisschen Geld ging erschreckend schnell zur Neige. Ich musste dringend ein billigeres Bett finden.
In der dritten Nacht hatte ich Glück.
«Detlef», stellte er sich vor und musterte mich neugierig. «Ich mag es, wie du tanzt!»
Er war hochgewachsen und brandmager, sein Haar schon schütter, die Haut blass – nicht gerade ein Traumtyp. Aber er war scharf auf mich, und er hatte eine Wohnung. «Wenn du willst», sagte er, als ich ihm erzählt hatte, dass ich einen Job und ein Dach überm Kopf suchte, «kannst du vorerst mal bei mir pennen! Und vielleicht kann ich dir dann auch eine Stelle vermitteln ...»
Ich zog bei Detlef ein. Er arbeitete als Kellner in einem Restaurant. Sein Chef lachte mich aus, als ich ihm meinen Fähigkeitsausweis als Service-Fachangestellter vorlegte. «Damit kannst du dir den Hintern abwischen! Sag doch gleich, dass du keine Arbeitsbewilligung hast!»
Es war das alte Lied.

«Schnell Geld verdienen?» Ein kleines Inserat in der ‹Berliner Morgenpost›, versteckt in der Rubrik ‹Vermischte Angebote›, versprach «jungen Gesellschaftern traumhafte Verdienstmöglichkeiten».

Was da wohl mit ‹Gesellschafter› gemeint war?

«Das kann ich Ihnen am Telefon leider nicht erklären», sagte ein Mann mit auffallend freundlicher Stimme. «Am besten, Sie schauen einfach mal unverbindlich rein!» Er nannte mir eine Adresse im Bezirk Kreuzberg.

Ein graues Gebäude in einem Hinterhof hinter einem Hinterhof. Das Treppenhaus roch nach Sauerkraut und Waschpulver. Ich läutete im dritten Stock.

Es dauerte eine Weile, bis die Tür geöffnet wurde. Der Mann war Anfang dreissig. Er trug eine schwarze Lederhose und ein seidenes Hemd mit Leopardenmuster.

«Du bist bestimmt der Schweizer, der vorhin angerufen hat!» Sein Lächeln war zuckersüss, seine Freundlichkeit aufgesetzt. Er streckte mir die Hand entgegen: «Ich bin der Sigi, aber jetzt komm doch erst mal rin in die jute Stube!»

Hinter ihm fiel die Tür ins Schloss. Sie hatte innen keine Falle, und es steckte auch kein Schlüssel.

Ein mulmiges Gefühl beschlich mich.

«Magst 'ne Cola?»

Ich nickte verlegen und schaute mich um.

Sigi hatte offenbar ein Faible für Raubkatzen. Im Gang hockten zwei Leoparden aus Keramik. Zwischen Grünpflanzen plätscherte ein elektrischer Wasserfall. Grosse, weiche Kissen am Boden. An den Wänden Schwarzweiss-Poster, pubertierende Jünglinge, nackt – in aufreizenden Posen.

Pass auf, sagte eine warnende Stimme in mir, da ist was faul. Oberfaul! Es war die Stimme, die mich schon oft in letzter Minute vor dem Schlimmsten bewahrt hatte. Manchmal habe ich sie allerdings erst zu spät ernst genommen. Aber die Stimme hat sich noch nie geirrt.

Ich witterte die Gefahr. Sie war ganz nah. Und plötzlich wusste ich, wo ich war.

In einem Pädophilen-Puff.

Ich dachte an den Schwur, den ich abgelegt hatte, als ich vergewaltigt wurde: Nie mehr, hatte ich dem Herrgott und mir selbst versprochen, nie mehr würde ich mich prostituieren – nie mehr!

«Es ist ganz einfach.» Sigi kam unumwunden zur Sache. «Abends kommen hier gute Freunde zu Besuch. Sie schätzen es, wenn du lieb zu ihnen bist. Und sie zahlen gut, sehr gut sogar. Du kannst hier auch wohnen, kostenlos selbstverständlich!»

In meinem Kopf läuteten sämtliche Alarmglocken. Ich sah mich schon als Lustsklaven, der für schwule Billig-Pornos herhalten musste. Aber da war noch etwas – ein Gefühl, das ich lieber nicht wahrhaben wollte: Das hier war Unterwelt pur – gefährlich und zugleich faszinierend. Ja – ich wollte wissen, wie es zu und her geht in einem solchen Etablissement.

«Es sind noch andere Jungs hier», fuhr Sigi fort. Ich hatte allerdings noch keinen gesehen. «Wir sind wie eine grosse Familie!» Ich lächelte nervös und überlegte mir fieberhaft, wie ich hier ungeschoren wieder rauskommen würde ...

Sollte ich einfach aufstehen und ganz cool sagen: «Ist ja alles ganz nett, aber nichts für mich. Danke für die Cola – und tschüss!»? Sollte ich noch abwarten, wie das hier weitergehen würde? Oder einfach so schnell wie möglich davonlaufen? Zwecklos – die Wohnungstür konnte nur mit einem Schlüssel geöffnet werden ...

«Vielleicht eine Spur zu tuntig ...», murmelte Sigi, während er mich eingehend musterte. «Du bist doch ein Schweizer Naturbursche ... Komm mit, wir probieren das gleich mal aus!»

Ich wagte nicht zu widersprechen. Sigi durfte jetzt nicht misstrauisch werden. Das war ganz wichtig. Er sollte glauben, er habe mich erfolgreich am Köder. Und ich folgte ihm ins Badezimmer.

Sigi wusch mir das Gel aus dem Haar, das ich mir mit so viel Sorgfalt eben erst aufgetragen hatte, und gab mir ein paar enge Ledershorts zum Anziehen. «Niedlich», sagte er schwärmerisch. «Das wird ihm gefallen!»

«Wem?»

«Ach ja. Ich vergass, dir zu sagen, dass wir jeden neuen Gesellschafter auf seine Gesellschaftsfähigkeit überprüfen müssen, bevor wir einen Entscheid fällen. Dafür haben wir unseren ‹Testpiloten›!» Er unterstrich den blöden Witz mit einem schmutzigen Grinsen. «Keine Sorge!», fuhr Sigi fort, als er merkte, dass ich seinen Humor wenig goutierte. «Er wird dir nicht wehtun!» Zumindest damit sollte er Recht haben. Der Mann, auf den ich im ‹Spielzimmer› – so nannte Sigi den Raum mit fünf knallrot bezogenen französischen Matratzen und einer Spiegelkugel an der Decke – warten musste, erwies sich als geduldiger ‹Lehrmeister›. Er nahm sich mehr Zeit, als mir lieb war, und er hatte nur halbwegs perverse Ambitionen – ganz einfach nur ein widerlicher alter Sack, dessen Gefummel mir Übelkeit verursachte und den ich nur mit grösster Überwindung dort liebkoste, wo es ihm, wie er mir wohlig grunzend zu verstehen gab, am besten gefiel.

Als es ihm endlich gekommen war, zog er sich an und verliess grusslos den Raum. Einen Moment lang blieb ich, noch wie gelähmt vor Ekel, auf der Matratze liegen. Dann schlich ich zur Tür und spitzte die Ohren.

«Der Junge ist ja mindestens schon neunzehn», hörte ich den Alten zu Sigi sagen. «Und ganz schön verkrampft!»

«Nu mecker nich'», sagte Sigi. «Er ist jedenfalls unter zwanzig, wie abgesprochen. Die Schweizer Naturburschen sind nun mal so!»

Beide grölten.
«Und ganz unbegabt is er auch nicht. Vielleicht wird ja noch was aus ihm!»

Sigi gab mir 50 Mark. «Dein erster Lohn», sagte er in väterlich stolzem Tonfall. «Und das zehnmal täglich!»
«... mal dreissig – macht fünfzehntausend im Monat, bar auf die Hand», sagte ich mit gespielter Begeisterung und heuchelte Staunen: «Nicht schlecht!»
«Okay – du kannst bleiben! Jetzt gehen wir erst mal deine Sachen holen! Komm mit!»
Um Himmels willen! Der wollte mich begleiten wie ein Wachhund! Dabei hatte er mich nicht einmal gefragt, ob ich überhaupt einer seiner ‹Gesellschafter› werden wollte.
Ich ging entschlossen zur Tür.
«Eine Stunde», sagte ich, «höchstens!»
«Mit meinem Wagen sind wir viel schneller!» Sigi liess den Schlüssel in der Hand klappern.
«Ja, ähm ... weisst du, ich wohne da noch mit einem Freund zusammen – und es ist besser, wenn er dich nicht sieht. Er ist Boxer, Weltergewicht ... furchtbar misstrauisch. Und furchtbar eifersüchtig!»
Ich war mir nicht sicher, ob er mir diese bescheuerte Ausrede abnahm, aber meine Worte verfehlten ihre Wirkung offensichtlich nicht.
«Na gut», sagte Sigi. «Wenn du in einer Stunde nicht da bist ...»
Er beendete den Satz nicht, und ich hätte auch gar nicht mehr hingehört. Meine Schritte flogen durch die beiden Hinterhöfe zur Strasse, und als ich diese erreicht hatte, erneuerte ich meinen alten Eid: «Nie mehr lass ich mich für Geld auf Männer ein ...»

Das nächste Stelleninserat, auf das ich reagierte, versprach ‹flexiblen jungen Menschen› eine ‹lukrative, abwechslungsreiche Tätigkeit im Werbebereich›.
«Beckmann hier.»
«Ich rufe an wegen des Inserats in der ‹Morgenpost› ...»
« ... wie alt bist du? Und woher kommst du?»
«Neunzehn – bald zwanzig. Aus der Schweiz.»
«Gut. Du kannst anfangen. Morgen früh, um neun Uhr, gibts Frühstück beim alten Schorsch ...»
Er nannte mir eine Adresse im Bezirk Wedding. «Die Kneipe heisst ‹Ecke›. Du findest uns im hinteren Saal!»
Dort bot sich mir ein ziemlich seltsames Bild: Ein dunkelblonder Mittvierziger, offensichtlich Alois Beckmann, sass an einem langen Tisch, umgeben von mindestens einem Dutzend junger Typen, ziemlich verwahrloste Gestalten, die sich mit viel Hunger und wenig Freude über Spiegeleier und gebratenen Schinken hermachten. Obwohl dies ein Frühstück war, musste ich an Leonardo da Vincis Gemälde vom Heiligen Abendmahl denken – auch wenn dieser Beckmann nicht im Entferntesten mit dem Christus verglichen werden konnte und die Jungs um ihn herum auch nicht gerade mit Aposteln.
«Komm her», rief Beckmann, der mich im Türrahmen entdeckt hatte. «Setz dich zu uns – ist ja genug da für alle!»
«Eigentlich bin ich wegen des Jobs gekommen ...»
«Alle, die du hier siehst, sind wegen des Jobs da», lachte Beckmann. «Wer gute Arbeit abliefert, der hats auch gut bei mir! Und kriegt ordentlich zu essen.» Er schaute triumphierend in die Runde. «Nicht wahr, Jungs?»
Die Jungs lieferten die Bestätigung nicht mit der erwünschten Begeisterung, weshalb Beckmann gleich fortfuhr: «Wir vermitteln im Auftrag grosser deutscher Verlagshäuser Jahresabonnemente für renommierte Titel. Knallhartes Geschäft – aber

so!» Er rieb den Daumen an Zeige- und Mittelfinger seiner rechten Hand. «Vastehste?!»
Eigentlich hatte ich gar nichts verstanden, und das sah man mir wohl auch an.
Mein Tischnachbar wandte sich zu mir um und flüsterte: «Schon mal wat von ‹Drückerkolonne› jehört?»
Er war wohl zwei, drei Jahre jünger als ich und hatte das Gesicht voller Pickel.
«Nö», sagte ich.
«Ausländer, wa?»
«Mhmm. Schweizer. Ich heisse Christian.»
«Na – dann Prost! Ach ja – Thorsten!»

Drückerkolonnen waren, wie ich bald am eigenen Leib erleben sollte, ungefähr so beliebt wie Stechmücken im Hochsommer. Seit ein Bericht im Fernsehen die dubiosen Methoden enthüllt hatte, mit welchen verwahrloste Jugendliche unter Druck gesetzt werden, um zumeist alten Leuten irgendwelchen Schund aufzuschwatzen, wollte niemand mehr etwas mit den berüchtigten Kolonnen zu tun haben.

Drei Kleinbusse, auf welche wir nach dem Frühstück verteilt wurden, brachten uns in verschiedene Stadtbezirke. In Zweiergruppen, damit der eine stets den anderen kontrollieren konnte, schwärmten wir aus und klapperten systematisch Häuserblock um Häuserblock, Wohnung um Wohnung ab. Die Regenbogen-Illustrierten, für welche wir Neuabonnenten anwerben sollten, trugen Namen wie ‹Das Neue Blatt›, ‹Frau im Spiegel›, ‹Freizeit-Revue›, ‹Glücks-Revue›, ‹Frau mit Herz› oder ‹a – die aktuelle›.
Ich wurde Thorsten zugeteilt; wir beide waren ein Drücker-Team. Meistens liessen sich die Menschen gar nicht erst auf

ein Gespräch ein. Kaum hatten wir eine unserer Begrüssungsfloskeln runtergeleiert – «Guten Tag, Frau Mahlzahn, wir besuchen Sie, weil wir möchten, dass auch Sie ein Recht auf ein bisschen Glück ...» –, wurde uns schon die Tür vor der Nase zugeknallt. Es ist auch vorgekommen, dass wir, kaum hatten wir geläutet, eine Ladung Tränengas ins Gesicht verpasst bekamen.
Meistens mussten wir uns schon glücklich schätzen, wenn wir am Abend mit zwei oder drei Unterschriften zurückkamen.
«Sag mal, haste eijentlich 'ne Bleibe?», fragte Thorsten, während wir die nächste Häuserzeile anpeilten. «Mal hier, mal dort, im Moment bin ich bei so einem Typen untergekommen, aber ...» Ich stockte. Wie hätte ich ihm auch erklären sollen, dass ich keinen Bock mehr auf Detlef hatte. Seine plumpe Geilheit und seine fantasielosen Zärtlichkeiten hatte ich bis oben satt; aus reiner Dankbarkeit liess ich mich darauf ein, weil er mich bei sich schlafen liess. Wenn er mich schlafen liess ...
«... Stress mit so 'ne Schwuchtel, wa?», erriet Thorsten. So konnte man es natürlich auch sehen. «Weeste wat», fuhr er fort, «warum kommste nich eenfach bei uns pennen? Icke hab da mit 'n paar Kumpels 'ne Loge beim Wittenbergplatz, is doch näher, billiger und och jemütlicher!»

Schon am nächsten Tag hatte ich mein Bündel gepackt und bezog bei Thorsten und seinen Freunden Quartier. Das Appartement bestand aus einem einzigen Raum, in dem fünf Menschen hausten: Thorsten, noch zwei Jungs – und Snejana. Sie war die einzige Frau in dieser seltsamen Wohngemeinschaft.
«Mensch, hättest mir ruhig sagen können, dass ihr schon vier Leute seid», motzte ich. «Dat musste nich so eng sehn», versuchte Thorsten mich zu besänftigen. «Wird schon schief jehn!» Er gab mir einen Schlafsack, der seit Jahren keiner Reinigung

mehr unterzogen worden war, und bedauerte, dass halt leider nur zwei Matratzen verfügbar waren. «Aba die sind ja nicht immer belegt, und der Teppich is ooch janz schön weich!»
Alleweil besser, als von der Trantüte Detlef befummelt werden, dachte ich mir, und verstaute den Affen im Schlafsack, den Ghettobluster in einer Schublade, die weisse Federboa im Koffer und den Koffer in einer Ecke.
«Christian», sagte Thorsten. Er hatte sich auf einer der beiden Matratzen niedergelassen. «Hilf mir doch mal!»
Er sah mich aus flehenden Augen an. Über der Ellenbeuge war ein Gummischlauch verknotet. Seine Hände zitterten so stark, dass er kaum die Spritze halten konnte. «Ick schaff det nich ...»
Ich hätte ihm gerne geholfen. Aber ich konnte es einfach nicht tun; ich konnte ihm diese Nadel nicht in die Vene stechen.
«Scheisse!» Thorsten brüllte wie ein Tier. Dann traf er die Vene selber.

Nur Snejana hing nicht an der Nadel. Sie beklagte sich anhaltend über das Jugendamt, das ihr das Sorgerecht für ihre Tochter entzogen hatte, und ich war mir ziemlich sicher, dass sie sich gelegentlich auf dem Strich ein paar Mark dazuverdiente. Aber sie fixte nicht.
Wenn die Jungs völlig weggetreten an die Decke starrten, waren Snejana und ich dafür besorgt, dass zwischendurch wieder mal was Essbares im Kühlschrank war. Meistens kauften wir Reis – damit liessen sich für wenig Geld viele Mägen füllen.
Wir verstanden einander auf Anhieb – wie von Frau zu Frau.

Beckmann hielt uns wie Leibeigene. Weil er sich selbst stets am Rande der Legalität bewegte und nicht selten auch weit jenseits davon, suchte er sich seine Opfer vorzugsweise unter drogensüchtigen und obdachlosen Jugendlichen. Indem er sie grosszügig verköstigte, machte er ihnen klar, dass kein Tier die Hand beisst, die es füttert. Viele merkten erst zu spät, dass sie sich in eine fatale Spirale von Verschuldung und Abhängigkeit verstrickt hatten.

Nach dem Prinzip ‹Zuckerbrot und Peitsche› hatte das opulente Frühstücksritual vor Arbeitsbeginn ebenso System wie sonntags die obligaten Besuche in Beckmanns schrecklicher Wohnung. Bei diesen Gelegenheiten verteilte er Lob und Tadel und setzte raffiniert sein bösartiges Talent ein, Intrigen zu säen. Und er schärfte uns ein, wie wir vorgehen mussten, um die Leute herumzukriegen. «Sobald jemand öffnet», sagte er, «haste schon jewonnen. Mit den Alten macht ihr es erst mal auf die freundliche Tour: Erzählt ihnen meinetwegen, dass es keine bessere Garantie für Gesundheit und ein langes Leben gibt als ein Abo. Wenn sie bockig werden, schaltet ihr auf aggressiv. Denkt daran, dass ihr euren Kunden nie mehr unter die Augen tretet – also bleibt hartnäckig. Bearbeitet sie so lange, bis sie nichts anderes wünschen, als euch endlich loszuwerden. Dann unterschreibt jeder!»

«Jenau so, wie du Schwein es mit uns machst!»

Das war Jens, ein kleiner bleicher Junkie – er hatte noch nie das Maul so weit aufgerissen. Er war geladen bis oben hin.

«Aba icke mach da nich mehr mit!»

Beckmann hatte ihm eine Wohnung vermittelt, die Miete vorgeschossen, auf Pump Möbel besorgt – Jens war Beckmann 20 000 Mark schwach. Und er war nicht sein einziger Schuldner.

«Du weisst so gut wie ich, Jens, was du auf dem Kerbholz hast!» Beckmanns Stimme war gefährlich leise geworden. «Du kennst das Risiko, das undankbare Menschen eingehen!»

«Vapfeiff› mir ruhig bei die Bullen!» Jens heulte fast vor Wut und Verzweiflung. «Icke jeh lieber in'n Knast, als dat icke hier weiter Scheisse bau!» Jetzt lächelte Beckmann sogar, und das

war gar kein gutes Zeichen. «Ruhig Blut, mein Junge, wir werden das in aller Ruhe besprechen!»
Am Montagmorgen erschien Jens wie gewohnt zum Arbeitsfrühstück beim ‹Alten Schorsch›, im Gesicht blau wie ein Veilchen und ansonsten fromm wie ein Lamm.
Und keiner sagte ein Wort.

Samstagabend. Snejana und ich waren vom Einkaufen zurückgekommen; wir stellten den Pudding in den Kühlschrank und den Reis ins Gestell, als es an der Tür polterte. Thorsten stürzte herein, er war völlig von der Rolle.
«Wo habt ihr die Knete?»
Er bebte am ganzen Leib. Sein Blick flackerte, seine Zähne klapperten. Seine Hände waren blutig – und seltsam verrenkt.
«Thorsten, was hast du mit deinen Händen gemacht?»
Thorsten riss eine Schublade nach der anderen auf. «Ick wees jenau, dat ihr Kohle habt!» Und jedesmal, wenn er nichts gefunden hatte, schlug er mit den verunstalteten Händen brüllend gegen die Wand.
Als er bei meiner Schublade angekommen war, sah ich, dass sie leer war. «He!», rief ich. «Wo ist mein Ghettobluster?» Thorsten durchwühlte Snejanas Unterwäsche und reagierte nicht auf meine Worte. Er selbst wars wohl kaum gewesen, sonst hätte er ja Geld gehabt und die Schublade nicht geöffnet. Es musste einer von den beiden anderen gewesen sein. Aber die waren ausser Haus. «Ihr verdammten Schweine habt meinen Ghettobluster in Sugar umgesetzt!»
Snejana versuchte, den tobenden Thorsten zu beruhigen. «Wir müssen unbedingt zum Arzt», sagte sie. «Schau dir mal seine Hände an!»
Kurz vor Mitternacht hatten wir ihn endlich so weit: Snejana und ich nahmen Thorsten in die Mitte und suchten das nahe

Krankenhaus auf. Die Notfallschwester sah erst Thorsten an, der jeden Moment drohte, wegzutreten, dann uns. Sie witterte Scherereien und fragte Thorsten: «Sagen Sie mal, sind Sie freiwillig hergekommen? Möchten Sie sich wirklich behandeln lassen?»

«Nee!», schrie Thorsten. «Icke will na Haus!»

«Tja», sagte die Schwester, «da kann man nichts machen ...»

«Aber das darf doch nicht wahr sein!» Ich verstand die Welt nicht mehr. «Sehen Sie sich doch den Mann an; der ist doch gar nicht mehr zurechnungsfähig! Und sehen Sie sich seine Hände an. Die müssen geröntgt werden!»

«Tut mir Leid!» Die Frau lächelte bedauernd. «Wir können doch niemanden gegen seinen Willen behandeln!» Und schloss die Tür.

In diesem Moment richtete sich Thorstens aufgestauter Zorn gegen mich.

«Du Dreckskerl», schrie er und ging mit seinen blutverkrusteten Fäusten auf mich los. «Icke mach dir fertig, elendes Schwein! Mir an die Bullen ausliefern, dat hättest gerne jehabt, schwule Sau!»

Ich lief davon. Thorsten setzte hinter mir her. Ich rannte in panischer Angst die Strasse hinunter – und hielt erst inne, als seine Schritte verklungen waren.

Ich traute mich nicht mehr zurück an die Wittenbergstrasse. Thorsten, fürchtete ich, würde mir glatt den Schädel einschlagen – so, wie der sich aufgeführt hatte. Stundenlang lungerte ich durch die Stadt und hing düsteren Gedanken nach. Nein, das Berlin der Drücker und Fixer war wirklich nicht meine Welt. Ich sehnte mich zurück ins Milieu der Schwulen und Transvestiten. Und ich beschloss, nächste Woche wieder mal bei ‹Tom's Bar› reinzuschauen ...

Lange nach Sonnenaufgang drückte ich vorsichtig die Türklinke auf. Snejana war alleine da. Überschwänglich stürzte sie auf mich zu: «Mensch, Christian, wo steckst du denn? Wir haben uns so Sorgen gemacht!»
«Was ist mit Thorsten?»
«Der hat tief geschlafen. Und als er erwachte, hat er nur noch gewimmert ...»
«Und jetzt?»
«Seine Hände schmerzten so sehr, dass er freiwillig in die Klinik gegangen ist!»
Stunden später kam Thorsten; seine Hände steckten in dicken Gipsverbänden.
«Gebrochen», sagte er nur. «Beide!»

Trotzdem erschien er am nächsten Montag wieder bei Beckmanns Frühstücksgelage. Für den Drücker-Job brauche er die Hände nicht unbedingt, meinte er, aber die Kohle brauche er dringend. Ausserdem könne er mit seinen eingegipsten Händen bei den Leuten auf Mitleid machen.
Da hatte er sich getäuscht. Bis zum Nachmittag hatten wir keine einzige Unterschrift, aber schon das komplette Vokabularium an Berliner Schimpfworten zu hören bekommen. Es war zum Verzweifeln.
Wir standen vor einem Hauseingang und studierten die Namen unter den Klingelknöpfen. Rosa Schimmelpfennig, Familie Köpcke, Adalbert Bülow ...
«Weeste wat», sagte Thorsten. «Wir ersparen den Leute die Mühe des Unterschreibens und hören uff, uns die Fresse fusselig zu labern ...»
«Du meinst, wir sollen selber ...»
«Na klar. Det merkt doch keener!»

Weil er ja nicht schreiben konnte, musste ich die Fälscherarbeit verrichten. Ich benutzte einen Bleistift und zwei verschieden farbige Kugelschreiber. Die Namen und Adressen waren echt; wir lasen sie an den Hauseingängen ab, wobei wir darauf achteten, dass wir nie mehr als zwei Namen pro Adresse wählten. Jedesmal versuchte ich, mir die Träger der fremden Namen vorzustellen, und gestaltete den Schriftzug des Namens entsprechend – es war ein spannendes Unternehmen, fast schon kreativ.

Plötzlich stand ein Glas Sekt vor meiner Nase. «Von dem Herrn dort hinten», grinste der Keeper in ‹Tom's Bar› und deutete mit einer Kopfbewegung an, dass mein Verehrer auf der anderen Seite des Tresens sass.
«Danke für den Drink!» Ich wagte ein verführerisches Lächeln.
«Ich gebs gern zu: Besonders originell ist die Anmache nicht», lachte er zurück. «Dafür immer wieder erfolgreich!»
Er hiess Jürgen und sah blendend aus – saloppe Kleidung, athletische Statur, braunes Haar, wache Augen.
«Bist du dir da ganz sicher?»
«Man soll nie den Fehler machen, sich einer Sache ganz sicher zu sein!»
«Schon gar nicht, wenn du mich als Sache siehst», gab ich mit gespielter Empörung zurück.
«Berliner biste zwar nich, aber Berliner Schnauze haste voll druff», grinste Jürgen und nahm sein Glas in die Hand. «Prost!»
Ich erzählte ihm, dass ich aus der Schweiz komme und in Südfrankreich in Travestie-Shows aufgetreten sei. «Aber hier in Berlin kommt man nicht so einfach an ein Engagement ...»
«Musst halt die richtigen Leute kennen lernen», sagte Jürgen und sah mir tief und bedeutungsvoll in die Augen. «Aber das tust du ja gerade!»

Er zog eine Visitenkarte aus der Brieftasche und legte sie vor mich hin.

«Nicht gerade das Gelbe vom Ei, aber für den Einstieg ganz gut! Der Laden gehört meinem Partner. Ich kann ja mal 'n Wort einlegen für dich!»

«Und was willste dafür?»

«Aber ich bitte dich!» Jetzt war er es, der den Empörten mimte.

Ich nahm die Karte in die Hand.

Theater im Keller
Kabarett – Travestie – Revue – Show
Inhaber und Intendanz: Willy Krüger
Weserstrasse 211, Berlin-Neukölln

Die Karte sah aus wie das goldene Los.
Ich nahm mir vor, am nächsten Tag, gleich nach der Drücker-Tour, mit der U-Bahn nach Neukölln zu fahren.

Wenn Zarah Leander noch gelebt und unter Fettleibigkeit gelitten hätte, wäre sie jetzt leibhaftig vor mir gestanden: Wie ein Vorhang fiel ihr das lange, unendlich tief ausgeschnittene Kleid über den mächtigen Busen, frivol bezüngelte sie das Mikrofon, schob es beinahe zwischen die rot und fettig glänzenden Lippen und hauchte mit dem unverkennbaren Timbre ‹Kann denn Liebe Sünde sein?› hinein.

Den Bildern im Schaukasten vor dem Theater hatte ich entnommen, dass diese Dame Dolly Doll hiess – und ein Mann war, der das Geheimnis seines wahren Namens besser hütete als jenes seiner Geschlechtszugehörigkeit.

Ausser Dolly Doll waren zwei weitere Männer im Theaterraum. Den einen kannte ich bereits: Jürgen, der mir am Vorabend einen Sekt spendiert und den entscheidenden Tipp gegeben hatte, bediente jetzt den Scheinwerfer und fokussierte den Lichtkegel auf Dollys markant gewölbten Venushügel, was mit einem affektierten «Huch – du geile Sau!» dankbar quittiert wurde.

«Ihr sollt nicht rumalbern», sagte der andere Mann. «Ihr sollt proben!» Er hockte in der vordersten Reihe und war sichtlich bemüht, seine schwarze Hornbrille auf der krummen Nase intellektuell aussehen zu lassen. Hinter den Brillengläsern funkelten listige Schweinsäuglein. Das muss dieser Willy Krüger sein, dachte ich. Er war bestimmt schon Anfang fünfzig. Gleichzeitig fragte ich mich, wie der smarte Jürgen, den ich in ‹Tom's Bar› kennen gelernt hatte und der hier offenbar der Beleuchter war, es wohl gemeint haben könnte, als er gestern diesen blasierten Intendanten als seinen Partner bezeichnete ...

Ich räusperte mich. «'tschuldigung, wenn ich störe.»

Dolly Doll machte noch einmal «huch». Jürgen richtete den Scheinwerfer auf die Tür, in deren Rahmen ich stand. Willy Krüger drehte sich im Sitzen um und nahm die Brille von der Nase.

«Wie sind Sie denn hier reingekommen?»

«Die Tür stand offen.»

«Das ist Christian, der süsse Schweizer», sagte Jürgen. «Ich hab dir doch von ihm erzählt.»

«Sie sind Herr Krüger, nehm ich an!»

«Höchstpersönlich!» Er stand auf, ging auf mich zu und streckte mir die Hand entgegen. «Für dich Willy – wenn du so gut bist, wie Jürgen behauptet!»

«Oh – was hat er denn erzählt?»

«Dass du der Star von der Côte d'Azur seist ...»

«War wohl etwas übertrieben; ich hab bis jetzt nur Playback gemacht.»

«Dann lass mal hören! Was solls denn sein?»

«Habt ihr Liza Minelli – ‹New York, New York›?»
«Aber selbstverständlich haben wir das!» Jürgen richtete seinen Scheinwerfer wieder auf die Bühne und ging zum Musikpult, wo er in einer Holzkiste voller CDs wühlte.
«Dolly», sagte Krüger, «überlass unserem Schweizer Freund doch mal das Mikro!»
Das Herz klopfte mir bis zum Hals, als ich die Bühne betrat. Dolly Doll strich mit dem Mikrophon wollüstig über meine Brust, bevor sie es mir aushändigte. «Aber nicht kaputtmachen», sagte sie. «Hochsensibel, das gute Stück!» Dann rauschte sie von der Bühne, wandte sich noch einmal um und warf mir eine Kusshand zu. Und dann stand ich da, ganz allein, und konnte nicht begreifen, dass alles plötzlich so schnell ging. Ich tauchte ein in eine Wolke aus billigem Parfüm und strengem Männerschweiss, die Dolly Doll hinterlassen hatte, in das grelle Licht des Scheinwerfers, den Jürgen auf mich richtete, in die ersten Takte der Musik, die jetzt aus den Lautsprechern dröhnte: tamtam-tadata-tamtam ...

«Liza Minelli sieht vielleicht besser aus», sagte Krüger anerkennend. «Aber den Tanz kriegt sie auch nicht besser hin! Schade nur, dass wir schon eine Minelli im Programm haben.»
Er rieb sich das Kinn. «Haste noch was anderes drauf?»
«Stephanie», sagte ich, ohne zu überlegen.
Erst kürzlich hatte sie mit ihrem Hit ‹Ouragan› die Charts erobert. Seit Monaten bewunderte ich die coole Prinzessin von Monaco. Von den wenigen Songs, die sie bislang auf den Musikmarkt geworfen hatte, konnte ich jedes Wort auswendig singen.
«Eine richtige Prinzessin – nicht schlecht.» Krüger rieb sich die Hände. «Hast 'n Prinzessinnenfummel?»
«Nur eine weisse Federboa ...»

«Bring sie mit! Und den Song auch. Am besten schon morgen. Komm, wir schauen uns gleich mal im Kostümfundus nach 'ner Prinzessin um!»

Morgen schon? Ich konnte mein Glück kaum fassen, und ich war mir nicht ganz sicher, ob ich das alles nur träumte. Schon bald würde ich hier auf dieser Bühne stehen. Vor Publikum, in einem eleganten Kleid.
Ich würde eine Frau sein – eine Prinzessin. So, wie ich es mir schon als Kind immer wieder sehnlichst vorgestellt hatte ...

Willy Krüger wies mir den Weg über eine steile Treppe hinter der Bühne zum Kostümfundus. Ich musste an den Genfer Theaterladen denken, in dem ich meine Boa gekauft hatte. Der Raum war zum Bersten voll mit Kleidern, Dessous, Perücken, Netzstrümpfen. Überall sinnliche Stoffe, prächtige Farben – ein wahres Paradies.
Ich konnte mich nicht satt sehen daran. Langsam schritt ich die Reihe der vielen Kostüme ab, atmete den muffigen Duft von Mottenkugeln und Theaterschminke, fühlte unter meinen Händen seidene Strümpfe und zarte Roben.
Und dann spürte ich plötzlich etwas ganz anderes. Es war direkt hinter mir, drängte sich hart und fordernd gegen meinen Hintern.
Krüger hatte seine Hose ausgezogen und die Hände auf meine Lenden gelegt. Wortlos, aber deutlich und auf höchst unangenehme Weise gab er mir zu verstehen, was er von mir wollte.
«Was soll das?» Etwas Schlaueres fiel mir nicht ein; ich bemühte mich, gefasst zu bleiben.
«Du gefällst mir!» Er setzte sich auf einen Stuhl und sah mich provozierend an. «Ich wette», sagte er, «dass du mehr kannst als nur tanzen und singen.»

«Aber ich ...»
«Komm schon, stell dich nicht an!» Er packte meine Hand und führte sie dorthin. «Bei uns gilt die Spielregel: Eine Hand wäscht die andere!»
Da wusste ich, dass er mir den Tarif durchgegeben hatte: Wenn ich auf seiner Bühne als Frau auftreten wollte, würde ich dafür einen Preis zahlen müssen.
Es ging nicht mehr darum, ein Prinzessinnenkleid auszusuchen. Und ich tat, was er von mir verlangte.

Am nächsten Tag ging ich in einen Musikladen und kaufte mir die CD ‹Ouragan› von Stephanie von Monaco. Meine eigene Tonbandkassette hatte ich nicht mehr – sie steckte noch in dem Ghettobluster, den die Junkies von der Wittenbergstrasse geklaut und verschachert hatten.
Krüger legte die CD ein, und ich bewegte mich zur Musik. Er war schon nach wenigen Takten zufrieden.
«Komm mit», sagte er, «ich weiss genau, welches Kleid dazu passt!»
Und ich ahnte schon, was jetzt passieren würde. Wieder musste ich ihm in den Kostümfundus folgen – und Hand anlegen.
Als Krüger endlich fertig war und sich wieder angezogen hatte, ging er zu einem der vielen Kleiderständer und brachte einen bodenlangen, eng geschnittenen Traum in Lila zum Vorschein.
Das Kleid passte wie massgeschneidert. Ein strassbesetztes Krönlein im gelierten Haar rundete das Bild der Prinzessin ab.
Jürgen richtete den Scheinwerfer auf mich, und Dolly spottete entzückt: «Schaut doch nur – unser süsser Schweizer macht auf lila Kuh!»
Selber Kuh, dachte ich beleidigt. Ich bin eine Prinzessin!
Und Krüger sagte: «Morgen macht die Kuh muh!»

«... und hier ist Dolly Doll – sie macht alle Männer toll!»
Willy Krüger lachte am lautesten, und Dolly klopfte sich prustend auf die prallen Schenkel. Die Journalistin lächelte höflich. Sie recherchiere für das ‹Neuköllner Wochenblatt› eine Story über das ‹Theater im Keller›, hatte Krüger uns gesagt; wir sollten vor der Show alle im Foyer antreten, damit er der Dame das Ensemble vorstellen könne.

«... schliesslich – last but not least – unser jüngstes Juwel, ganz neu im Ensemble: Christian Brönimann, die lila Kuh aus den Schweizer Alpen! Hat heute den ersten Auftritt!»

«Hat mir gut gefallen, ihre Stephanie-Parodie!» Die Journalistin hatte im Foyer gewartet – ganz offensichtlich auf mich! Ich war verwirrt. Es war ja wohl nicht möglich, dass mein unverhoffter Einstand im Showgeschäft bereits die Medien auf den Plan rief. «Danke», sagte ich verwirrt. Mehr fiel mir dazu nicht ein.

«War das tatsächlich Ihre Premiere?»

«Ja, schon, aber ... wieso wussten Sie überhaupt ...?»

Sie lachte und fuhr auf Schweizerdeutsch fort: «Bi doch sälber überrascht gsii, won ich gmerkt han, dass i däm Ensemble en Schwiizer als Stephanie vo Monaco uftritt!» Sie streckte mir die Hand hin: «Ich heisse Susanne und komme aus dem Züribiet. Wie wärs, wenn wir uns mal zu einem Drink treffen?»

«Klar», sagte ich. «Sehr gern sogar!» Ich brachte es noch immer nicht auf die Reihe, dass eine Schweizer Journalistin in Berlin meiner Bühnen-Premiere beiwohnte. «Keine Angst», lachte Susanne, die meine Verwirrung spürte. «Ich will dich nicht gleich interviewen.»

Dolly Doll, die zu uns gestossen war und die letzten Worte mitbekommen hatte, wandelte Zarah Leanders Liedtext spöttisch ab: «... kann denn so was Zufall sein?»

Susanne lachte und schaute auf die Uhr. «Ich muss! Hier ist meine Karte! Du kannst jederzeit anrufen!»

Mit der Drückerkolonne war jetzt natürlich Schluss. Irgendwie würde ich es Beckmann beibringen müssen. Und das am besten kurz und schmerzlos.

«Ich steig aus», sagte ich, als Beckmann Thorsten und mich am Abend des folgenden Tages mit seinem Kleinbus im Grunewald abholte. «Am besten, wir rechnen heute noch ab ...»
Er schuldete Thorsten und mir für diese Woche noch gut dreihundert Mark, hatte ich mir ausgerechnet – inklusive der getürkten Unterschriften. Zum Glück hatte er nichts von dem Betrug gemerkt. Es war auf jeden Fall angebracht, dieses Kapitel möglichst rasch abzuschliessen.

«Keine Angst, mein Junge», sagte Beckmann in väterlichem Ton. «Heute Abend wird ohnehin abgerechnet – es ist Freitag!»
Beckmanns leise und betont freundliche Stimme liess mich aufhorchen.

Ich hatte ein ungutes Gefühl. Es war nicht nur mein schlechtes Gewissen. Es war nackte Angst.

Wie an jedem Abend versammelte Beckmann seine Drücker im Hinterzimmer beim ‹Alten Schorsch›, der Kneipe, in der wir uns morgens zum üppigen Frühstück trafen. Beckmann sammelte die Abonnements-Verträge ein und nutzte die Gelegenheit, uns gegeneinander auszuspielen.

«Nehmt euch ein Beispiel an Christian und Thorsten. Die beiden haben diese Woche besser gearbeitet als alle anderen zusammen!» Beckmann hielt die Formulare hoch, die wir ihm abgeliefert hatten. «Fünf Unterschriften an einem Tag! Das erwarte ich von jedem von euch!»

Vier von den fünf Namen hatte ich selbst aufs Papier geschrieben, und der Trottel hat es nicht gemerkt!

Als die anderen abzogen, nahm er Thorsten und mich zur Seite. «Du wartest draussen in der Gaststube», sagte er zu Thorsten und wandte sich mir zu: «Und wir beide rechnen jetzt ab!» Seine Stimme wurde, als Thorsten die Tür hinter sich geschlossen hatte, noch sanfter, noch leiser.
«Einundzwanzig Unterschriften in einer Woche – alle Achtung!» Beckmann breitete unsere Unterschriftenbögen von dieser Woche auf dem Tisch aus. Und dann wurde er laut: «Ich mag es nicht, wenn man mich für bescheuert hält. Und wer mir gefälschte Unterschriften unterjubeln will, hält mich für bescheuert. Thorsten kann es nicht gewesen sein, der hat beide Hände im Gips!»
Abstreiten war zwecklos. «Okay», sagte ich kleinlaut. «Ich gebs ja zu; es war ein Fehler!»
«Ist das alles, was du dazu zu sagen hast?»
«Ich will ja auch gar kein Geld dafür – nicht für die falschen Namen!»
«Oh nein, mein Junge – so einfach geht das nicht!»
Plötzlich wurde seine Stimme wieder zuckersüss. «Aber ich bin ja kein Unmensch, ich geb dir noch eine Chance. Du wohnst doch immer noch mit Thorsten in dieser Fixer-Bude. Pass auf, ich mach dir einen Vorschlag ...»
Ich musste an den armen Jens denken, und ich ahnte, was jetzt kommen würde ...
Beckmann holte ein Formular aus seiner Aktenmappe. «Das hier», sagte er, «ist ein Mietvertrag – eine schöne, saubere Wohnung. Du unterschreibst hier, machst weiterhin deine Arbeit ohne krumme Touren. Und alles andere – Schwamm drüber!»
Er legte einen Kugelschreiber auf das Papier.
«Junge, du weisst doch: Ich meins nur gut mit dir! Im Grunde bist du ja kein schlechter Kerl – nicht so einer wie Thorsten, der dauernd Bruch baut, um seine Sucht zu finanzieren. Würde

mich gar nicht wundern, wenn er es ist, der dich angestiftet hat!»

«Und wozu verpflichtet mich das hier?» Auf dem Formular war das Feld leer, das für die Monatsmiete vorgesehen war. «Lass das mal meine Sorge sein», wich Beckmann aus. «Wenn du dich bewährst und gute Arbeit ablieferst, komm ich dir auch entgegen!»

«Und was ist, wenn ich nicht unterschreibe?»

«Dann kann ich leider nichts mehr für dich tun!» Beckmann öffnete mit dem Ausdruck des Bedauerns seine Hände. «Dann werde ich das hier» – er packte die gefälschten Abo-Formulare ein – «wohl der Polizei übergeben müssen. Die haben ausgezeichnete graphologische Gutachter!»

Ich hatte nur einen Gedanken im Kopf: Weg hier – so schnell und so weit weg wie möglich. Nie mehr in diese kalten Augen schauen müssen.

Ich nahm den Kugelschreiber und setzte meinen Namen auf das Papier.

«Ich wusste doch, dass du ein cleveres Kerlchen bist!» Beckmann versorgte auch dieses Papier und öffnete die Tür zur Gaststube. «Thorsten – du begleitest Christian nach Hause und bringst ihn zu mir. Er zieht in meinem Haus ein – und zwar sofort!»

«Und was ist mit meinem Geld?», wagte ich noch zu fragen.

«Geld?» Beckmann lachte zynisch. «Glaubst du wirklich, dass du für deine Betrügereien noch Geld kriegst?»

«Ich hab immer geglaubt, ich könne mich auf dich verlassen», sagte ich in der U-Bahn zu Thorsten. «Warum machst du jetzt den Leibwächter für Beckmann?»

«Er hat mich in der Hand. Der Scheisskerl weiss über alles Bescheid, der kann mich jederzeit hochgehen lassen.»

«Ich geh jedenfalls nicht mehr zurück. Ich mach Revue im ‹Theater im Keller› ...»
«Beckmann wird mir den Hals umdrehen ...»
«Warum haust du nicht auch einfach ab? Ich kann mir vorstellen, dass die Bullen sich für Beckmann mehr interessieren als für dich!»
«Vielleicht haste Recht ... Ich glaub, ich steig auch aus!»

Zum letzten Mal betraten wir die Wohnung. Ich packte meine Sachen in den Koffer und verabschiedete mich von Thorsten und Snejana – wir wussten, dass wir einander nie mehr wiedersehen würden.
Beim Bahnhof Zoo stellte ich das Gepäck in einem Schliessfach ein und tanzte mir im ‹WuWu› alle Sorgen aus dem Leib. Erst um vier, als die Disco schloss, suchte ich mir eine Parkbank und schlief bis in den späten Vormittag hinein.
Als ich aufwachte, fiel mir ein, dass ich vorgestern Willy Krüger versprochen hatte, auf dem Neuköllner ‹Markt der sozialen Möglichkeiten› Handzettel zu verteilen. Schliesslich war die Travestie-Show des ‹Theater im Keller› auch so etwas wie eine soziale Möglichkeit ...

Ich erkannte sie sofort: Susanne, die Schweizer Journalistin, war am Stand der Neuköllner Kindergarten-Vereinigung in eine Broschüre vertieft. «Ach», lachte sie, als ich ihr auf die Schulter klopfte, «die Prinzessin, die sich in eine lila Kuh verwandelt! Hätte nicht gedacht, dass wir uns so schnell wiedersehen!»
«Tja – so klein ist Berlin!»
Ich erzählte ihr die Geschichte mit Beckmann. Dass ich Hals über Kopf abgehauen sei und nun kein Dach mehr überm Kopf habe. «Ich hab Angst», sagte ich. «Irgendwie traue ich diesem Kerl alles zu!»

«Komm doch einfach zu uns. Mein Mann und ich haben eine Wohnung an der Karl-Marx-Strasse gemietet; ziemlich klein zwar, aber fürs Erste wirds schon gehen!»

Noch am selben Abend zog ich bei Susanne und Hubert ein. Es war mir etwas peinlich, als ich erkannte, wie ungelegen ich kam. Die beiden hatten Freunde zum Essen eingeladen.
«Keine Sorge», sagte ich und stellte meinen Koffer in eine Ecke. «Bin schon wieder weg, muss sowieso ins ‹Theater im Keller› und werde erst spät zurückkommen!»

Mit Dolly Doll kam das Lampenfieber.
Furchtbar!
Ich stand im Foyer vor der grossen Spiegelwand und zupfte die Falten aus meinem lila Prinzessinnenkleid, während Dolly im Zarah-Leander-Look die Leute in Stimmung brachte. Je nachdem, wie gut sie selbst drauf war und wie gut ihre Zoten beim Publikum ankamen, währte ihr Auftritt zehn bis fünfzehn Minuten.
Bald sollte mein Auftritt als Stephanie folgen. Eigentlich schade, dachte ich, dass die Prinzessin so flachbrüstig ist. Ich hätte mir gerne ein bisschen Busen in den Ausschnitt gestopft. In diesem Moment hörte ich, wie Dolly auf der Bühne ihr berühmtes ‹Kann denn Liebe Sünde sein?› anstimmte.
Und ich hörte noch etwas. Ein wütendes Gepolter. Es kam von der Eingangstür auf der anderen Seite. Ich konnte die Tür im Spiegel sehen. Ich sah einen Mann, der mit beiden Fäusten gegen das Glas hämmerte und übelste Beschimpfungen ausstiess.
Es war Alois Beckmann.
«Christian, komm sofort raus!», schrie er. «Ich mach dich fertig, du Schwein!»

Ich zitterte am ganzen Körper. Willy Krüger kam aus dem Zuschauersaal gestürzt. «Wat'n hier los?»
«Beckmann», sagte ich. «Der Typ von der Drückerkolonne!»
«Und wat will er?»
«Ich glaub, er will mich umbringen!»
Ich wagte nicht, mich zu rühren. Solange ich mit gesenktem Haupt vor dem Spiegel stand, konnte Beckmann nur eine Frau erkennen, von hinten, in einem lila Kleid.
«Macht auf!», brüllte Beckmann. «Oder ich schlag die Tür ein!»
Krüger ging zum Telefon. «Ich ruf die Polizei!», sagte er. «Und du, Christian, solltest schon längst auf der Bühne stehen!»
Ich versuchte, lasziv zu tanzen, und hörte gleichzeitig, wie der Streit im Foyer eskalierte. Irgendwie brachte ich meinen Auftritt hinter mich.

Eingehend musterten die beiden Polizisten meinen Aufzug – vom Krönlein auf dem Kopf bis zu den silbrig lackierten Stilettos.
«Sie sind Christian Brönimann?»
«Ja.»
«Hmmm ... Sie kommen aus der Schweiz, ist das richtig?»
«Ja.»
«Und was machen Sie hier?»
«Ich tanze.»
Krüger lief hinter uns im Foyer auf und ab, kaute nervös Fingernägel und warf mir verstohlene Blicke zu, die so viel sagten wie: Pass jetzt gut auf, was du denen erzählst!
«Haben Sie eine Arbeitsbewilligung? Fürs Tanzen ... und so ...?»
«Ja, also ... eigentlich nicht!»
«Verzeihen Sie, wenn ich mich einmische», meldete sich jetzt Krüger zu Wort. «Herr Brönimann hat kein festes Engagement – er ist zu seinem eigenen Vergnügen auf der Bühne tätig!»

Die Beamten gingen gar nicht auf ihn ein und setzten das Verhör fort: «Und was war mit dem Mann vorhin? Kannten Sie den?»
«Ja», antwortete ich. «Das ist Alois Beckmann. Ich hab für ihn gearbeitet – in einer Drückerkolonne ...»
«Sie tanzen und drücken und haben keine Arbeitsbewilligung!»
«Ich bin abgehauen dort, ich hab Angst!»
«Wovor?»
«Ich glaub, der will mich umbringen!»
«Keine Sorge, wir bringen Sie nach Hause. Haben Sie wenigstens einen festen Wohnsitz?»
«Karl-Marx-Strasse 39», sagte ich und war froh, dass ich nicht mehr in der Fixerkommune an der Wittenbergstrasse hauste und immerhin eine seriöse Adresse angeben konnte. Gleichzeitig war es mir furchtbar peinlich: Vor wenigen Stunden erst war ich bei Susanne und Hubert eingezogen – und jetzt sollte ich schon in der ersten Nacht unter Polizeischutz heimgebracht werden ...
Die beiden trugen es mit Fassung. Wir sassen am Tisch in der Küche, Susanne setzte Kaffeewasser auf – es war fast schon gemütlich.
«Sie sind ja schon vor vier Monaten in Berlin eingereist», sagte der Polizist, nachdem ich ihm meinen Schweizer Reisepass in die Hand gedrückt hatte. «Sie wissen doch, dass Sie dafür eine Aufenthaltsgenehmigung einholen müssen!»
Sie wollten mehr über Beckmann wissen, und ich erzählte alles – auch die Sache mit den gefälschten Unterschriften und dem erpresserischen Mietvertrag.
Endlich legten die beiden Beamten den Finger an die Schirmmützen und sagten: «Sie müssen damit rechnen, dass diese Sache noch ein Nachspiel haben wird. Halten Sie sich vorerst zu unserer Verfügung und verlassen Sie die Stadt nicht.»

Das Nachspiel lag zwei Wochen später in Susannes Briefkasten, in Form einer Verfügung der Ausländerbehörde, die mich aufforderte, die Stadt binnen zwei Wochen zu verlassen.

Mir wars recht. Ich hatte genug gesehen von Berlin, hatte genug davon, einem Theaterintendanten zu Diensten zu sein, der mich regelmässig als Putzfrau einsetzte, sehr unregelmässig für meine Auftritte entlöhnte und mit grosser Regelmässigkeit zu bequem war, sich selbst zu befriedigen.

So waren meine Berliner Tage plötzlich gezählt. Sie kamen und gingen – sinnlos, planlos.
Tagsüber half ich Susanne beim Haushalten. Abends parodierte ich die monegassische Fürstentochter. Machmal sass ich in ‹Tom's Bar› und versuchte, einen schwulen Mann aufzureissen. Hin und wieder schlug ich mir im ‹WuWu› tanzend die Nächte um die Ohren.
Aber irgendwie war die Luft raus aus diesem Berlin.
Ich spürte deutlich, dass mir eine einschneidende Veränderung bevorstand, wusste, dass ich keinen Einfluss darauf nehmen konnte. Eine Entscheidung drängte sich auf, der ich unbewusst auswich. Vielleicht, weil ich ahnte, dass ich gar keine Wahl hatte.

Eines Tages ging ich einfach nicht mehr in das ‹Theater im Keller›. Ich stopfte die weisse Federboa in meinen Koffer und umarmte Susanne und Hubert.
«Danke für alles! Machts gut!»
«Christian! So plötzlich. Wo willst du hin?»
«Weiss nicht ...»
«Aber ...»
«Tschüss ...»

Ich blätterte dem Beamten am Bahnschalter mein letztes Geld auf den Tisch.
«Und wohin solls denn gehen?»
«Richtung Süden.»
«Gehts vielleicht ein bisschen genauer?»
«Wie weit komm ich denn damit?»
«Richtung Süden? Basel ...»
«Okay – Basel!»
Er schob mir das Ticket unter seiner Glasscheibe hindurch. Und das Rückgeld. Eine Mark fünfzig.
Basel. Irgendeine Fügung hatte bestimmt, dass ich in den Zug nach Basel steigen sollte.

Ich holte mein kleines Adressbuch aus dem Rucksack, den ich mir gestern noch bei ‹Hertie› gekauft hatte, warf meine letzten Münzen in den Schlitz am Telefonautomaten und wählte Tonis Nummer.

«Ich bins. Christian.»
«Christian – wo bist du?»
«Noch in Berlin, am Bahnhof. Und ich hab ein Billett im Sack – nach Basel!»
Sie sagte erst einmal gar nichts.
«Freut dich das denn gar nicht? Toni – bist du noch da?»
«Christian – du lebst?!»
«Natürlich lebe ich! Wieso sollte ich nicht leben? Oder glaubst du, es sei mein Geist, der da anruft?»
«Red nicht so, Christian! Wir haben alle geglaubt, du seist ...»
«Was denn?»
Die Leitung war tot. Ich hatte kein Geld mehr.

Basel
Die Drag-Queen

«Ach, Christian – wenn du wüsstest ...»
Meiner Tante standen Tränen in den Augen. Ich sass ihr gegenüber – sprachlos.
Toni hatte sich schon die ganze Zeit so seltsam verhalten, seit ich ins Baselbiet gefahren war und die Wohnung in Ettingen betreten hatte. Ihre Freude, mich wiederzusehen, war echt; die Umarmung, mit der sie mich an ihre Brust drückte, warm und herzlich. Aber gleichzeitig machte sie mir merkwürdige Vorhaltungen.
«Wie konntest du uns das nur antun», sagte sie, «deinen Eltern, deinem Gotti, Ruedi und mir – allen, die dich ins Herz geschlossen haben.»
«Was soll ich euch denn angetan haben?» Ich konnte mir beim besten Willen nicht vorstellen, wovon sie redete.
«Wir mussten doch davon ausgehen, dass es stimmt – das, was in dem Brief stand ...»
«Was für ein Brief?» Hatte ihnen jemand geschrieben, in welch zwielichtigen Kreisen ich mich die letzten Monate bewegt hatte – in Südfrankreich, in Genf, in Berlin? Hatte ein Denunziant ihnen gar geflüstert, dass ich ein billiger Stricher war?
«Gleich nach deinem Anruf aus Berlin habe ich mit deinen Eltern gesprochen. Und mit deinem Gotti Irène – alle sind überzeugt, dass du es selber angezettelt hast!»
«Toni – ich habe keine Ahnung, was du meinst. Was ist eigentlich los?»

Toni stand auf. Schluchzend ging sie ins Schlafzimmer und kam mit einem weissen Etwas in der Hand zurück. «Das da habe ich gefunden, nachdem du nach Berlin abgereist warst», sagte sie mit tränenerstickter Stimme.

Erst als ich genauer hinschaute, erkannte ich, was sie gefunden hatte: eine kleine weisse Feder. Sie musste von meiner Boa abgefallen sein. «Und ich habe die ganze Zeit über geglaubt», fuhr Toni fort, «dass diese Feder das Letzte sei, was von dir übrigge...»

«Toni! Bitte!» Ich unterbrach sie mit lauter Stimme. Langsam ging mir dieses geheimniskrämerische Um-den-heissen-Brei-herum-Reden auf die Nerven; ich wollte endlich wissen, was los war.

«Es ist schon zwei, drei Wochen her», sagte Toni nach einer Weile. «Deine Eltern haben Post aus Berlin bekommen – einen Brief, maschinengeschrieben, mit der Nachricht deines Todes: Christian Brönimann, hiess es darin, sei leider unverhofft verstorben ...»

«Aber das kann doch nur ein schlechter Scherz gewesen sein!»

«Es wirkte überzeugend. Wir hatten ja schon seit Monaten nichts mehr von dir gehört. Tagelang haben Ruedi und ich alle möglichen Berliner Krankenhäuser angerufen; wir haben uns bei der Schweizer Botschaft in Berlin nach dir erkundigt und bei der Polizei ...»

«... wohl ohne Erfolg.»

«Niemand wusste etwas.»

«Und meine Eltern? Wie haben Vati und Mutti auf die Nachricht von meinem Tod reagiert?»

«Die glaubten schon bald, dass an der Sache was faul sein musste; sie dachten, du hättest ihnen eins auswischen wollen und hielten dich für den Urheber eines bösartigen, makabren Scherzes ...»

«Hatte der Brief denn keinen Absender?»

«Er war anonym ...»

«Und du? Glaubst du auch, mir könnte so was Hirnrissiges einfallen?»

«Jetzt nicht mehr.»

Irgendjemand in Berlin musste die Adresse meiner Eltern ausfindig gemacht und ihnen von meinem Tod berichtet haben. War es Alois Beckmann, der skrupellose Typ von der Drückerkolonne? Oder Willy Krüger, der schwule Boss vom ‹Theater im Keller›? Beiden wäre so etwas zuzutrauen.

Das Rätsel um den Urheber des üblen Scherzes wurde nie gelüftet. Und ich war mir je länger je weniger sicher, ob ich es überhaupt wissen wollte. Vielmehr liess mich eine ganz andere Frage lange Zeit nicht mehr los: Was wäre gewesen, wenn mir wirklich etwas zugestossen wäre? Meine Pflegeeltern hatten diese Möglichkeit gar nicht in Betracht gezogen und keinen Gedanken daran verschwendet, den totgesagten Sohn nach Hause zu holen und bestatten zu lassen ...

Viele Jahre später erst erfuhr ich von Ruedi, Tonis Mann, dass Vati und Mutti den Brief von Anfang an nicht ernst genommen hatten. Ohne amtliche Bestätigung hatte für sie die Nachricht von meinem Tod keine Bedeutung.

«Guten Morgen, Herr Brönimann», sagte die Moserin. «Spät dran heute!»

Maria Moser hatte wie immer ihre bemerkenswerte Oberweite auf das Sims des Küchenfensters in der Parterrewohnung gelegt und registrierte mit pflichtbewusster Neugier jede Bewegung rund ums Haus. Sie war die Hausmeisterin in der Leimenstrasse 40, unweit von der Tramstation Heuwaage in Basel. Hier hatte ich, seit ich vor mehr als einem Jahr bei Toni und Ruedi in Ettingen ausgezogen war, ein kleines Ein-Zimmer-Appartement gemietet.

«Sagen Sie mal», fuhr die Moserin fort, bevor ich es geschafft hatte, ausser Hörweite zu laufen, «ich muss sie etwas fragen ...» Sie winkte mich zu sich und senkte die Stimme: «Diese Frau muss Ihnen doch auch schon aufgefallen sein; erst gestern habe ich sie wieder gesehen!»
«Was für eine Frau?» Ich schaute demonstrativ auf die Uhr. «Frau Moser, ich muss wirklich ...»
«Ich nehme natürlich nicht an, dass sie bei Ihnen verkehrt ...» Die Hausabwartin zeigte sich ungerührt. «Aber wohnen tut sie hier bestimmt nicht, und Sie sind nun mal der einzige Junggeselle im Haus.»
«Von wem reden Sie eigentlich?»
«Von dieser – ähem ... wie soll ich sagen, dieser Dame» – sie legte eine ironische Betonung auf das Wort ‹Dame› – «mit dem blond gefärbten Haar: grobmaschige Netzstrümpfe, schrilles Make-up. Ich sehe sie immer nur kommen, in den frühen Morgenstunden, aber nie gehen. Wohnen tut sie hier gewiss nicht! Und wissen Sie was ...» Sie flüsterte verschwörerisch – grad so, als wolle sie mir ein Staatsgeheimnis anvertrauen, bei dem es mindestens um Leben und Tod ging. «Das ist bestimmt eine aus dem Milieu – Sie wissen schon, was ich meine ...»
«Ich weiss gar nichts!»
«Aber der Gipfel kommt noch ...» Sie lehnte sich so weit aus dem Fenster, dass ich befürchtete, sie würde das Gleichgewicht verlieren und mich unter der Fülle ihres Körpers begraben. ‹Sie muss einen Haustürschlüssel haben!»
«Also – ich an Ihrer Stelle» – jetzt senkte auch ich die Stimme und legte besorgt die Stirn in Falten – «ich würde die Polizei informieren!»
«Meinen Sie wirklich, Herr Brönimann?»
Ich hätte mir denken können, dass meine Ironie nicht ankommen würde. «Natürlich», sagte ich und wandte mich ab. Im Weg-

gehen hörte ich noch, wie sie «tststs ...» machte und das Fenster schloss.

Ich brauchte nur ein paar Minuten zu Fuss von der Leimenstrasse 40 zum Klosterberg, wo ich seit ein paar Wochen die Filiale der Boutique ‹Chicago› leitete. Manchmal wunderte ich mich selbst über die unverhoffte Karriere, die ich in den letzten Monaten eingeschlagen hatte.
Das Gastgewerbe war schon lange nicht mehr meine Welt. Rasch war es mir klar geworden, als ich gleich nach meinem Umzug Richtung Basel in der renommierten ‹Kunsthalle› eine Stelle als Kellner angetreten und diese schon bald entnervt wieder gekündigt hatte. Zum Glück fand ich schon bald einen Job als Kleiderverkäufer an der Clarastrasse in Kleinbasel.
Mit viel Eifer packte ich meine neue Aufgabe an, brachte coole Jeans an den Mann und heisse Shirts an die Frau – und fühlte mich wohl dabei. In unbeobachteten Momenten liess ich geniesserisch die Hände über Chiffon und Mohair gleiten und berauschte mich an der Sinnlichkeit dieser Stoffe.
Mode – hautnahe Tuchfühlung mit edlem Textil in erlesenen Farben und coolem Design. Das war meine Welt.

Eines Morgens – ich war noch kein Jahr im ‹Chicago› an der Clarastrasse – nahm Patricia mich zur Seite: «Allschwil hat angerufen», sagte sie und lächelte geheimnisvoll. Allschwil – dort war der Sitz der Firma Texnuvo, unter deren Dach die verschiedenen ‹Chicago›-Filialen geleitet wurden.
«Die Personalchefin will einen Termin mit dir vereinbaren!»
«Mit mir?» Ich war erst einmal dort gewesen – bei meinem Anstellungsgespräch. «Was wollen die denn von mir?»
«Kannst du dir das nicht denken?»
Konnte ich nicht.

«Also, ich hab da so ein Gefühl ...» Patricia grinste mich an. «Aber ich darf nichts sagen!»

Am Klosterberg werde die Stelle des Filialleiters frei, eröffnete mir die Personalchefin. Bei der Suche nach einem Nachfolger habe man, aufgrund meines vorbildlichen Einsatzes und meiner Fachkompetenz, in erster Linie an mich gedacht. Ich zögerte keine Sekunde und nahm das Angebot an, zugleich wunderte ich mich über den erstaunlichen Wandel, den mein Leben in kurzer Zeit genommen hatte: Vom Stricher in Toulon über den Drücker in Berlin war ich zum Filialleiter einer Basler Modeboutique aufgestiegen.

Der berufliche Erfolg konnte nicht darüber hinwegtäuschen, dass dieser Christian Brönimann ein Trugbild war. Alle sahen den aufstrebenden jungen Filialleiter, der seinen Laden im Griff hatte, bei seinen Mitarbeitern beliebt war und von der Kundschaft geschätzt wurde.
Ich machte auch kein Geheimnis aus meinem Doppelleben. Wer mich kannte, wusste, dass ich mich nach Feierabend als Frau verkleidet ins Nachtleben stürzte.
Sie glaubten, ich sei ein Transvestit, und hatten kein Problem damit. Keiner kam auf die Idee, dass sich hinter der Maskerade mehr verbarg als eine bizarre Lust am Rollenspiel zwischen den Geschlechtern. Niemand – nicht einmal ich selbst – wusste, dass ich in Frauenkleidern meinem wahren Ich am nächsten war.
Wahrscheinlich ahnte ich es, aber wollte es nicht wahrhaben. Noch nicht.

Die Basler Jahre, insbesondere jenes, in dessen Verlauf ich auf dem Klosterberg meine ‹Chicago›-Filiale betreute, waren die

Zeit der Masken – oder Larven, wie man hier sagt. Ich hatte viele Larven.

Es war die Zeit des Lachens, die Zeit der derben Spässe und auch der ausgelassenen Albernheiten. Das lag vor allem an Monika.
Monika war meine beste Mitarbeiterin – ein total verrücktes Huhn. Sie hatte die lästige Angewohnheit, mir hinter der Küchentür mit einer Sprühflasche voll Putzmittel aufzulauern und mich, sowie ich den Raum betrat, mit einem satten Strahl Allzweckreiniger zu empfangen. Ich blieb ganz cool und ging zum Kühlschrank, schnappte mir ein Vanillecreme-Fertigprodukt im Plastikbecher und stülpte ihr diesen über den Kopf. Seelenruhig drückte ich ihn zusammen, bis ihr die gelbe Sauce übers Haar quoll. Und manchmal, an gähnend heissen Sommernachmittagen, wenn über Stunden keine Menschenseele den Laden betrat, hockten wir wie zwei Kinder, die sich zum ‹Dökterlen› zurückgezogen haben, im Hinterraum und hatten vor uns eine ganze Batterie von Pinseln und Lippenstiften, Wattebäuschen und Puderdosen aufgebaut. Ich war stolz auf meine Schminkkünste, und es kribbelte mir in den Fingern, wenn ich Monika zeigen konnte, was ich im Maskenraum des Berliner ‹Theater im Keller› gelernt hatte. Genau genommen konnte ich es ihr eben nicht zeigen, weil es hier keinen Spiegel gab. Resi jedenfalls, der anderen Mitarbeiterin, schien es zu gefallen. Sie war ganz entzückt.
Ich war nicht gut auf Resi zu sprechen – diese kleine Drückebergerin. Sie hatte nichts als den frischen Lack ihrer Fingernägel im Kopf und machte immer einen furchtbar beschäftigten Eindruck, um der Gefahr, beschäftigt zu werden, zu entgehen. Zwischen hochgezogenen Mundwinkeln zeigte ich ihr das freundlichste Lächeln der Welt. «Soll ich dich auch so schön

schminken, Resi?», flötete ich. «Komm, kannst dich gleich hinsetzen!»
Genüsslich strich ich den flaumigen Pinsel über ihre Pfirsichhaut, massierte dunkles Rouge auf die Wangen, und Monika, die mein kreatives Tun hautnah beobachtete, gab höhnische ‹Ahhh›- und ‹Ohhh›-Laute von sich.
Als ich einen Schritt zurücktrat, um mein Werk aus der Distanz zu begutachten, hielt es Resi nicht mehr aus auf ihrem Stuhl. Sie stand auf, rannte zum Spiegel im Laden – und dann war es zunächst einmal totenstill.
«Christian, du elender Saukerl!» Resi brach in ein wüstes Geheul aus. Verzweifelt befreite sich die Ärmste von der hässlichen Clown-Fratze, die ich ihr aufgekleistert hatte, und scheuerte sich unter Tränen die zarte Haut wund.
Wir konnten ganz schön gemein sein, die Monika und ich.

Es war die Zeit des Grübelns, die Zeit der nagenden Selbstzweifel und der inneren Leere. Das lag an mir. Oder besser: Es lag daran, dass ich mich – so, wie ich war – nicht akzeptieren konnte. Ich hasste mich.
Was war ich denn schon? Ich war der kleine herzige Christian – jammerschade, fanden manche Girls, dass ausgerechnet der schwul sein muss –, ein Chrampfer zwar, aber verschupft und verknorzt und alles andere als cool. Ein grauer Mr. Nobody mit ledernem Aktenkoffer, ohne Charisma, aber mit einem bizarren Freizeitvergnügen.

Und es war die Zeit der Verwandlung.
Meistens traf die Lieferung einer neuen Kollektion am frühen Morgen ein. Dann schaffte ich die Ware erst einmal ins Lager und wartete mit wachsender Nervosität den Abend ab. Nach Ladenschluss, wenn Monika und Resi endlich gegangen waren,

packte ich die neuen Kleider aus und integrierte sie möglichst gefällig in die bestehende Auslage.

Mein ganz persönliches Interesse galt jedoch den Neuheiten der DOB, so das Branchenkürzel für Damenoberbekleidung. Weil ich zu Hause keinen Spiegel hatte, der bis zum Boden reichte, aber auch, weil eine seltsam aufgeregte Ungeduld mich dazu trieb, schlüpfte ich sofort in einen Jupe, streifte mir ein raffiniertes Top über und prüfte dabei kritisch Passform und Faltenwurf. Es war jedes Mal ein kleiner Triumph, wenn ich feststellte, dass mein schlanker Körper es mit manchem Model hätte aufnehmen können. Nur oben herum fehlte etwas; ich mochte gar nicht hinschauen. Schlapp und leer hing mir das Décolletée über der Brust.

Wenn mir ein Kleid besonders gut gefiel, verkaufte ich mir es gleich selbst und trug es voller Vorfreude nach Hause. Ich konnte es nicht erwarten, meine schon beträchtliche Travestie-Kollektion durch die neueste Errungenschaft zu ergänzen oder diese noch am selben Abend in der Szene vorzuführen.

Das Kribbeln begann schon auf dem Heimweg.
Die Stunde der Verpuppung rückte näher. In der hässlichen Raupe schlummerte ein prächtiger Schmetterling, und der wollte ins gleissende Scheinwerferlicht flattern. Der farblose Kleider-Verkäufer, den keiner kannte, den niemand liebte – wie die Hülle eines Kokons würde er sein graues Dasein abstreifen.
Und als schillernde Frau erwachen.
Ich beschleunigte meine Schritte. Je näher ich der Leimenstrasse kam, desto unruhiger wurde ich.
Seit meinem Einzug in dem Appartement war ich tagsüber der Langweiler Christian Brönimann – verschlossen und schüchtern. In der Nacht aber war ich das Vollblutweib Sabrina-by-Night – offenherzig und frivol.

Das Unangenehme zuerst. Dieser typisch männliche Macho-Kult mit dem Rasierapparat! Drei, vier Mal fuhr ich mit dem surrenden Metall über Kinn und Wangen, jedes Stoppelchen musste restlos ausgemerzt werden.

Ich legte eine Nena-Kassette ein, manchmal auch Kim Wilde, drehte die Lautstärke auf und zog mich aus. Bis auf die Unterhose, über die ich einen engen Gummischlüpfer streifte. Ich hasste ihn. Bei einer unbedachten Bewegung konnte es passieren, dass er mir die Hoden schmerzhaft quetschte. Aber er war wichtig; er diente ausschliesslich dem Zweck, meinen blöden Schwanz nach unten wegzudrücken – so wurde die verräterische Ausbeulung unter dem engen Jupe kaschiert.

Einmal mehr stellte ich mir vor, wie schön es wäre, wenn ich das ungeliebte Anhängsel ausreissen könnte. Einfach so, mit einem Handgriff – wie Unkraut.

Und ich malte mir eine wunderbare Illusion aus, so plastisch, dass ich den süssen Hohlraum zwischen meinen Beinen wahrzunehmen glaubte; ich bildete mir alle Einzelheiten ein, bis hin zur zartfleischigen, feinzackigen Krone. Die Blütenblätter der Venusblume.

Die erste Strumpfhose, hautfarben und undurchsichtig, wie sie auch Balletttänzer tragen, schützte meine behaarten Beine vor neugierigen Blicken. Die zweite, mattschwarz, mit kleinen gläsernen Tränen besetzt, hatte mehr Sexappeal: eine feine Naht betonte die Rundung der Waden.

Ich liess meinen Blick über das heillose Chaos schweifen, das im Zimmer herrschte. Weil ich mir vorerst weder Kleiderschränke noch sonstige Möbel leisten konnte, hatte ich meine üppige Kollektion an filigranen Sandeletten, schenkelhohen Stiefeln und seidenen Wolford-Strümpfen, all die glitzernden Kleidchen, ledernen Minis und eleganten Roben grosszügig über die Matratze und den Teppich verstreut. Neben all den Frauenklamotten fiel in der hintersten Ecke meine Herren-Garderobe ziemlich bescheiden aus.

Ich entschied mich für einen eng anliegenden Silberpailletten-Jupe, den ich mit dem schwarz glänzenden Lurex-Top kombinieren wollte. Mein üppiger Strass-Schmuck und die hochhackigen Pumps würden Sabrinas frivolen Stil perfekt abrunden. Ich fischte alles aus dem Kleiderberg und legte mir, zusammen mit meiner blonden Krystel-Carrington-Perücke, das Outfit für den heutigen Abend zurecht.

Vor dem Spiegel hatte ich einen improvisierten Schminktisch aufgebaut und auf diesem eine ganze Batterie unerlässlicher Kosmetika: Feuchtigkeitscreme zur Vorbereitung der Haut und eine Abdeckcreme als Grundlage fürs Make-up. Daneben Pinsel und Puderdosen – normales, leicht getöntes Puder und weisses Theaterpuder, das feinste Schattierungen unter den Augen und über den Nasenflügeln erlaubte. In der Mitte Lippenrouge von Pink bis Bordeaux, verschiedene Lidschatten- und Kajalstifte, mit denen sich die Brauen hochziehen und die Augen optisch vergrössern liessen. Schliesslich das unerlässliche Döschen voller Glitter. Den trug ich wohl dosiert auf die Mitte der Lippen auf, so, wie es viele Travestie-Stars tun ...
Obwohl ich mittlerweile recht routiniert ans Werk ging, kostete mich die ganze Prozedur jeden Tag mindestens eineinhalb Stunden und an die tausend Franken im Monat. Mehr als ein Drittel meines Gehalts investierte ich in mein Doppelleben. Ich besass zwar kaum noch ein vernünftiges Möbelstück, dafür hatte ich schon bald eine recht stattliche Kollektion an erlesenen Designer-Kleidern und teurem Swarowski-Schmuck beieinander.

Weil ich die Arme nicht auch noch rasieren mochte, zog ich mir ein Paar lange Handschuhe aus schwarzem Samt bis fast unter die Achselhöhlen.
Die Achselpolster hatte ich aus einer Bluse herausgetrennt; sie füllten jetzt den BH aus. Ganz schön sexy, freute ich mich, als ich meine Figur im Spiegel prüfte.
Und dann zwängte ich meine zweifach bestrumpften Füsse in elegante, schwarze Schuhe mit Bleistiftabsätzen. Das war der Moment, in dem mir regelmässig eine geheimnisvolle Energie durch den Leib fuhr – die Frau in mir erwachte. Ich richtete mich auf, klemmte mir das Handtäschchen unter den Arm und verliess mit stolz erhobenem Haupt das Haus.
Frau Mosers Fenster war geschlossen.

Wo soll ich mir heute Nacht mein Publikum suchen? Im ‹Isola›? Im ‹Amphora›? Eigentlich kommen nur die beiden in Frage ... Das ‹Isola› im Gundeldingerquartier ist die älteste Schwulen-Disco der Schweiz; hier hängen die coolen Typen reihenweise an der Bar. Aber im ‹Amphora› ist die Musik geiler. Und die Jungs sind es auch. Der Swissair-Purser, den ich letzte Nacht dort kennen gelernt habe, wär mir eine Sünde wert gewesen. Der ist mir doch glatt an die Wäsche gegangen, bis ich ihm in gespielter Empörung eins auf die Finger gab.
«Nicht so stürmisch, mein Lieber!»
Als Drag-Queen Sabrina pflegte ich hochdeutsch zu sprechen, überkandidelt und leicht affektiert, wie ich es mir auf der Berliner Show-Bühne angewöhnt hatte. «So einfach bin ich nicht zu haben! Ich steh auf Männer, die sich unter Kontrolle und ausserdem viel Geduld haben!»
«Okay!» Demonstrativ griff er zu seinem Glas, drehte es langsam in beiden Händen und machte ein beleidigtes Gesicht.
«Ich kann auch bis morgen warten!»

«Wieso bis morgen?»
«Morgen ist doch das Kasernenfest!»
Ich erinnerte mich: In der Kaserne, hatte ich in einem Szeneblatt gelesen, lassen alle, die im Basler Schwulenmilieu was gelten oder sich dies zum Ziel gesetzt haben, einmal im Jahr die Sau raus.
«Ich war noch nie am Kasernenfest!»
«Dann ist es höchste Zeit. Ich werde dort sein, schliesslich hab ich ja Geduld!»
«Mal sehn», erwiderte ich schnippisch und verschwand auf der Toilette, um mein Make-up aufzufrischen. Als ich zurückkehrte, war der Typ verschwunden.

Eigentlich hätte ich ihn gern wiedergesehen. Ich beschloss, den Abend am Kasernenfest zu verbringen ...
Als ich vier oder fünf Stunden später über die Heuwaage wankte, schob sich der Mond zwischen zwei Regenwolken. Auf dem nassen Asphalt glänzte das Licht der Strassenlaternen. Ich trug die Schuhe in der Hand, und es war mir vollkommen wurscht, dass ich die teuren Strümpfe ruinierte.
Der schöne Swissair-Purser war nicht gekommen. Natürlich nicht ...
Dafür hatte ich zwei andere Männer kennen gelernt. Roberto war mir früher schon in den einschlägigen Schwulenlokalen aufgefallen. Ich ihm auch: Die Bewunderung in seinem Blick, wenn er mich von oben bis unten musterte, war mir nicht entgangen. Irgendwann in dieser Nacht nahm er mich zur Seite und führte mich hinaus, auf den Kasernenhof, wo jemand ein Feuer angefacht hatte. «Ich wollte es dir schon lange mal sagen ...»
«Du machst aber ganz schön auf geheimnisvoll, mein Lieber! Komm schon!» Ich kniff ihn zärtlich in die Backe. «Werde es los!»

«Du bist gar kein verkleideter Mann», sagte er ohne Umschweife. «Erst wenn du die Sabrina machst, wirst du richtig lebendig.» Robertos Stimme war plötzlich ganz ernst geworden. «Du bist eine Frau!»
Mir gefror das Lächeln auf den Lippen.
Er holte tief Luft, und dann sagte er diesen Satz, der mir fortan nicht mehr aus dem Kopf gehen sollte: «Du solltest dich umoperieren lassen!»
Der Gedanke war mir vage auch schon durch den Kopf gespukt. Aber jetzt hatte ihn ein anderer ausgesprochen – mit überzeugender Klarheit. Wenn du wüsstest, wie Recht du hast, dachte ich. Aber ich sagte nichts.
Ja – und dann war da noch dieser Coiffeur – Roger hiess er, genau, Roger, der Hair-Stylist, ein zarter, verletzlicher Typ. Wir haben einander auf Anhieb verstanden, dabei war von Anfang an klar, dass zwischen uns nichts laufen würde. Er war durchaus attraktiv, aber er zog mich nicht im erotischen Sinn an. Dieser Mann gehörte nicht, wie die meisten hier, zur Sorte der geilen Aufreisser. Es würde mich nicht überraschen, wenn auch er sein feminines Wesen pflegt. Er hatte rasch gemerkt, dass Sabrina meine Kunstfigur ist, und mir aufrichtige Komplimente gemacht. Als wir schliesslich die Telefonnummern austauschten, beschlich mich ein seltsames Gefühl. Dieser Roger sollte, ich spürte es deutlich, in meinem Leben noch eine bedeutende Rolle spielen.
Er wollte mich heimbegleiten. Kommt überhaupt nicht in Frage, hatte ich ihn abgewiesen. Womöglich hätte er dann doch noch mit raufkommen wollen und ... nein, unvorstellbar.

Ich kickte mit meinen nassen Füssen eine leere Heineken-Büchse übers Trottoir und fühlte mich total beschissen. Die Seidenstrümpfe waren auch hin.

Scheissleben.
Vor einer halben Stunde war ich noch der umjubelte Mittelpunkt. Die Männer klatschten in die Hände, wenn ich meinen Berliner Hüftschwung vorführte.
Und dann ging ich wieder allein nach Hause. Wie immer. Ich fühlte mich so verdammt einsam – mutterseelenallein auf dieser Scheisswelt. Frust und Leere; Hunger und Müdigkeit – der Zustand der Seele und die Bedürfnisse des Körpers fanden sich zu einer brisanten Mischung.

Scheissfüsse!
Ich krieg euch schon noch in diese Schuhe hinein. Hätte euch viel früher ausziehen sollen. Beim Tanzen schon. Dann wärt ihr jetzt nicht so aufgequollen, Quälgeister, elende! Warum lehnt ihr euch gegen meine schönen Schuhe auf?
Scheissregen!
Ruiniert mir die teure Perücke! Ich werde sie Roger bringen, vielleicht kriegt der ja wieder eine Form rein – genau, das werde ich tun, so schnell wie möglich ... ein guter Grund, ihn anzurufen, gleich morgen. Ich möchte mir die Träne abwischen, die kitzelnd über die Wange rinnt, will aber das Make-up nicht ruinieren.
Wenn doch nur endlich ein Taxi vorbeikäme. Ich würde die Zwanzigernote opfern, die mir noch übrig geblieben ist, wenn ich diese letzten zweihundert Meter nicht latschen müsste.
Heim, ich möchte nur noch heim.
Irgendwas essen. Spaghetti.
Und dann schlafen. Schlafen, schlafen – am liebsten bis zum Montagmorgen.
Schlüssel ins Loch. Wasser in den Topf. Topf auf die Platte. Platte an. Schmerz im Kopf. Blei in den Füssen. Eine halbe Packung Spaghetti ins Wasser. Reichlich Salz dazu.

Nur schnell ins Bett. Beine hoch. Augen zu. Das Wasser kocht. Fünf Minuten noch, dann sind sie al dente.

«Herr Brönimann, machen Sie auf!»
Ich kannte die Stimme. Aber so hysterisch hatte ich die Moserin noch nie keifen gehört.
Warum poltert sie an die Tür wie von Sinnen? Blaues Dämmerlicht im Fenster. Ich muss geschlafen haben. Wie lange wohl? Zwei Stunden? Mindestens ...
«Ich weiss, dass Sie da sind!»
Es roch verbrannt. Ich musste husten. Es kratzte im Hals und brannte in den Augen.
«Machen Sie sofort die Tür auf!»
Jaja, ich komm ja schon. Die Spaghetti ... Nein, das darf nicht wahr sein!
Die Platte glühte dunkelrot, der Pfannenboden auch. Und alles voller Rauch. Er quoll aus der Pfanne, füllte das Zimmer, kroch durch die Ritzen der Tür.
«Sonst hole ich die Polizei!»
Ich wickelte ein Handtuch um den Pfannenstiel, stellte die Pfanne mitsamt den verkohlten, tief eingebrannten Überresten meines Nachtmahls aufs Fenstersims und ging an die Tür.
Über ihrem imposanten Busen hing ein riesiges Nachthemd.
«Soll ich die Feuerwehr rufen?»
«Nein danke, Frau Moser. Es ist mir nur etwas angebrannt!»
Sie starrte mich mit offenem Mund an. Blankes Entsetzen sprach aus ihrem Blick. Und ich wusste nicht, was mir peinlicher war: Das Malheur der verkohlten Spaghetti – oder mein jämmerlicher Anblick. Die Haare, verschwitzt und verklebt; das Make-up über das ganze Gesicht verschmiert; mein Aufzug – halb nackt, mit Frauenstrümpfen und Haaren auf der Brust.

Grauenhaft!
«Siiie sind das!» Ihre Stimme überschlug sich.
Mit diesen Worten rauschte die Moserin schnaubend und kopfschüttelnd in ihrem Nachthemd – altrosa mit Blumen bestickt – die Treppe hinunter.
Sie würde mich fortan nie mehr grüssen.

Im Frühling 1989 trat Jürg in mein Leben. Mit Jürg wurde alles anders. Ganz anders.
Im ‹Amphora› hatte ich eine jener Frauen kennen gelernt, die sich nur unter schwulen Männern wohl fühlen. Sie lud mich, zusammen mit anderen, zum Nachtessen ein. Mittelpunkt des Abends war ein Typ, der mit seinem witzigen Charme den ganzen Tisch unterhielt: jung, blond, blendend. Ein Berner aus dem Emmental, Anlageberater bei der Kantonalbank. Topseriös und stockschwul.
Als er mich nach Hause begleitete, tauschten wir erste Küsse aus. Ich war hingerissen.
Zwei Wochen später löste ich meinen kleinen Haushalt auf und zog bei Jürg ein – vorübergehend. Schon bald fanden wir an der Ammerbachstrasse 6 eine gemütliche Dreieinhalb-Zimmer-Dachwohnung mit Wintergarten.
Der stabilste, ausgeglichenste, erfolgreichste Abschnitt meines Lebens hatte begonnen. Aber auch der langweiligste.
Meine Frauenkleider hingen in einem Schrank und blieben dort. An ganz wenigen Wochenenden und später nur noch bei besonderen Gelegenheiten, etwa wenn ich an ein flippiges Betriebsfest mit Travestie-Show eingeladen war, nahm die Traumfrau Gestalt an.
Der Verkäufer hingegen machte Karriere.
Ich wurde zum Verkaufsleiter befördert und war für zwanzig Filialen in der Region Zürich zuständig. Ich kaufte mir ein

schickes Aktenköfferchen mit goldenem Zahlenkombinationsschloss und bereiste im Erstklassabteil der SBB das halbe Land. Ich fühlte mich stark. Ich war glücklich. Ich war wer.

Jürg und ich lebten in vollen Zügen.
Am Wochenende gab es zum Frühstück Champagner und gekochte Eier, und nachmittags besuchten wir Jürgs Eltern in Langenthal. Zur Adventszeit leisteten wir uns ein verlängertes Kultur-Weekend in New York und fühlten während endloser Fussmärsche und verwirrender Taxifahrten den Puls von Manhattan Downtown. An Weihnachten schmückten wir den Christbaum in unserer Basler Wohnung und luden Freunde zum Diner ein. Im Frühling frönten wir in Miami dem extravaganten Shopping, ergötzten uns am freizügigen Nightlife von Miami Beach und fotografierten in den Everglades Alligatoren.
Es waren die Jahre der sorgfältig inszenierten Lebenslust. Die regelmässige Abwechslung wurde zermürbend und langweilig. Unser Sex spielte sich in liebevoller Routine nach bewährtem Muster ab: Immer, wenn Jürg sich an mir zu schaffen machte, schloss ich die Augen. Ich mochte nicht zuschauen – so lange ich nicht sah, was vor sich ging, konnte ich mir ausmalen, dass es ganz anders war. Und stellte mir vor, dass ich eine Frau war, die sich ihm hingab. Er drang in mich ein. Es war eine schöne Illusion.

Jürg hatte viele Freunde, mit denen wir ins Kino gingen oder Sonntagsspaziergänge unternahmen. Sie lachten mit ihm und schenkten mir ein anerkennendes Lächeln.
Von meinem Freundeskreis war nur Roger übrig geblieben. Er konnte Jürg nicht ausstehen. «Du hast dich verändert», sagte er eines Tages. «Der Typ tut dir nicht gut. Du bist ein richtiger Füdlibürger geworden!»

Mit der Zeit wurde mir bewusst, dass Jürg und ich kaum noch miteinander redeten, immer seltener miteinander schliefen. In mir wuchs eine quälende Unzufriedenheit.

An einem Abend im August 1992, nach drei Jahren Nestwärme in Jürgs goldenem Käfig, sassen wir auf der Terrasse, und ich nahm meinen ganzen Mut zusammen: «Jürg, ich habe dir vieles zu verdanken. Du hast aus mir einen erwachsenen Menschen gemacht. Du hast mir Liebe gegeben und Geborgenheit. Aber das ist nicht mein Leben. Du bist ein feiner Typ – trotzdem werde ich dich verlassen!»
Damit hatte Jürg nicht gerechnet. Er fiel aus allen Wolken und schaute mich entsetzt an, seine Augen füllten sich mit Tränen, Schluchzen schüttelte seinen Körper. So verzweifelt hatte ich ihn noch nie erlebt. Er rang nach Worten. «Christian», brachte er schliesslich hervor. «Ich kann dich gut verstehen! Und trotzdem begreife ich es nicht! Es kann doch nicht einfach so plötzlich alles zu Ende sein! Lass uns darüber reden – gib uns noch eine Chance. Bitte!»
«Ach, Jürg ...»
Er kniete vor mir auf dem Boden, und ich strich ihm übers Haar. «Reden nützt doch nichts mehr, wenn die Gefühle gestorben sind ...»
«Nur einen Monat – zur Bewährung! Das darfst du mir nicht abschlagen!»
«Einen Monat – okay ...»

Jürg bemühte sich, mir seine Liebe zu beweisen. Zuverlässig kam er jeden Abend nach Hause und wartete auf mich, derweil ich mich in den Discos vergnügte. Meistens kam ich erst nach Mitternacht zurück und kroch vorsichtig, um ihn nicht zu wecken, im Dunkeln unter die Decke. Aber Jürg schlief gar nicht. Wortlos, aber sehr zärtlich nahm er mich in den Arm – und ich liess es geschehen.

Am nächsten Freitag eröffnete er mir, dass er ein Wochenend-Arrangement im Berner Oberland gebucht habe. Wir fuhren aufs Jungfraujoch, wanderten über saftige Bergwiesen, und als wir ins Hotel zurückkehrten, büschelte Jürg die Blumen, die er unterwegs gepflückt hatte, zu einem prächtigen Strauss, stellte diesen in eine Vase und die Vase mir vor die Nase: «Für dich!»

Er liess nichts unversucht. Aber ich blieb hart. Mit 23 Jahren war ich zu jung für Jürgs regelmässigen Lebensstil. Ich fühlte mich unfrei.
Am letzten Tag des vereinbarten Probemonats eröffnete ich ihm, dass ich aus unserer Wohnung ausziehen würde. Weder seine gesprochenen Worte – «Du kannst hier wohnen bleiben und dein eigenes Schafzimmer haben, wenn du mich nicht mehr lieben willst ...» – noch die geschriebenen – «Schnüfeli», leitete er jeden seiner vielen Briefe ein, «mein liebster Schnüfeli ...» – konnten mich umstimmen. Ich war nicht im Stande, ihm die innere Rastlosigkeit zu erklären, die mich von ihm wegtrieb. Jürg hätte nie begriffen, dass eine stabile schwule Zweierkiste nicht das Ziel meiner Träume war.

An der Klybeckstrassse, gleich um die Ecke, bezog ich eine neu renovierte Zwei-Zimmer-Wohnung.
Die Texnuvo war unterdessen Konkurs gegangen; ich hatte einen Job als Geschäftsführer der ‹Ton sur Ton›-Modeboutique in der Steinenvorstadt bekommen, setzte mich in Paris über die Finessen der neuesten Kollektion ins Bild und finanzierte meinen neuen Lebenswandel vornehmlich mit der Amexco-

Kreditkarte, die meinem Status zustand. Auch die komplett neue Wohnungseinrichtung, Halogenleuchten und metallene Designermöbel in Blau, Grün und Gelb; violett bezogene, golden verschnörkelte Louis-Quinze-Stühle und die nachtblaue Paloma-Picasso-Bettwäsche wurden zunächst einmal dem Finanzinstitut belastet.

Innert weniger Wochen hatte ich mich für mindestens zehntausend Franken verschuldet; die Kreditkarte war hoffnungslos überzogen.

«Christian, du musst dich umbauen lassen!» Was Roberto mir damals am Kasernenfest gesagt hatte, ging mir nicht mehr aus dem Kopf.

Im Kantonsspital erkundigte ich mich nach den Möglichkeiten einer chirurgischen Geschlechtsanpassung.

«Ich bin kein richtiger Mann», sagte ich zu dem diensthabenden Psychiater. «Ich sehe nur so aus. Ich möchte den Körper einer Frau haben.»

Das sei nicht so einfach, sagte der Arzt, da müsse erst einmal gründlich abgeklärt werden, ob es sich bei mir auch wirklich um einen Fall von echter Transsexualität handle.

«Dann nehmen Sie bitte diese Abklärungen vor!»

Er liess mir eine Reihe von Konsultationsterminen geben.

Wann das alles denn angefangen habe, wollte er wissen, und womit ich als Kind vorzugsweise gespielt habe. Ob ich mich auch schon öffentlich in Frauenkleidern gezeigt habe, ob ich die Toilette in sitzender oder stehender Position benütze und welchem Geschlecht meine bevorzugten Sexualpartner angehörten.

Fragen über Fragen. Ich ahnte nicht, dass ich noch oft dieselben Fragen würde beantworten müssen.

Ich hätte mir die Antworten und den damit verbundenen Stress ersparen können.

«Es sieht tatsächlich so aus, als kämen Sie für eine Hormonbehandlung mit abschliessender operativer Anpassung in Frage», sagte der Arzt schliesslich. «Aber noch sind Sie dafür viel zu jung! Geschlechtsumwandlungen werden nie vor dem 25. Lebensjahr vorgenommen! Kommen Sie doch in zwei Jahren wieder!»

So blieb mir nichts anderes übrig, als mein altes Doppelleben wieder aufzunehmen. Irgendwie würde ich diese Frist auch noch überstehen.

Ich kaufte mir neue Kleider, teure, elegante Frauenkleider. Der schrille, frivole Look, den ich früher vorgeführt hatte, gehörte der Vergangenheit an.

Sabrina-by-Night, diese billige, kleine Tunte, war tot.

Jenny Laurens erwachte zum Leben: eine dezent geschminkte Dame mit Stil und Glamour, topmodisch und hocherotisch, verblüffend echt und alles andere als eine ordinäre Frauenkarikatur.

Sie schlug blitzartig ein und war schon bald ein Begriff in der Szene – vielleicht, weil sie keine gewöhnliche Drag-Queen war, kein Travestie-Star im herkömmlichen Sinn, sondern nur noch Frau, ganz Frau. Wenn ich auf den Show-Bühnen der einschlägigen Lokale – im ‹Totentanz› etwa oder im ‹Only One› – meine Playback-Versionen der schönsten Lieder von Rose Laurens zum Besten gab, war ich das krönende Highlight jeder Disco-Nacht.

Jenny wurde zu den exklusivsten Parties der Stadt eingeladen, sie speiste am Tisch neben Regierungsräten und anderen Promis, pflegte gekonnt den gehobenen Smalltalk und flirtete dezent dazu.

Es war ein absurdes Spiel: Je aufregender der Mann, je eindeutiger die Anzüglichkeiten und je feuriger die Blicke, desto deutlicher wusste ich, dass ich wieder alleine nach Hause gehen würde. Und wenn mich doch einer einladen wollte, gab ich mich zickig oder heuchelte Empörung. Dabei sehnte ich mich so sehr ... Ich wollte den gefürchteten Moment so lange wie möglich hinauszögern und gehörte immer zu den Letzten, die sich verabschiedeten.

Irgendwann zwischen fünf und sechs Uhr machte ich mich auf den Heimweg, und die Euphorie der Nacht wich dem Grauen am Morgen. Noch stand ich unter der Wirkung des Ecstasy-Wirkstoffs: das Kreischen der ersten Trambahn und das Gezwitscher der erwachenden Vögel, blinkende Verkehrsampeln und flimmernde Leuchtschriften – alles war weit weg, unwirklich und doch zum Greifen nah, schrill, grell und intensiv. Im Kopf hämmerte noch der Techno-Sound nach, in den Schuhen brannten die Füsse und unter dem Gummischlüpfer schmerzten die Hoden.

Ich begegnete ihm fast jeden Morgen: Der Mann, der aus einem Hauseingang schlurfte – zerwühlte Frisur, ausgeleierte Trainerhose –, war mir fremd und vertraut zugleich. In der Hand eine Hundeleine, an der Leine ein Pudel, der aufgeregt an jedem Rinnsal schnüffelte.

Er beachtete mich nicht und ich ihn auch nicht. Ich zog die Schuhe aus, schlenderte durch die Klybeckstrasse und spürte, wie mein Gang Jennys schwebende Eleganz verloren hatte. Wie ein Bauer stapfte ich über das Kopfsteinpflaster. Der Regen spülte das Make-up vom Gesicht. Der Lack blätterte ab.

Ein ganz anderer Mensch kam zum Vorschein.

Jenny war es, die als Star des Abends eingeladen und gefeiert wurde; Jenny – nicht Christian, der Zwitter. Der Mann ohne Eigenschaft und ohne eigenes Bewusstsein.

Da war sie wieder; sie kam ganz plötzlich, aber nicht unerwartet. Mit zuverlässiger Regelmässigkeit suchte sie mich heim – und ich hatte ihr nichts entgegenzusetzen.
Doch diesmal ging die Depression tiefer, und sie hielt länger an. Das Erwachen aus dem Jenny-Traum war brutaler und sehr viel schmerzhafter, als es früher die Erfahrung der geplatzten Sabrina-Illusion war. Jedes Mal spürte ich deutlicher, dass ich es nicht mehr lange aushalten würde.

Die aufwändige Verwandlung kostete mich immer mehr Überwindung. Und es kam immer öfter vor, dass die Angst grösser war als die Vorfreude. Die Angst vor dem Danach.
Dann blieben die Puder- und Schminkdosen unberührt und die Frauenkleider am Bügel. Ich legte mich aufs Bett und hörte eine esoterische CD. Schloss die Augen. Lauschte dem Gesang der Wale.
Und ich weinte, oft stundenlang, bis der Schlaf mich endlich befreite.

Eines Nachts – ich glaube, es war im Kleinbasler Schwulentreff ‹Tupf› – sagte ich zu Roger, der mich an der Bar erwartet hatte und mit seinem ansteckenden Lachen begrüsste: «Ich verreise!»
«Was soll das heissen?»
«Ich geh weg.»
«Du gehst weg? Jetzt bist du endlich deinen Langweiler los, fängst wieder an zu leben – und willst schon wieder weg?»
«Ich halt es nicht mehr aus!»
«Was hältst du nicht mehr aus?»
«Alles: dieses falsche Leben, die Lüge, den Materialismus-Wahn, die Bilder im Fernsehen von Krieg und Flüchtlingselend, Christian Brönimann, Jenny Laurens – alles!»

«Aber du bist die schönste, beliebteste ...»
«Roger! Bitte! Jenny ist eine Notlüge!»
«Okay, okay! Und was machst du mit deiner Wohnung, mit all den coolen Sachen?»
«Die verhökere ich; ich mach ein Mega-Ausverkaufsfest, lade alle Freunde ein.»
«Weisst du was – ich komme auch!»
«Ende Monat, in meiner Wohnung – ich verramsche alles!»
«Nein – ich meine: Ich komme mit dir!»
«Wie meinst du das?»
«Ich versteh, was du meinst. Und ich möchte auch mitkommen!»
«Auf die Reise?»
«Weisst du schon, wohin?»
«Asien wär was. Ich war noch nie in Asien ...»
«Ich auch nicht!»
«Bangkok, Singapur, Djakarta ...»
«Tönt nicht schlecht!»
«Willst du wirklich mitkommen?»
«Sag ich doch!»
«Aber wir sagen niemandem was, kein Wort. Es ist unser Geheimnis!»
Er streckte die flache Hand in die Luft, und ich klatschte meine dagegen.

Den grössten Teil meiner Frauenkleider verschenkte ich. Auch meine weisse Federboa.
Der teure Swarowski-Schmuck ging für hundert Franken weg – allein die Halskette hatte mich das Sechsfache gekostet. Der antike Tisch und die Louis-Quinze-Stühle brachten mir noch fünfhundert ein. Was am Schluss noch übrig geblieben war, darunter ein wunderschönes Service im Retro-Design, liess ich von einem professionellen Flohmarkthändler abholen. «Ich

nehm grad alles mit», sagte der. Und blätterte fünf Hunderter auf den Tisch.

Zusammen mit meinen Ersparnissen hatte ich schliesslich gut zehntausend Franken beieinander, ein schönes Startkapital in der Fremde – weder dachte ich daran, je wieder in die Schweiz zurückzukehren noch meine Schulden bei dem Geldinstitut zu begleichen, das mir unterdessen die Kreditkarte gesperrt hatte. Ich kaufte mir einen grossen Tramper-Rucksack, liess mir die erforderlichen Impfungen verpassen und buchte einen Flug nach Bangkok.

Als ich am Basler Flughafen vor dem Check-in-Schalter stand, sah ich plötzlich Toni und Ruedi auf mich zukommen. Ich hatte sie wenige Tage zuvor angerufen, um mich zu verabschieden. Es sei ja nur für ein paar Monate, hatte ich sie angeschwindelt und nicht den Mut aufgebracht, ihnen zu gestehen, dass ich nie mehr zurückkommen wollte.

«Wir möchten dir noch etwas auf die Reise mitgeben», sagte Toni. Tapfer versuchte sie, ganz sachlich zu bleiben, rang sich ein Lächeln ab und drückte mir ein Couvert in die Hand. «Aber du darfst es erst im Flugzeug öffnen!»

Dann umarmten wir einander, und mir wurde schmerzhaft bewusst, dass die Reise, die ich jetzt angetreten hatte, nichts anderes war als eine weitere Flucht. Wann begreifst du endlich, sagte eine Stimme in mir, dass du vor dir selbst nie wirst davonlaufen können?

Als die Maschine die kompakte Wolkenschicht durchbrach und in den stahlblauen Himmel stach, öffnete ich mit zitternden Fingern das Couvert. Eine Karte mit Tonis Handschrift: «Wohlan denn, Herz, nimm Abschied und gesunde!»

Ich las es immer und immer wieder. Und dann sah ich die kleine weisse Feder. Sie war aus dem Couvert auf meinen Schoss gefallen.

Toni hatte geglaubt, diese Feder sei das Einzige, was von mir übrig geblieben war, als man mich in Berlin totgesagt hatte. Jetzt war sie das Einzige, was von meiner Federboa übrig geblieben war.

Ich nahm sie vorsichtig zwischen zwei Finger, schob sie ins Couvert zurück und schwor mir, dass ich diese Feder mein Leben lang hüten würde wie meinen Augapfel.

Zum Glück war Roger auf dem Nebensitz eingeschlafen. Ich wollte nicht, dass er meine Tränen sehen konnte.

Spurensuche III
Kalzhofen

Die Fahrt von Memmingen nach Kalzhofen dauert eine knappe Stunde.

Wie eine Riesenschlange windet sich die Landstrasse über Hügel und durch Talsenken. Dahinter die stolze weisse Kulisse des Hochgebirges. Am Waldrand schrumpfen die letzten Schneeteppiche in der Frühlingssonne.

«Wie weit ist es noch?», fragt Dani am Steuer seines alten Toyotas. Durch die Seitenfenster hält Alain das Objektiv seiner Kamera auf die vorbeiziehende Allgäuer Voralpenlandschaft. «Dieses Licht», schwärmt er. «Es ist fantastisch!»

Ich kämpfe mit der Strassenkarte auf meinen Knien. «Keine zehn Kilometer mehr», sage ich. «Bald muss eine Kreuzung kommen, und da gehts dann links ab!»

Mehr kriege ich nicht über die Lippen.

Wie oft habe ich an die Zeit in Kalzhofen gedacht. Knapp zwei Jahre war ich dort – und es waren keine schlechten Jahre. Ich bin seither nie mehr zurückgekehrt, aber der Wunsch, das Heim, mit dem mich die frühesten Erinnerungen an meine Kindheit verbinden, wieder einmal zu besuchen, wurde immer grösser. Jetzt ist es so weit.

Ich möchte meinen Gefühlen Ausdruck geben, aber die Beklemmung, die mir die Brust zuschnürt, die Angst vor Antworten auf Fragen, denen ich immer ausgewichen bin, und die Vorfreude machen mich stumm.

Eine diffuse Unruhe steigt in mir hoch und wird mit jedem Kilometer grösser.

Zum Glück bin ich nicht allein dem Ansturm dieser Gefühle ausgeliefert – allein wäre ich ihm nicht gewachsen. Ich bin

froh, dass die beiden Journalisten mich auf meiner Reise in eine unbewältigte Vergangenheit begleiten.
Putzige Häuser und Zwiebeldächer auf Kirchtürmen, blumengeschmückte Fenstersimse und dampfende Misthaufen – alles kommt mir unheimlich vertraut vor. Und seltsam fremd.
Dreieinhalb war ich, als ich zum ersten Mal von Memmingen nach Kalzhofen gefahren wurde; mit fünf Jahren würde ich das Kinderheim der Dillinger Franziskanerinnen wieder verlassen. Aus der Tiefe meiner Erinnerung taucht ein Bild auf: ein freundliches Gesicht mit einfühlsamen Augen, umrahmt von dunklem, seidigem Haar unter einer weissen Klosterfrauenhaube. Schwester Rosita ...

Ihre Haare sind inzwischen fast so weiss wie die Haube, die Bewegungen bedächtiger. Aber das liebevolle Strahlen hat sie noch immer in den Augen, und auch ihr verständnisvolles Lächeln ist unverändert geblieben.
Schwester Rosita empfängt uns im Haupteingang gegenüber der kleinen Kapelle. Einen Moment lang wissen wir beide nicht, ob wir einander höflich die Hand reichen oder herzlich in die Arme schliessen sollen. Wir entscheiden uns für einen warmen Händedruck.
«Du bist also der Christian», staunt Schwester Rosita – sie muss mindestens sechzig sein –, und die Art, wie sie das R im Wort Christian auf der Zunge rollt, kommt mir bekannt vor.
«Jaja, ich erinnere mich noch sehr gut! Der kleine Christian Schwegerl war ein ganz besonderes Kind ...» Sie wirkt irritiert, und ich kann sie gut verstehen.
«Ich hätte dich nicht mehr erkannt», gibt sie zu. «Ist ja auch schon lange her!»
«Fünfundzwanzig Jahre», stimme ich ihr bei. Und denke: ein Vierteljahrhundert – oder ein ganzes Menschengeschlecht ...

«Aber es sind ja auch nicht nur die Jahre, die dich verändert haben», sagt Schwester Rosita lächelnd. «Du bist nicht mehr Christian.»
«Ich heisse jetzt Nadia.»
«Ja – Nadia ... ich erinnere mich, du hast es schon am Telefon gesagt ...»
«Und die beiden Herren sind Journalisten, gute Freunde, sie begleiten mich.»
«Auch das hast du erwähnt.» Sie mustert Alain und seine geschulterte Kamera mit einer Mischung aus neugieriger Verwunderung und freundlichem Argwohn. «Ein Film? Über dich?»
«Fürs Fernsehen», bestätige ich. «Und ein Buch!»

Meine Begleiter stellen sich vor, und Alain schenkt der Klosterfrau sein charmantestes Lächeln. «Ich hoffe, Sie haben nichts dagegen, wenn ich hier ein paar Aufnahmen drehe ...»
«Ja, wenn Chri –, ... wenn Nadia nichts dagegen hat ...»
«Sie haben mein volles Vertrauen», werfe ich ein, um sie zu beruhigen.
«Aber, bitte, bleiben Sie diskret! Wegen der anderen Kinder!» Sie wendet sich der Treppe zu. «Kommt hoch, jetzt wollen wir erst einmal gemütlich Kaffee trinken.» Und öffnet im ersten Stock die Tür. «Willkommen in Kalzhofen!»

Dieser breite, warm getäferte Korridor – früher kam er mir viel grösser vor. Hinten links um die Ecke: mein Zimmer. Ich erkenne das Muster auf dem runden Rauchglas wieder. Es sah damals schon aus, als wollte die Lampe an der Decke jeden Moment in tausend Splitter bersten.
Schwester Rosita steht in einer Küche, an die ich keine Erinnerung mehr habe – vieles ist anders geworden. Das Spielzimmer von damals ist jetzt ein Schlafzimmer; ich kann es nur

noch an der Aussicht auf den Spielplatz mit dem kleinen, bunten Planschbecken erkennen.

Schwester Rosita zählt sechs Löffel Kaffee in einen Papierfilter, überbrüht das Pulver und legt frische Nusskranzscheiben auf einen Teller.

«Sie sagten, der kleine Christian sei ein ganz besonderes Kind gewesen», leitet Dani eine seiner Journalistenfragen ein. «Inwiefern besonders?»
Wir sitzen am weiss gedeckten Tisch. Schwester Rosita schenkt Kaffee ein. Sie überlegt eine Weile, bevor sie antwortet: «Kurz vor Ostern muss das gewesen sein, Ostern dreiundsiebzig.» Sie wendet ihren Blick vom Journalisten zu mir und fährt fort: «Da haben sie dich von Memmingen gebracht, ich glaube, vom Jugendamt, ‹besonders zerrüttete Verhältnisse›, hiess es. Trotzdem warst du ein sehr unkompliziertes Kind, das jüngste in meiner Gruppe – ein lieber Bub, den man einfach sofort ins Herz schliessen musste. In den ersten Tagen warst du noch verstört und hast kein Wort gesagt. Erst als du anfingst, dich bei uns wohl zu fühlen, hast du den Mund aufgemacht. Du hattest altmodische Holzschuhe an und hast dich riesig gefreut, als wir dir neue Latschen gaben. Ausserdem hast du viel und gern gesungen, weil du nur beim Singen nicht ins Stottern kamst. Und du warst herzerfrischend direkt. Ich weiss noch gut, wie ich dich an Ostern, kurz nachdem du zu uns gekommen warst, mit ins Südtirol nahm, weil sonst niemand da war, der dich über die Feiertage hätte aufnehmen können. Wir waren dort zur Hochzeit meiner Schwester eingeladen. Am nächsten Morgen sassen wir mit den Neuvermählten beim Frühstück. Der Bräutigam führte seine Teetasse an den Mund, leerte sie geräuschvoll – und wurde von einem vorwitzigen Dreikäsehoch belehrt: ‹Man darf aber nicht schlürfen!›»

«Ist es das», fragte Dani dazwischen, «was Sie mit ‹besonders› meinen?»

«Am Anfang war der Christian noch stark in seiner Entwicklung zurückgeblieben», antwortet Schwester Rosita. «Aber das hat er schnell aufgeholt.»

«Sonst ist Ihnen nichts aufgefallen?»

Sie ahnt, worauf er hinaus will, denkt kurz nach und sagt dann bestimmt: «Ich könnte nicht sagen, dass Christian etwas Mädchenhaftes an sich hatte. Nur seine Stimme – die war besonders rein und klar!»

«Können Sie sich auch an Gisela Schwegerl erinnern, Christians Mutter?»

«Einmal hat sie ihn besucht, in Begleitung von zwei Männern und noch einer Frau, ausgesprochen unangenehme Menschen, muss ich leider sagen. Die Mutter erkannte ihren Sohn erst, nachdem ich ihn ihr vorgestellt hatte. Sie brachten ihm Gummibärchen mit, und er wollte sie sofort zum Mittagessen einladen! Auch der Vater ist einmal aufgetaucht, ein sehr ruhiger Mann. Ich weiss noch, dass er über heftige Kopfschmerzen klagte ...»

Wir schlendern über das Gelände des Heims. Auf dem asphaltierten Sportplatz führen Buben Kunststücke mit dem Mountainbike vor. Die Mädchen stehen abseits und tuscheln.

Schwester Rosita erinnert sich an die ersten Wochen des Jahres 1975; damals war ich gerade fünf geworden.

«Am 5. Januar kam ein Ehepaar aus der Schweiz», erzählt die Ordensschwester. «Die beiden wollten ein Kind adoptieren und wurden sofort auf dich aufmerksam. Am liebsten hätten sie dich gleich mitgenommen. Ich hatte ein ganz schlechtes Gefühl dabei.»

«Warum denn?»

«Es war nur ein Gefühl, eine ungute Ahnung. Alles ging so schnell; und als ich später erfuhr, dass die Amtsvormundschaft ein Adoptionsverfahren eingeleitet hatte, befürchtete ich das Schlimmste. Aber ich konnte es nicht verhindern: Zehn Tage später kamen sie, um dich abzuholen. Alles ging plötzlich so schnell. Weder die Eheleute noch das Kind hatten Gelegenheit, sich aneinander zu gewöhnen!»
Sie habe es nicht übers Herz gebracht zuzuschauen, wie ihr Lieblingszögling Christian weggeholt wurde, das jüngste Kind in ihrer Gruppe und das erste, das zur Adoption freigegeben wurde. «Deshalb bin ich an jenem verhängnisvollen Wochenende zum Skilaufen gefahren. Seither habe ich dich nicht mehr gesehen ...»
«Ja», sage ich gedankenverloren. «Wir hatten nur noch telefonischen Kontakt.»
«Zweimal hast du angerufen. Beim ersten Mal warst du sechzehn und es ging dir ganz miserabel. Du wolltest wissen, wer deine Eltern waren. Aber ich konnte dir nur sagen, dass dein Vater inzwischen verstorben war, vermutlich an einem Gehirntumor. Beim zweiten Anruf, ein Jahr später, hast du mir erzählt, dass deine Adoptiveltern dich auf die Strasse gesetzt hätten. Du hattest grossartige Pläne, wolltest die Welt kennen lernen, von Italien hast du geschwärmt und von Amerika ...»
«Ja, ich habe viel gesehen von der Welt», sage ich. «Aber die beiden grössten Reisen mache ich heute; die Fahrt hierher führt in die Vergangenheit und bringt mich vorwärts. Und dann ist da noch meine andere Reise: Ich bin unterwegs ...»
Ich halte mitten im Satz inne. Dieses Thema sollte ich vielleicht besser nicht anschneiden. Doch die Ordensschwester nimmt den Faden auf: «Noch vor zwei Wochen, als du anriefst und sagtest, du wollest nach Kalzhofen kommen, konnte ich nicht begreifen, wie du das gemeint hast ... aus dem Christi-

an sei eine Nadia geworden und ich solle deshalb nicht erschrecken. Mir fiel nur deine Stimme auf ... die war irgendwie weicher geworden.»
Minutenlanges Schweigen. Wir kehren zum Haupthaus zurück. Endlich holt Schwester Rosita tief Luft. «Jetzt verstehe ich», sagt sie. «Es ist gut so – Nadia!»
Wie damals spüre ich ihre Liebe. Und ich bin ihr dankbar dafür.

Der Kuhstall ist inzwischen mit viel Beton renoviert worden. Früher war alles aus Holz. Wenn gegen Abend die Kühe zum Melken in den Stall getrieben wurden, rannte ich laut schreiend und wild mit einem Stock fuchtelnd hinterher und schaute später staunend zu, wie Schwester Rosita ihren Kopf in die Lenden des Tieres presste und einen satten Milchstrahl aus den Zitzen strich, während die Kuh unbeeindruckt vor der Futterkrippe stand und wiederkäute.
Ich lag selbst in dieser Krippe, ein kleines Häuflein Mensch, nackt im Heu, und konnte mich nicht rühren. Die Kuh schaute mich aus grossen Augen mit schönen langen Wimpern an, und ihr riesiges Maul kam näher und immer näher. Erst unmittelbar bevor die malmenden Kiefer mich erfassen konnten, öffnete ein gnädiger Mechanismus unter mir den Boden des Trogs. Mein Sturz wurde vom frischen Heu weich abgefangen, und ich versuchte, mich aufzurappeln, als ich merkte, dass ich erneut in einer Futterkrippe gelandet war. Und da war auch wieder die schwarze, sabbernde Kuhschnauze, die mich lüstern beschnupperte und sich langsam öffnete, bevor ich wieder ins Leere fiel ...
Der Traum hat mich jahrelang regelmässig verfolgt. Ich versuche, die Erinnerung wegzuscheuchen.
Vor der Kapelle bleibt Schwester Rosita stehen. Sie müsse die Glocken läuten, sagt sie. «Willst du mitkommen?»

Die Journalisten bleiben draussen.

Mich fröstelt, so kühl ist es in dem kleinen Gotteshaus. Durch bunte Fenster bricht dasselbe Schummerlicht herein wie damals. Und im Glockenstuhl hängen dieselben Glocken. Ihr Geläut ist mir so vertraut wie der modrige Geruch. Alter Weihrauch.

Während das Lied der Glocken ausklingt, spüre ich Schwester Rosita hereinkommen. Sie kniet nieder und betet, und ich tue es ihr gleich.

Eine Energie liegt in der Luft. Ich habe mir nie viel vorstellen können unter dem, was Schwester Rosita so gern mit der ‹Liebe Gottes› umschreibt. Diese Energie sei Liebe, sei gelebte Toleranz und Weisheit.

Mein Gott, wenn du auch mich liebst, dann gib mir die Gelassenheit dieser frommen Frau ...

Ich ahne nicht, dass ich noch vor Ablauf eines Jahres an dieses Gebet erinnert werden würde. Die Erinnerung kommt im Januar 2001, im Rahmen der schwersten seelischen Krise, die ich im Laufe meines Lebens in Frauengestalt werde durchstehen müssen.

Schon im November, kurz nach meinem 32. Geburtstag, werden mich diffuse Angstattacken heimsuchen, die mich so beunruhigen, dass ich mich zwei Monate später in eine psychiatrische Klinik einweisen lasse und zwei Wochen lang hospitalisiert bleibe. Doch auch nach der Entlassung lauert etwas Beängstigendes unter der dünnen Haut meiner Seele. Ich bin verunsichert, empfinde mich als psychisches und physisches Wrack.

Ich will stark sein und fühle mich schwächer denn je.

Ende Januar wird mir meine Psychotherapeutin empfehlen, mich in einem Kloster zu erholen. Im ‹Haus der Stille› in Kehrsiten am Vierwaldstättersee werde ich beim Gebet mit den Nonnen an die Energie denken, die Schwester Rosita in der Stille dieser Kapelle ausstrahlt. Sie füllt den Raum mit Liebe und Weisheit.

Die Sonne steht schon tief, als Dani den Motor seines Wagens startet.
Schwester Rosita steht neben der grossen Tafel mit der Aufschrift ‹St. Maria. Heilpädagogisches Heim für Kinder und Jugendliche›. Durch die Heckscheibe sehe ich, wie sie winkt und lacht. Etwas in mir tut weh.
«Eine beeindruckende Frau, diese Nonne», murmelt Dani. «Wie hiess der Orden schon wieder?»
«Sie ist eine Dillinger Franziskanerin», sage ich.
«Sag mal: Könntest du dir ein Leben im Kloster vorstellen?»
«Hm. Wie kommst du denn auf diese Idee?»

Far East
Von Bangkok nach Singapur

Das Reisebüro hatte eines jener billigen Flugarrangements gebucht, die einer merkwürdigen Logik folgen: Je länger die Reise und je umständlicher die Route, desto günstiger das Ticket. Ich sollte also zunächst von Basel nach Frankfurt fliegen und von Frankfurt weiter nach Prag, von Prag nach Karachi und von Karachi schliesslich nach Bangkok.
Mir wars recht. Meinetwegen hätte der Pilot auch noch in Istanbul, Moskau, Bombay oder Ouagadougou zwischenlanden können. Das Gefühl im startenden Flugzeug – fast so aufregend wie in Frauenkleidern das Haus zu verlassen. Frauenkleider ...
Meine Travestiefummel hatte ich alle verramscht, und ich bereute es nicht. Sie waren eine Lüge.
Aber die kleine weisse Boafeder hat Bestand. Toni hatte sie gerettet. Für mich. Das Einzige, was mir von meiner Travestiezeit geblieben ist ...

Sechs Stunden Aufenthalt in Prag, gerade genug, um mit einem Taxi in die Stadt zu fahren und über die Karlsbrücke zu flanieren.

Und dann sass ich wieder in einem dieser riesigen, metallisch glänzenden Vögel. Er stand vor der Startbahn, und mir war, als breite er kraftvoll seine Schwingen aus und scharre ungeduldig mit den Füssen, bevor er brüllend losrannte, um sich endlich vom Boden zu lösen.
Ich presse die Stirn gegen die Plastikscheibe. Irgendwo musste der Mond stehen; ich konnte ihn nicht sehen, nur sein Licht – es liess die Wolken dunkelblau leuchten.

Ich schaute in ein dunkles Meer, in dessen Tiefe Myriaden von Sternen funkelten – die Augen der Ewigkeit zwinkerten mir zu. Ihr Sterne dort oben, sagt mir: Was ist eure Botschaft?
Das Sternenseminar fiel mir ein. Es war noch gar nicht so lange her, keine zwei Monate ... gefangen in der Schwermut hatte ich versucht, meine trüben Gedanken mit allerlei esoterischem Zauber zu verdrängen. An einem Wochenende hatten wir uns unter klarem Nachthimmel im Baselbiet eingefunden, auf einem Hügel bei Sissach, ein Dutzend Sternenfreunde, die einander zu Sternbildern formierten, Sternenlieder sangen und Sternentänze tanzten; manche fielen in Trance, andere brachen in Tränen aus, Sternentränen – wir waren Sterne.
Ich hätte auch gern diese Transzendenz empfunden, hätte auch gern geweint, aber ich empfand und begriff nichts – was hatten die alle bloss mit ihren komischen Sternen ...
Jetzt aber spürte ich die Sterne; ich fühlte mich ihnen näher denn je.

Mit der Vergangenheit hatte ich abgeschlossen, die Brücken zu allem, was mir lieb und vertraut war, abgebrochen – vor mir eine unbekannte Zukunft, eine fremde Welt. Bald würde sie unter diesen blau leuchtenden Wolken auftauchen.
Aber auch Zweifel nagten in mir; ich war plötzlich nicht mehr so sicher, ob ich mit dieser Flucht nicht einen Schritt zu weit gegangen war.
War ich im Begriff, einen grossen Fehler zu machen? Zur Vorfreude auf das grosse Abenteuer gesellte sich eine diffuse Angst.

Ein Rascheln auf dem Nachbarsitz.
Roger faltete seine Zeitung zusammen und stülpte sich den Kopfhörer des Walkmans über.
Roger ... treuer Begleiter.

Es hat Spass gemacht, mit dir im EPA-Restaurant zu sitzen, zwischen all den biederen Hausfrauen, und ihrem Getratsche zu lauschen. Ich fand es aufregend, mit dir Barbie-Puppen einzukaufen und die passenden Kleider dazu auszuwählen. Ich genoss es, wenn du mir in deinem Coiffeursalon die Haare blau färbtest, bevor wir dann zu irgendeiner verrückten Party aufbrachen.
Und ich fand es grossartig, wie du einfach sagtest, du wollest mich begleiten auf meinem Asien-Trip. Schade, dass wir nicht zusammenbleiben können. Du wirst deine Freunde treffen und bald mal wieder zurückfliegen nach Basel – musst ja deinen Laden schmeissen.
Und ich ...
Ich hab alles hingeschmissen.
Ach, Roger ... du hast ja keine Ahnung.
Wenn du wüsstest ...
Vielleicht sollte ich es dir sagen. Du hast ein Recht darauf, es zu wissen. Oder ahnst du es? Ahnst du, weshalb ich wirklich in diesem silbernen Vogel sitze? Hast du gespürt, dass ich es nicht mehr ertrage, Jenny zu sein?
Nie mehr werde ich eine Frau nur spielen.
Diese Frau ... ich muss sie finden – mich finden. Irgendwo auf dieser Welt, verborgen in einer fernen Ecke des Globus. Deshalb sitze ich hier. Der Silberadler trägt mich fort. In eine neue Zeit. Mit dir – und weg von dir.
Wie verbunden ich mich dir fühle, wie wertvoll mir unsere Freundschaft ist. Und dein Vertrauen.
Wenn du wüsstest, dass ich nie mehr in die Schweiz zurückkehren will ...

Ausnahmezustand in Karachi. Männer in khakifarbigen Uniformen, Maschinenpistolen im Anschlag, umstellten das Flug-

zeug. Alle Passagiere mussten aussteigen und einen Tag und eine Nacht lang in einem Warteraum ausharren. An den Plastikschalen der Sitze klebten verschwitzte Kleider. Der Tee, den die Soldaten verteilten, war viel zu süss, der Zwieback schon leicht vergammelt.
Und dann konnte es plötzlich nicht schnell genug gehen, bis wir wieder an Bord sassen. Vier wild fauchende Turbinen trieben kraftvoll den Vogel über die Piste. In seinem Bauch rumpelte das Fahrwerk und die Tragfläche neigte sich zur Erde, als er in einer lang gezogenen Kurve abdrehte und auf Kurs Südost ging. Richtung Bangkok. Endlich Bangkok.

Thailand ... Mekka der Geschlechter, Paradies der Jugend, Hort der Gerüche und Geheimnisse. Einsame Inseln und endlose Strände. Weiss der Sand, türkis das Wasser und blau der Himmel. Als ich die Bilder sah, im Fernost-Prospekt des Reisebüros, wusste ich sofort, wie mein Ziel hiess.
Thailand. Traumland.

Die ersten Eindrücke allerdings waren eher albtraumhaft.
Am meisten entsetzten mich die Kinderbaustellen an der Strasse. Lauter Buben und Mädchen – neun, zehn, höchstens zwölf Jahre alt –, die im Staub kauerten, Pflastersteine ankarrten und diese mit schweren Hämmern bearbeiteten.
Dazwischen Hunderte von Hunden und Katzen; durchs stumpfe Fell zeichneten sich die Rippen ab, aus traurigen Augen gierte blanker Hunger. Mit eingezogenem Schwanz humpelten sie um Strassenecken, verkrochen sich hinter Abfallhalden, um schwärende Wunden zu lecken.
Unter dem wackligen Tisch, auf dem ein Strassenhändler einen Berg schrill bedruckter T-Shirts feilhielt, hockten seine Frau und vier Kinder. Sie hatten die Arme um die angewinkelten

Beine geschlungen und schauten mich an. Ich konnte den Blick kaum abwenden.

Seit Stunden harrten wir, eingekeilt zwischen einheimischen Taschendieben und Zwergziegen sowie europäischen und australischen Touristen, in einem Bus aus, der sich durch den kollabierten Verkehr Meter um Meter Richtung Kosan-Road vorankämpfte. Die Kosan-Road – darin stimmen die einschlägigen Reiseführer von ‹Lonely Planet› bis ‹Marco Polo› überein – ist ein Muss für jeden Neuankömmling in Bangkok.
Hier landeten – und strandeten – Rucksacktouristen aus aller Welt; und jene, die bereits braun gebrannt und froh gelaunt, den Sarong locker um die Hüfte geschlungen und die Brust frisch tätowiert, vom Inseltrip in die Hauptstadt zurückgekehrt waren, um sich, bevor sie die Heimreise antreten mussten, noch ein paar Tage im Sündenpfuhl zu suhlen, weckten Neidgefühle in uns, weil wir uns noch furchtbar verkrampft fühlten und wohl echt käsig wirkten.
Ein Guesthouse reihte sich in der Kosan-Road ans nächste. Es gab Hotels in allen Preislagen, orientalische Spezialitätenrestaurants, westliche Fast-Food-Tempel, exotische Garküchen mit dampfenden Nudelgerichten und Sex-Clubs, Live-Shows, Schwulen-Kneipen, Transvestiten-Bars.
Wie ein nasser Lumpen schlug uns, als wir endlich aus dem Bus stiegen, die feuchtwarme, von einem schweren süsslichen Aroma gesättigte Tropenluft entgegen – Marihuana. An jeder Ecke wurde Hasch und Gras gekifft.

«Ladyman», riefen die Kinder hinter uns her. «Ladyman, Ladyman!»
Wie kleine Affen hingen sie, verlegen lächelnd die einen, verwegen grinsend andere und allesamt vor Schmutz starrend,

am Gitter beim Eingang des ‹Siam-Guesthouse› – es war, trotz seiner günstigen Lage nahe der Kosan-Road, nicht allzu teuer –, und die ganz Mutigen wagten sich bis in den von räudigen Hunden und wiederkäuenden Rindern bevölkerten Innenhof vor. «Ladyman, Ladyman!»
Es tönte höhnisch, dennoch hörte ich es nicht ungern. Ich war eher verblüfft. Die Strassenkinder hatten ja Recht; sie hatten mein Geheimnis gelüftet, und ich fand es unheimlich aufregend, nicht mehr nur heimlich ein Ladyman zu sein.
Wie hatten diese frechen kleinen Schreihälse das bloss spüren können ...

«Interessant», sagte Roger, nachdem er die Schicksalskarte aufgedeckt hatte. «Dies ist eine Reise, die dich zu neuen Ufern führen wird ...»
«Wie meinst du das?»
«Das hier ist die Prinzessin der Scheiben – sie steht für Neu-Orientierung. Das Vergangene muss ruhen. Das Kommende bricht an, bricht auf zu neuen Horizonten – und nicht nur zu geografischen.» Bedeutungsvoll hob er den Blick und sagte anerkennend: «Eine schöne, eine sehr gute Karte ... sie verheisst Erfolg und Genuss!»
Wir sassen unter einer Palme im Sand, dicht nebeneinander. Auf einem warmen Stein hatte Roger sein Tarot-Set ausgelegt, und während der Zeigefinger zögernd über die Kartenrücken glitt, warf ich kleine Steine in die zurückflutenden Wellen, die verspielt unsere nackten Füsse umspülten.
Ich fand es megaspannend, wenn er mir die Tarot-Karten legte.
«Und was sagen die Karten über dich?»
«Dummkopf! Ich hab sie doch für dich gelegt. Aber warte ... Ja – sie sagen was über dein Verhältnis zu mir; unsere Wege werden sich trennen ...»

«... stimmt wohl ... aber das haben wir ja schon gewusst ...»
Ich musste meine Baseballmütze festhalten, damit der tropisch warme Wind sie nicht ins Südchinesische Meer wehte. Es war unser erster Abend auf der Insel Koh Pah Khan, und rückblickend konnten wir uns glücklich schätzen, dass wir die nächtliche Busfahrt – zwölf Stunden in schwarzer Tropennacht – unbeschadet überlebt hatten. Der Busfahrer musste lebensmüde gewesen sein ... Manchmal, wenn er haarscharf an einem Abgrund vorbeifuhr oder im Überholmanöver den Gegenverkehr mit seinen Scheinwerfern blendete, machte ich mir fast in die Hosen. Zur Angst kam die Übelkeit, als wir schliesslich zur Insel übersetzten. Es herrschte raue See, zwei Stunden lang taumelte das grosse Schiff durchs Wellengebirge, und in der Kehle würgte der Mageninhalt ...

Der Lohn von Angst und Übelkeit war dieses paradiesische Eiland. Koh Pah Khan – meine erste Tropeninsel, so schön, dass es fast schon kitschig war. Das galt auch für die Menschen, die tantrischen Meditationen frönten oder ganz banal dem süssen Nichtstun – schöne Männer mit knackigen Ärschen und prächtigen Muskelpaketen.

Mein Blick folgte diesem Typen, schon seit einiger Zeit.
Fullmoon-Party – Highlight der Saison, unter Szenegängern weltweit berüchtigt. Eine Bucht im Südosten der Insel war der Schauplatz des legendären Strandfestes.
Ich hatte aufwändig zerschlissene Bluejeans an und mein schwarz glänzendes Seidenhemd, dazu das farbige Indianertuch um den Kopf geschlungen, das verwegen wirken sollte und dessen Blau so schön die Farbe meiner Augen aufnahm. Kontrastreich steckten die Füsse in klobigen Wanderschuhen. Das fand ich besonders geil.

Berauschende Getränke machten die Runde. Speed-Fruchtsäfte, angereichert mit Ecstasy oder Magic-Mushroom-Extrakten, dem wohldosierten Wirkstoff giftiger Pilze; Power-Punsch, aufgekocht mit würzigem Gras. Der Goa-Sound tränkte die Nachtluft wie einen Schwamm – alles war plötzlich schwammig und seltsam weit weg, wie durch ein schlecht fokussiertes Weitwinkelobjektiv nahm ich die Umgebung wahr. Am Himmel torkelte der Mond zwischen rotierenden Sternen, und auf dem Meer geriet der Horizont in gefährliche Schräglage.

Er trug einen roten Body, einen Hut und schwere Stiefel – richtig sexy. Wenn ich ihn anschaute, war die Welt wieder in Ordnung, und er ihr ruhender Pol. Der Wind spielte mit den Locken unter der Krempe seines Indiana-Jones-Hutes. Er nahm Sand in die Hand, liess ihn zwischen den Fingern hindurchrieseln – ein Bild von einem Mann. Ich fragte mich, ob ich ein Trugbild sah – die Ausgeburt meiner berauschten Fantasie.

Gelangweilt sass er bei einer Gruppe langhaariger Typen, nicht weit von Roger und mir entfernt, und jetzt schaute er zu uns herüber. Ich fühlte mich ertappt und senkte den Blick. Als ich wieder aufsah, flirteten seine Augen mit Roger. Unmissverständlich. Warum immer Roger? Roger mit seinem coolen Lächeln ... der brauchte nur auf Sonnyboy zu machen, und schon hatte er alle im Sack. Immer flogen sie gleich auf ihn. Und ich musste zusehen.

Luisa setzte sich zu ihm. Während die beiden geheimnisvoll miteinander tuschelten, schaute sie kichernd zu mir herüber. Machten die sich lustig über mich? Ich mochte Luisa, sie war Flight Attendant bei der Lufthansa. Schon als wir einander in der Gruppe auf dem Fährboot zum ersten Mal begegneten, war uns klar, dass wir auf derselben Wellenlänge funkten. Luisa sah hinreissend aus, besonders in diesem raffiniert geschnittenen Bikini.

Der Typ musterte sie mit unverhohlenem Interesse. Ich hätte seinem Blick auch gern so weiche weibliche Rundungen dargeboten. Wahrscheinlich wieder ein Hetero, schoss es mir durch den Kopf. Hoffnungslos, bei dem zu landen. Und wenn er doch schwul wäre? Dann fährt er bestimmt auf Roger ab.

Aber jetzt sah er mich an. Wieder wich ich aus. Unsere Blicke begegneten einander in immer kürzeren Abständen und verharrten jeweils immer länger. Ich war mir nicht so ganz sicher, ob die Frage, die aus seinen Augen sprach, wirklich mir galt. Oder etwa doch Roger ...
Zwinkert er mir zu?
Wow ...
Der muss schwul sein. Zweifellos.
Zum Glück. Zum Glück?

«Hi – I am Marcus!» Er liess sich neben uns im Sand nieder, so nah, dass ich die Wärme seines schlanken Körpers förmlich spüren konnte. «Marcus Ryan, New Zealand. And you – just arrived?»
«From Bangkok», sagte Roger, und ich ergänzte: «We are from Switzerland!» Einer der ganz wenigen vollständigen Sätze in meinem kleinen Englisch-Repertoire.
Er war Neuseeländer, knapp dreissig, ein Schiffsteward oder so ähnlich auf geheimer Mission. Entweder ein hemmungsloser Angeber. Oder ein echt spannender Typ?

Als über dem Meer der Morgen dämmerte, rumpelten wir in einem ächzenden Jeep in den Nordwesten der Insel – zurück zur Bungalowsiedlung ‹Seaflower›. Die Stimmung unterwegs war mehr als ausgelassen – vor allem Luisa und ich waren total aufgekratzt; wenn sie in einer Kurve auf meinen Schoss plumpste, kreischten wir vergnügt auf. Jedes Mal lustvoller und wilder, bis wir schliesslich der restlichen Besatzung des Jeeps einen filmreifen Orgasmus vorspielten.

Am Nachmittag war Roger, das aufgeschlagene Buch auf der Nase, in seiner Hängematte eingedöst, als Marcus auffallend zufällig vom Strand her auf unseren Bungalow zuschlenderte. Er lächelte schon von weitem. Ich stand von meinem Liegestuhl auf und ging ihm mit bebendem Herzen entgegen.
«You see that little monkey over there?»
«Manki?»
Marcus deutete mit dem Zeigefinger zu einer Gruppe von Affen, die unter einer Palme umherstolzierten. Ein ganz kleiner hockte vor dem Stamm und schaute staunend zur Krone hinauf.
So, wie ich Marcus' Englisch verstand, wollte er wohl darauf wetten, dass der kleine Affe demnächst die Palme hochklettern und eine Kokosnuss hinunterwerfen würde.
«Und was ist dein Einsatz?»
«If he wouldn't do it, you win ... äh ... one free wish!»
In dem Moment sprang der kleine Affe mit einem kühnen Satz auf den Palmenstamm und hockte im Handumdrehen in der Baumkrone, wo die Kokosnüsse in Trauben hingen. Mit einer Mischung aus Misstrauen und Verachtung äugte er zu uns herunter, malmte mit den Kiefern und würdigte keine Nuss auch nur eines Blicks.
«I won!», jubelte Marcus.
Das stimme überhaupt nicht, widersprach ich ihm energisch, der Affe müsse doch erst noch eine Nuss herunterschmeissen. Was ich mir denn wünschen würde, wollte er wissen, wenn ich gewinnen würde. «Dass dieser Moment nie mehr vorübergeht», sagte ich, «das wünsche ich mir. Und du?»

«I would like to teach you every day three English words!»
«Hä?»
«Three ...» Er hielt drei Finger in die Höhe. «... English ...» Er streckte mir die Zunge entgegen. «... words ...» Und schürzte die Lippen einladend zum Kussmund.
«Du willst mir jeden Tag drei englische Wörter beibringen?» Er nickte grinsend.
«Nur drei?»
«Mhmm!»
«Das dauert dann aber lange, bis ich richtig Englisch kann!» Sein Kopfnicken wurde schneller und sein Grinsen noch breiter. «Dazu brauchen wir viele Tage ...» Ich lächelte ihn an. «Weisst du was? Ich könnte dir dann Französisch beibringen!» «Pas nécessaire ...», sagte er. Er sei zwar in Neuseeland aufgewachsen, arbeite aber zurzeit in Frankreich, an der Côte – Antibes, Nizza ... «Tu connais?»
«Die Gegend kenn ich», sagte ich und schmunzelte. «Aber ich bring dir ein Französisch bei, dass du bestimmt noch nie erlebt hast ...»
Er lachte und schaute mich fragend an ...

Als die Sonne immer dunkler wurde und sich rot glühend dem Meer näherte, schlang ich mir einen Sarong um die Hüften und ging barfuss zum Strand. Ich wollte alleine sein mit meinen Gedanken.
Roger, Marcus – ich mochte beide. Und ich machte mir Vorwürfe, weil Roger es nicht verdient hatte, so schäbig behandelt zu werden.
Eine Felswand stellte sich mir in den Weg; sie ragte weit ins Wasser hinaus. Ich rollte meinen Sarong hoch und verknotete ihn um den Bauch, damit ich besser ins Wasser waten und das Kliff umschwimmen konnte.

Auf der anderen Seite verbarg sich eine traumhafte kleine Bucht. Rote Felsbrocken umrahmten eine weisse Sandbank. Davor lag ein grosser Stein im smaragdgrünen Wasser. Er war dunkelbraun, mit kleinen grünen Einschüssen. Und – anders als alle anderen Steine – glatt poliert wie eine riesige Billardkugel.
Ich kletterte auf den Stein und fand auf seiner Oberfläche eine kleine bequeme Kuhle.

Wer ist dieser Mensch?
Er blinzelt in die Sonne, die den Horizont berührt und einen gleissenden Streifen aus flüssigem Gold aufs Wasser legt. Zikaden geigen am Ufer und eine kleine Krabbe wuselt über den Stein.
Der Mensch auf dem Stein regt sich nicht. Hockt da in erhabener Nacktheit und meditiert.
Was geht mich dieser Mensch an?

Während der folgenden Tage und Nächte lebten Marcus und ich jenseits von Zeit und Raum. Das Bett, in dem wir einander in den Armen lagen, befand sich auf einem anderen Planeten – einem Planeten, der nur uns gehörte. Alles, was ausserhalb lag, spielte keine Rolle mehr. Nur zweimal täglich, wenn über Kho Pah Khan die Sonne auf- oder unterging, schlenderten wir zum Meer hinunter und setzten uns, die Arme einander um die Hüften geschlungen, in den warmen Sand.
Er habe mich «from the very beginning absolutely sweet» gefunden, sagte Marcus. Und ich war stolz.

Manchmal sahen wir Roger, wenn er von der Strandbar kam, sein Buch in der einen, ein Glas mit diesem teuflischen Fruchtsaft in der anderen Hand. Unser Verhältnis war zwar nur freundschaftlich, dennoch spürte ich, wie Roger sich bemühte, Marcus seine Eifersucht nicht anmerken zu lassen. Er begegnete ihm mit ausgesuchter Höflichkeit, aber da war keine Herzlichkeit.

«Ich weiss, dass ich in den letzten Tagen ein schlechter Reisegefährte war», sagte ich zu Roger, als Marcus uns für einen Moment allein liess, um Drinks zu holen. «Tut mir wirklich Leid. Aber dieser Marcus ... weisst du, so einem Typen bin ich noch nie begegnet ...»

«Klar doch», sagte er mit einer Stimme, die seine Worte Lügen strafte. «Versteh ich gut, ist doch vollkommen okay. Ich werde mich ohnehin bald absetzen und mit den anderen von der Gruppe Richtung Süden weiterreisen!»

«Und ich mach mit Marcus einen Abstecher nach Singapur; er will dort seine Eltern treffen – sie sind extra aus Neuseeland angereist.»

«Und dann?»

«Dann?» Ich zuckte mit den Achseln. «Ich weiss nicht, was dann sein wird; ich hab ja auch keine Ahnung, wie das alles weitergeht ...»

Roger war sichtlich bemüht, die Fassung zu wahren: «Ich werde auf jeden Fall noch in Penang Station machen.»

«Ich wahrscheinlich auch; Marcus muss ja wieder nach Europa – in einer Woche schon ...»

«Wer zuerst in Penang ankommt, hinterlässt dem anderen eine Nachricht an der grossen Strandbar.»

«Genau. So machen wirs.»

«Abgemacht!»

Entschlossener Handschlag. Welch schrecklich männliche Geste! Ich schämte mich, weil ich einen guten Freund schon nach den ersten Tagen unserer grossen Reise im Stich liess – wegen eines anderen Mannes.

Ich stand auf, lenkte meine Schritte zum Bungalow, in dem Marcus mit einer Flasche Champagner wartete, und wandte mich im Gehen noch einmal um.

«Roger –»

Er sass immer noch auf dem Baumstrunk und hob fragend den Kopf.

«Was immer auch passiert – du bist und bleibst mein bester Freund!»

Roger grinste gequält und streckte mir die rechte Hand mit erhobenem Zeige- und Mittelfinger entgegen.

«Machs gut!»

Einmal mehr musste ich an die weisse Feder denken und an das Zitat aus dem Brief, den Tante Toni beigelegt hatte: «Wohlan denn, Herz, nimm Abschied – und gesunde!»

Marcus liess sich nicht lumpen; er bescherte mir eine Überraschung nach der anderen.

«Weisst du», sagte er, als er in der Abflughalle ohne mit der Wimper zu zucken den Check-in-Schalter für ‹First Class›-Passagiere ansteuerte. «Es sind unsere letzten fünf Tage – und aus denen machen wir unsere eigene Big Party!»

Die letzten fünf Tage ... Ich spürte meine Knie weich werden.

«Aber das kostet doch ein Schweinegeld!»

«Mach dir keine Sorgen», lachte Marcus. «Ich verdien ja auch ein Schweinegeld auf diesen Millionärs-Yachten – Geld, das ich an Bord monatelang nicht ausgeben kann!»

Marcus hatte eine Honeymoon-Suite im Hotel ‹Mandarin› gebucht – fünf Sterne, 1200 Zimmer, eine der besten Adressen in Singapur. Der Blick aufs Meer. Das Himmelbett mit reiner Seide bezogen. Badezimmerarmaturen aus purem Gold. Und ein Silberkübel mit – oje ... schon wieder Champagner!

Ich fand keinen Schlaf in dieser Nacht, und das wollte ich auch gar nicht. Ich wartete, bis Marcus leise zu schnarchen begann. Im Fenster stand zwischen Wolkenkratzern der Mond – nicht mehr ganz rund zwar, doch seine Leuchtkraft reichte aus, um einen matten Glanz auf Marcu's Körper zu legen. Ich setzte mich auf und konnte mich nicht mehr zurückhalten.

Fremder Freund an meiner Seite, du darfst nicht aufwachen. Zärtlicher Romantiker, du, stürmischer Fantast. Hast das Laken von deinem Leib gestrampelt – schön siehst du aus ... Spürst du, mein Adonis, wie mein Blick auf deiner Haut ruht? Spürst du, wie Fingerspitzen die Konturen deiner Schulterblätter ertasten. Kein Wunder, haben die von der neuseeländischen Werbeagentur dich mit Handkuss als Model verpflichtet. Geheimnisvoller Liebhaber, schlaf weiter!
Das Mondlicht fliesst über deine Pobacken, und dein Rücken hebt und senkt sich im Rhythmus deines Atems.
Nein, wach nicht auf!
Nimm ihn an, den Traum, den ich dir schenke. Du bist nicht schwul; du liebst Frauen. Du liebst die Frau, die sich über dich beugt. Du kennst sie – und kennst sie doch nicht. Sie ist wunderschön, und sie deckt deinen Körper mit warmen Liebkosungen zu. Sie setzt sich auf dich und nimmt dich in sich auf ... Marcus – spürst du sie?
Und wenn am Morgen der Etagenkellner auf der Terrasse Kaffee, Orangensaft und Rührei auftischt, fülle ich unsere Gläser. Wir werden übers Meer schauen, auf einen neuen gemeinsamen Tag anstossen, und ich werde dir erklären, dass es Träume gibt, die wahr werden, wenn der Mond den Träumer küsst.

«Chris, do you really love me?» Marcus schmierte Orangenjam auf den Toast.

«Wie kannst du nur zweifeln!»
«Sometimes», sagte er, zweifle er schon ein bisschen, und ich wusste genau, worauf er anspielte. Wir hatten alle denkbaren Varianten homosexueller Lust durchgespielt, aber jedesmal, wenn er Anstalten machte, in mich einzudringen, wandte ich mich ab.
Das konnte und wollte ich nicht mehr mit mir machen lassen. Nie mehr.
«Please, Marcus», sagte ich, «hab Geduld mit mir!»
«Yeah, Sweetie, no prob!» Er biss in den Toast.
Ich merkte, dass er meine Worte nicht verstehen wollte. Abrupt wechselte er das Thema: «Meine Eltern waren vorhin am Telefon. Ich habe sie für heute Abend ins Shirley-Bassey-Konzert eingeladen, und morgen erwarten sie uns im Raffels-Hotel zum Diner.»
«Wissen deine Eltern eigentlich Bescheid ... über dich ...?»
«Du meinst ... ach so – nein, natürlich nicht. Und das soll auch so bleiben; hörst du, Mom darf es auf keinen Fall erfahren!»
«Und wie stellst du dir das ... Wie stellst du mich ihnen vor?»
«Just a friend», sagte er. «A very good friend!»
«Marcus! Vor zwei Minuten hast du mich gefragt, ob ich dich liebe ...»
«I like you, Chris», sagte Marcus, «very much!» Aber er brauche halt noch ein bisschen Zeit, um sich Klarheit zu verschaffen über seine Gefühle für mich. Ich müsse halt Geduld haben mit ihm. Mit ihm – und, wie sich schon bald herausstellen sollte, auch mit seiner Mama.
Wir waren einander von Anfang an spinnefeind. ‹This is Chris from Switzerland», stellte Marcus mich seinen Eltern vor, als wir uns im Hotel ‹Raffels› trafen und an der längsten Bartheke der Welt den berühmten Singapur-Sling bestellten. «We met each other at the beach – and now we travel together.»

Mrs. Ryan musterte mich kurz aus kalten Augen. Ich spürte, dass sie genau wusste, was los war zwischen ihrem Sohn und mir, doch sie wollte das Unausgesprochene nicht wahrhaben. Sie war voll Eifersucht – ich spürte es so deutlich, wie das nur eine Frau spüren kann.

Als Shirley Bassey ins Scheinwerferlicht trat, legte Marcus seine Hand auf mein Knie, und ich weiss nicht, ob es diese Berührung war oder die Ausstrahlung der schwarzen Frau auf der Bühne oder beides zugleich – ich war verzaubert.
«I am what I am ...»
Die Kraft in ihrer Stimme beherrschte den Saal und die Sehnsucht in ihrem Lied berührte mein Herz. Tränen liefen mir über die Wangen und Schauer über den Rücken.
Ja – sie ist, was sie ist. Und ich möchte es werden. Denn ich bin nicht, was ich bin.

Der nächste Tag war unser letzter. Morgen würde Marcus nach Europa fliegen, und dann ... irgendwie gab es kein Danach mehr. Umgeben von schönen und reichen Menschen würde Marcus mich auf dem Mittelmeer bald vergessen; andere Männer würden meinen Platz in seinem Leben einnehmen – schwule Männer, die ihm geben konnten, was er brauchte.
Den ganzen Nachmittag über war er mit seiner Mutter auf Shopping-Tour, während ich im Hotel vor meinem Tagebuch sass und versuchte, mir meinen Frust und die aufkommende Verzweiflung von der Seele zu schreiben.

Singapur, 11. März 1995.
Wird es unsere letzte Nacht sein, werden wir einander zum letzten Mal berühren? Meine Gefühle spielen verrückt. Da finde ich endlich den Mann, von dem ich immer geträumt

habe, und kaum hat das Glück begonnen, ist es auch schon wieder zu Ende ...

Gegen Abend, als er, beladen mit Einkaufstaschen, zurückkehrte, hatte ich meine dunklen Gefühle nicht mehr unter Kontrolle – ich machte ihm eine fürchterliche Szene.
«Musste das sein?»
«What?»
Es machte mich gallig zu sehen, wie bedingungslos er auf seine Mutter fixiert war. Immer, wenn sie in der Nähe war – und sie war sozusagen immer in der Nähe –, hatte er alle Antennen nur auf sie ausgerichtet.
«Okay – ich weiss ja, dass deine Eltern nur deinetwegen nach Singapur geflogen sind, und ich habe kein Recht, dich für mich allein in Anspruch zu nehmen. Trotzdem: Du vertrödelst den ganzen Tag mit deiner Mutter, obwohl du sie immer wieder sehen kannst, aber für uns ist heute der letzte ...»
«... Chris, come on! We'll see each other again, don't panic!»
«Lüg mich nicht an! Du weisst so gut wie ich, dass du mich fallen lassen wirst wie eine heisse Kartoffel, weil ich mich nicht bumsen lasse!»
Da nahm er mich in den Arm, sagte zärtlich «you're telling bullshit!» und versprach mir, dass er in Antibes über uns nachdenken und sich innert vier Tagen entscheiden werde. Ich solle seinem Agenten in Nizza mitteilen, unter welcher Nummer er mich am 15. März Punkt elf Uhr erreichen könne. Dann würde er mir sagen, ob seine Gefühle für mich Bestand hätten.

Marcus blieb im Bett liegen, als ich am nächsten Morgen um acht meinen Rucksack schulterte. Noch eine letzte Umarmung – dann verliess ich heulend das Zimmer. An der Hotel-Rezeption hinterliess ich ihm einen letzten Gruss:

Danke, Marcus, für die schöne Zeit mit dir, für alles, was du mir gegeben hast! Es war ein Traum, und es wird ein Traum bleiben – forever. Ich wünsche dir alles Glück der Welt.
If you knew the truth ...   *Christian*

Dann winkte ich ein Taxi heran und liess mich zum Flughafen fahren.
Ich beschloss, nach Penang zurückzufliegen und zu versuchen, Roger wiederzufinden. Marcus' Maschine sollte erst am Nachmittag Richtung Europa starten. Trotzdem hatte er es vorgezogen, mit seinen Eltern zu frühstücken, statt mich zum Flughafen zu begleiten. Der Fall war klar ...
Ich hatte fürchterliche Bauchschmerzen und fühlte mich wie in Trance.

Am Check-in-Desk erfuhr ich, dass der Start meines Flugzeugs wegen eines Motorschadens auf 13.00 Uhr verschoben worden war. Gegen Mittag wurde erneut eine Verzögerung bekannt gegeben: Abflug nach Penang 16.00 Uhr. Das bedeutete, schoss es mir plötzlich durch den Kopf, dass Marcus noch vor mir abfliegen würde!
«Passenger Christian Brönimann», tönte eine Frauenstimme aus dem Lautsprecher, «please report immediately at the V.I.P. Lounge!»
Da stand er mit ausgebreiteten Armen und seinem strahlendem Lachen: «Chris!»
«Marcus! Warum bist du da?»
«Ich habe erfahren, dass dein Flug verspätet ist – und bin sofort hergekommen!»
Die Zeit reichte knapp für ein Glas Champagner.
Er habe mich, kaum hatte ich das Hotelzimmer verlassen, schon furchtbar vermisst, sagte Marcus. Ich brachte vor Glückselig-

keit kaum einen vernünftigen Satz über die Lippen. Sollte es doch eine Zukunft geben für uns?

Roger hatte tatsächlich bei der grossen Bar am Strand eine Nachricht deponiert. Unser Wiedersehen war ernüchternd. Er hatte seine Enttäuschung, weil ich ihn einfach hatte stehen lassen, noch nicht verkraftet. Mich plagte das schlechte Gewissen – und ich dachte immerzu nur an Marcus.

Ich nahm mir ein schäbiges Zimmer in einer kleinen Pension, teilte Marcus' Agentur die Telefonnummer der Herberge mit – und wartete auf den 15. März.
Am 15. März sass ich schon am frühen Morgen auf der Bettkante und starrte aufs Telefon.
Punkt elf Uhr läutete es. Die Telefonistin kündigte ein Ferngespräch aus Europa an.
«Hey, Chris!»
«Marcus. Du bist wirklich zuverlässig!»
«Chris – I miss you so much!»
«Really?»
«I love you!»
«Ich dich auch!»
«Warum nimmst du nicht das nächste Flugzeug und kommst an die Côte d'Azur? Ich hab noch keinen Job gefunden, stehe auf Abruf bereit. Wir könnten uns eine Wohnung suchen ...»
«Marcus, meinst du das im Ernst?»
«Sure!»

Downunder
Vom Mittelmeer nach Neuseeland

«Du Schuft!» Ich klatschte ihm mit gespielter Empörung die flache Hand auf die Hinterbacken. «Das ist die Strafe dafür, dass du es mir vorenthalten hast!»
Marcus schaute mich aus grossen Augen an.
«Hast mir nie gesagt», fuhr ich fort, «für wen du wirklich arbeitest!» Und gab ihm grad noch eins drauf.
Dann vergnügten wir uns in der Eignerkajüte – auf jener berüchtigten riesigen Spielwiese, kreisrund und mit schwarzer Seide bezogen, die normalerweise nur der schönsten Frau der Welt vorbehalten bleibt. Und der Rock-Legende David Bowie: Der Eigner der ‹Deneb Star› pflegte sich hier mit dem Top-Model Imam, seiner Lebens- und Liebespartnerin aus Somalia, zu vergnügen.

Der erste Samstag im April 1994. An der Côte d'Azur liefen die Vorbereitungen für die Bootssaison auf Hochtouren. Eine frische Frühlingsbrise strich über den Yachthafen von Golfe-Juan. Marcus war für die Wochenend-Wache eingeteilt worden. Das Schiff gehörte uns ganz allein.

Wir liebten einander stundenlang. Und mir gefiel die Vorstellung, dass die schöne Imam genau da, wo ich mich jetzt über Marcus beugte, den nackten Körper des blonden Stars verwöhnt hatte.

«... my way!» tönte Frank Sinatra aus der Hi-Fi-Anlage. Ich stand an der Bar auf dem Oberdeck, eingehüllt in einen weissen, flauschig weichen Bademantel mit dem Schriftzug ‹Deneb Star›, und zog das Tranchiermesser durch das rosa glänzende Filet eines Grönland-Lachses.

Vom Land her drang Gemurmel herüber. Ich ging durch den Salon aufs achterliche Sonnendeck hinaus und lächelte der Menge zu – kurz und majestätisch. Am Heck, vor der eingezogenen Gangway, hatte sich eine Menschentraube gebildet – Gaffer, die beim Schlendern wie zufällig stehen geblieben waren. Sie warteten geduldig, bis sich die Schiebetür auf dem Hauptdeck lautlos öffnete und für Sekunden den Blick ins Innere des Schiffes freigab, und tuschelten, wem diese Yacht wohl gehöre.

Ich schloss die Verandatür und versuchte, mir den Skandal auszumalen, den ich auslösen würde, wenn ich Marcus an die Wäsche ginge, da vorne, auf der Sitzgruppe im Salon, vor all diesen Leuten – und das auf David Bowies Yacht!

«Keine Angst, Sweety», sagte Marcus, als er aus der Dusche kam. Er konnte wieder einmal meine Gedanken lesen. «Das sind Spezialscheiben – du siehst alles, was draussen abgeht, aber von aussen sind die Fenster schwarz verspiegelt!»

«Und wenn jetzt jemand von der restlichen Crew auftaucht?», fragte ich. «Oder gar der Captain ...»

«Da kommt schon keiner.» Seine Stimme klang nicht besonders überzeugend. «Die sind froh, wenn sie wieder mal festen Boden unter den Füssen haben.» Er drückte den Zeigefinger auf seine behaarte Brust. «Solange ich hier Weekend-Wache schiebe, stört uns keiner.»

«Und wenn Bowie selber kommt ... oder Imam ... oder beide?»

«Die lassen sich höchst selten an Bord blicken – meistens ist die Yacht mit Chartergästen unterwegs. Ich hab die beiden erst einmal gesehen ...»

«Und? Wie waren sie?»

«Wahnsinnig locker. Wirklich coole Typen – beide. Bowie kam zu uns herunter, löffelte mit uns eine Fischsuppe in der Crew-Messe und sagte, wir brauchten uns nicht weiter um Imam und ihn zu kümmern, sie kämen schon alleine zurecht.»
Marcus holte eine Karaffe mit frisch gepresstem Orangensaft aus dem Kühlschrank hinter der Bar und liess Eiswürfel in kristallenen Gläser klirren. «Weisst du, Sweetie ...», sagte er. «Ich glaube, wir sind zwei richtige Glückspilze, we're a great team!» Marcus strahlte, als er mir die Hand mit dem gefüllten Glas entgegenstreckte, übers ganze Gesicht: «Yeah!»
So kannte ich ihn noch gar nicht. Er führte sich auf, vor Männlichkeit strotzend, wie ein Fussballstürmer, der im Weltmeisterschaftsfinale das entscheidende Tor getroffen hat.

Mit der einbrechenden Dämmerung flackerten über den Hafenkneipen immer mehr blaue und rote Neonbuchstaben.
«So», sagte ich und steckte frische Kerzen in einen goldenen Ständer, «jetzt sollen die Leute auch was geboten bekommen!» Ich drapierte eine weisse Damastdecke über den runden Tisch auf dem Sonnendeck, stellte den Leuchter und eine Porzellanvase mit sieben Baccarat-Rosen dazu und zündete die Kerzen an. Dann setzte ich mich auf einen der beiden weissen Lederstühle, liess mir von Marcus, der sich inzwischen in seine Steward-Uniform geschmissen hatte, Champagner kredenzen und Lachs servieren. Mit einem angewiderten, unglaublich arroganten Blick gab ich dem Steward zu verstehen, dass ich ihn nicht mehr brauche, worauf er eine Verbeugung andeutete und im Salon verschwand.
Ich musste mich beherrschen, um nicht laut herauszuprusten.

Als Marcus zurückkehrte, trug er blaue Matrosenhosen und einen weissen Pullover mit einem Seidenfoulard im V-Ausschnitt.

Er lächelte mir zu, schnitt eine ‹Monte Cristo› an und hob das Glas.

Ich kicherte und sagte mit gedämpfter Stimme: «Die glauben jetzt alle, wir seien die Eigner!»

Marcus hielt sich grinsend ein Streichholz an die Zigarre.

«Ist schon ein geiler Job, den du da hast», sagte ich nicht ohne Neid.

«Mit ein bisschen Glück finden wir für dich auch so was. In wenigen Wochen beginnt die Boating-Saison. Was meinst du, was dann hier los ist.» Er zeigte mit der Hand über das Hafenbecken. «Jetzt suchen all die Geldsäcke Personal für ihre schwimmenden Paläste: Rockstars, Ölscheichs, auch gekrönte Häupter ...»

«Schon», wand ich ein, «aber es gibt sicher auch Hunderte von Leuten, die sich anheuern lassen wollen.»

«Das kriegen wir schon hin, ich hab da beste Beziehungen», sagte Marcus, der auch schon auf den Yachten des spanischen Königs Juan Carlos und des früheren US-Präsidenten George Bush gedient hatte.

«Meinst du wirklich, dass die so einen wie mich nehmen?»

«Mit Handkuss! Du hast eine solide Ausbildung, einen Fähigkeitsausweis – und du sprichst drei Sprachen. Du eignest dich ideal!»

«Aber ...»

«Erst einmal gehen wir zu meiner Agentur in Antibes und lassen dich registrieren. Du musst dich regelmässig dort blicken lassen, um zu zeigen, dass du ernsthaft interessiert bist. Ausserdem stellen wir Unterlagen für dich zusammen, eine Bewerbungsmappe, auf Englisch. Damit klapperst du die Yachten ab in allen Häfen an der Côte d'Azur, von Monte Carlo bis Antibes.»

Der Offizier – ein ziemlich hoher, wie die protzigen Gold-Epauletten auf seinem weissen Uniformhemd vermuten liessen – musterte mich eingehend, als ich ihm meine Bewerbungsmappe aushändigte. Die Papiere hingegen schienen ihn nicht besonders zu interessieren. Ich fragte mich einen Moment lang, ob der wohl schwul war, verwarf den Gedanken aber sofort wieder. «Tut mir Leid, wir haben keinen Bedarf», sagte er schliesslich und machte Anstalten, mir die Unterlagen wieder auszuhändigen. Doch dann zögerte er. «Warten Sie ... vielleicht ... ich werde das hier mal Captain Griebel vorlegen», und wandte sich, als er die schwere Mahagoni-Türe, die zur Brücke führte, öffnete, noch einmal zu mir um: «Aber machen Sie sich nicht allzu grosse Hoffnungen!»

Die schweren Trossen der ‹Carinthia VI› waren am internationalen Pier vertäut. Im Yachthafen von Antibes hob sich der marineblau gestrichene, mindestens 70 Meter lange Rumpf des stolzen Schiffes markant von den anderen durchwegs weissen Stahlkolossen ab. Die ‹Carinthia VI› galt, wenngleich schon etwas in die Jahre gekommen, noch immer als eine der schnellsten aller Yachten der Superluxusklasse auf den Weltmeeren.

Als der Offizier die Tür hinter sich geschlossen hatte, nutzte ich die Gelegenheit, mich in der Crew-Messe des Schiffes umzusehen: nackte Neonleuchten an der Decke, ein schmuckloser Tisch, darauf gebrauchte Kaffeetassen, eine zerlesene Zeitung und ein voller Aschenbecher. Kahle Wände, die einen nüchternen Raum begrenzten – nur ein Bild an der Wand: das Portrait einer Frau. Ich stand davor und starrte gebannt auf das ebenmässige Gesicht dieser nicht mehr ganz jungen Dame. Das Haar blond, ziemlich kurz und leicht dauergewellt; herbe, ebenmässige Züge; das Gebiss makellos weiss; hinter getönten Brillengläsern wache stahlblaue Augen.

Ingrid K.
Ich erkannte sie sofort. Erst kürzlich war sie mir auf einem Zeitschriften-Cover aufgefallen. Mit ihrem Milliarden-Vermögen gehöre sie zu den reichsten Frauen der Welt, hatte ich gelesen. Dennoch beneidete ich sie nicht. In dem Heft war nämlich auch zu lesen, dass Ingrid K. andauernd in panischer Angst vor Entführern und Verführern lebe, denn die, sei sie überzeugt, hätten es allesamt nur auf ihr Geld abgesehen ...
«Herr ... äh ...» Die Stimme des Offiziers. Ich fuhr erschrocken herum, sagte geistesgegenwärtig «Brönimann» und sah in seine kalten Augen.
«Herr Brönimann, es tut mir Leid ...» Er streckte mir meine Bewerbungsunterlagen entgegen und sein Tonfall machte deutlich, dass ihm gar nichts Leid tat. «Captain Griebel bedauert, alle Crew-Positionen sind bereits besetzt.»
Ich hatte ja auch gar nicht erwartet, dass ich schon beim ersten Versuch Erfolg haben würde. «Sagen Sie ... diese Frau an der Wand, das ist doch ...»
«Ich muss Sie auffordern, dieses Schiff unverzüglich zu verlassen!» Seine Stimme hatte einen drohenden Unterton bekommen.
«... Ingrid K.! Ist sie die Besitzerin dieses Schiffes?»
«Gehen Sie», sagte er. «Zwingen Sie mich nicht, unhöflich zu werden!»

Solange die ‹Deneb Star› am Hafen lag, war Marcus nur tagsüber als Head-Steward an Bord. So führten wir ein herrlich langweiliges Leben, dessen geregelte Kleinbürgerlichkeit krass zum Luxusalltag auf der Bowie-Yacht kontrastierte. Wir hatten uns in der Rue des Bains, mitten in der Altstadt von Antibes, eine gemütliche Zwei-Zimmer-Dachwohnung gemietet, mit Cheminée und Sichtbalken. Am Morgen ging ich zur Boulangerie, holte die Croissants und stellte frisch gepressten Ananassaft und schwarzen Kaffee auf den liebevoll gedeckten Frühstückstisch.

Wenn Marcus das Haus verliess, öffnete ich die Fensterflügel, die bis zum Boden reichten, lehnte mich über das Geländer und schaute ihm nach. Bevor er am Ende der Strasse zum Hafen abbog, wandte er sich noch einmal um und winkte mir zu.

Es war jeden Tag dasselbe Ritual, und ich spürte immer deutlicher, wie die trügerisch zelebrierte Harmonie zerbröckelte. Marcus fiel es immer schwerer, abends nach Hause zu kommen, wo ich auf ihn wartete. Bevor ich in sein Leben getreten war, hatte er oft bis tief in die Nacht mit seinen Freunden im ‹La Gaffe› gezecht.

Er wusste, dass ich es hasste, wenn er in diese Bar ging. Ich kochte innerlich vor Eifersucht, wenn ich zusehen musste, wie die Frauen auf ihn flogen. Mit seiner heiteren, gewinnenden Art war Marcus stets der umworbene Mittelpunkt. Und er fand sichtlich Gefallen daran, wenn er umschwärmt wurde. Dabei wussten so ziemlich alle, wer hier wie gewickelt war, und dass Marcus in einer festen Beziehung mit einem Mann lebte – jedenfalls mit einem Menschen, der aussah wie ein Mann. Aber das konnte niemand ahnen.

Ich fragte mich, was diese affektierten Gänse sich davon versprachen, einen Schwulen zu betören. Die Vorstellung, dass Marcus mich ausgerechnet mit einer Frau betrügen könnte, raubte mir schier den Verstand.

Ich lebte in der wachsenden Angst, Marcus' Zuneigung zu verlieren, und bemühte mich von Tag zu Tag krampfhafter, mir meine Unsicherheit nicht anmerken zu lassen. Es ärgerte mich, dass ich von Marcus abhängig war – und das nicht nur auf der Gefühlsebene. Längst waren meine Ersparnisse aufgebraucht, wir lebten zu zweit von Marcus' Steward-Heuer, und ich musste jeden Sous, den ich ausgab, rechtfertigen. Das belastete mich mehr, als ich wahrhaben wollte. Ich musste unbedingt einen Job finden – je früher, desto besser.

Als das Telefon läutete, ahnte ich, noch bevor ich den Hörer abgenommen hatte, dass dies ein wichtiges Gespräch werden würde.
Es war die Agentur. Ob ich mir Zeit für ein Vorstellungsgespräch auf der ‹Achiever› nehmen könne, am besten noch heute.

Ich nahm den nächsten Zug nach Nizza, wo sich alles, was im internationalen Jetset etwas auf sich hielt, zur ‹International Boating Show› eingefunden hatte, um die spektakulärsten Motoryachten der Weltmeere vorzuführen oder zu bestaunen.

Im Vorjahr war die ‹Achiever› mit dem Prädikat ‹Super-Yacht of the Year› ausgezeichnet worden – ein stolzes Schiff niederländischer Bauart: Rund 50 Meter trennten das Heck vom Bug. Doch es war nicht nur die Grösse, die beeindruckte. Die luxuriöse Ausstattung des Decks liess schon von aussen ahnen, dass das Interieur kühnste Fantasien übertreffen würde.
Wie bei den meisten Grossyachten war auch vor der Gangway der ‹Achiever› eine Glocke angebracht. Ein Schild forderte die Besucher auf: ‹Ring the bell›.
Ich zögerte.
Was hatte ich armseliges Würstchen in dieser fremden Welt der Superreichen zu suchen? Ich musste von allen guten Geistern verlassen gewesen sein, als mir die irrwitzige Idee einfiel, Steward auf einer Hochsee-Yacht zu werden. Ich konnte ja noch nicht einmal Steuerbord von Backbord unterscheiden. Andererseits, dachte ich dann aber, sind Millionäre ja auch nur

Menschen. Und überhaupt: Wenn Marcus das kann, schaff ichs mit links.

Ich gab mir einen Ruck und zog am Glockengriff.

Captain Wilbur Wilson erwartete mich auf der Brücke. «Welcome aboard, Mister Brönimann», sagte er mit befehlsgewohnter Stimme, die nicht von Herzen kam. Arroganz und eine Spur von Verachtung sprachen aus den kantigen Zügen des kühlen Briten.

Der Captain machte keinen Hehl daraus, dass er mit Staub saugendem und Silberbesteck polierendem Personal nichts zu tun haben wollte – erst recht nicht mit Männern, die von der Seefahrt keine Ahnung hatten. Dabei hatten seine Deckhands, wie die Matrosen genannt wurden, auch nichts anderes zu tun als Planken zu schrubben, Taue aufzuschiessen, Chromstahl auf Hochglanz zu polieren und die Aussenhaut des Schiffes mit weisser Farbe zu bemalen.

Ich fragte mich, ob dem Captain schon zugetragen worden war, dass ich das Leben eines Homosexuellen führte, und ob ich wohl im Begriff war, einen grossen Fehler zu machen.

«Well», sagte Wilbur Wilson, «Ihre Heuer beträgt 3 200 Dollar monatlich – plus Trinkgeld und steuerfrei!»

Ich setzte meinen Namenszug auf das Papier. Er händigte mir eine Kopie des Vertrages aus und zerquetschte, als er mir seine Pranke reichte, fast die Hand. «Dann werde ich Sie jetzt mal vorstellen.»

Unten, in der engen Crew-Messe, sassen zwei Stewardessen am Tisch. Sie tratschten mit einem der beiden Maschinisten, den vier Deckhands und Steven, dem Koch, mit dem ich die Kajüte teilen sollte. Ich erfuhr, dass wir die Angestellten eines geheimnisvollen südafrikanischen Industriellen waren. Der

Eigner des Schiffes lege grossen Wert auf Anonymität. Bald werde er zu einem seiner seltenen Besuche erwartet.

Wenn er nicht an Bord war – das heisst: fast immer – wurde die ‹Achiever› an so genannte ‹Gäste› verchartert. ‹Gäste› waren Menschen, die es sich leisten konnten, 165 000 Dollar auszugeben, um eine Woche lang durchs Mittelmeer zu kreuzen und sich von 14 Bediensteten verwöhnen zu lassen.

Als der Captain mich durch die Räume auf dem Hauptdeck führte, wurde mir fast schwindlig. Der unermessliche Luxus überwältigte mich.

In den Ecken des fensterlosen Dining Room blühten protzig teure Blumengebinde. Die Wände waren mit schwarz glänzendem Samt ausgeschlagen. Zwischen riesigen, goldgerahmten Spiegeln posierten klassizistische Statuen griechischer Götter, aus demselben Carrara-Marmor gehauen wie die mächtige, von sechzehn schwarzen Stühlen umringte Tischplatte, die den Raum beherrschte.

Lautlos öffnete sich eine automatische Tür, die in den Living Room führte. Hier wurden wir von einer Frau erwartet, die früher eine Schönheit gewesen sein musste, inzwischen aber verhärmt und streng wirkte wie eine Gouvernante. «Meine Gattin», stellte der Captain mir die Dame vor, «und Ihre direkte Vorgesetzte: Cynthia Wilson.» Ich hatte von den anderen Angehörigen des Personals gehört, dass sie der Drache auf dem Schiff sei und Gift und Galle speien könne. Sie trug den Titel ‹Captain's Wife› wie einen Offiziersrang vor sich her, um die eigene Unscheinbarkeit zu kaschieren.

Versunken in die märchenhafte Pracht des Raumes, nahm ich sie nur beiläufig wahr. Das Muster auf dem Teppich korrespondierte verspielt mit mehreren Polstergruppen unterschiedlichster Stilrichtungen – überall erlesene, mit Paisley-Mustern bedruckte Stoffe, feinstes Leder in Ecru-Tönen, edelste Mahagoni-Hölzer.

«... Anweisungen nehmen Sie ausschliesslich von mir entgegen oder vom Captain ...» Die unangenehme Stimme von Captains Wife riss mich aus meinem Staunen. «... jeder Befehl wird quittiert mit einem deutlichen ‹Yes, Ma'am›; wenn er vom Captain kommt, mit ‹Yes, Sir!›»

«Yes, Ma'am!»

Spätestens jetzt wusste ich, dass es mit dieser Frau noch üble Scherereien geben würde. Wir waren einander jetzt schon spinnefeind.

«Grundsätzlich ist jede Unterhaltung mit den Gästen untersagt», fuhr sie fort. «Es sei denn, Sie werden angesprochen.»

Eine innere Stimme sagte mir: Widerrufe die Unterschrift, nimm dein Bündel und geh von Bord! Nein, widersprach ich dieser Stimme, ich werde mich dieser Herausforderung stellen – wie ein Mann ...

An diesem Abend lief die ‹Achiever› in Nizza aus und nahm Kurs auf Antibes, ihren Heimathafen. Solange wir hier lagen, musste ich nicht an Bord schlafen.

In einem Spezialgeschäft am Hafen suchte ich mir die für die ‹Achiever› vorgeschriebene Steward-Uniform aus: weisse Hemden mit Fliege, eierschalenfarbiges Jackett und zwei passende Hosen.

Die Nächte verbrachte ich mit Marcus in unserer Wohnung an der Rue des Bains und tagsüber brachte ich die Gläser in der Bar und das Porzellan und Silber im Dining Room auf Hochglanz. In der Lounge auf dem so genannten ‹Observation Deck›, hatte ich das hochempfindliche Rentierleder auf den grossen Polstersesseln mit einer feinen Bürste äusserst sorgfältig zu behandeln. Zwischen diesen Sesseln zirkelte ich den Spezialstaubsauger für empfindliche Teppiche und ging dabei nach einem strategischen System vor, um nicht mit den Abdrücken meiner Schuhe überall dort, wo ich schon gesaugt hatte, den Strich der Fasern zu stören.

Nach ein paar Tagen im Hafen war es endlich so weit.
An jenem Morgen sah unser Abschied anders aus. Ich stopfte ein paar Sachen in meinen Koffer und küsste Marcus ein bisschen länger als sonst. Mindestens drei Wochen lang würden wir einander nicht mehr sehen. Die ‹Achiever› sollte noch an diesem Vormittag auslaufen; zwei Gäste hatten die Yacht gechartert. Ein merkwürdiges Paar.

Er war ein Duke oder so ähnlich, britischer Hochadel jedenfalls, und irgendwie, so wurde gemunkelt, mit den Royals verschwägert, von der Sohle bis zum Scheitel ein klassisch geschulter Gentleman – ein Mann mit Manieren und akkurat gezwirbeltem Schnauzbart. Zweifellos war er schon weit in den Sechzigern. Sein Name wurde gehütet wie ein Staatsgeheimnis. Der Duke legte, insbesondere in Bezug auf alles, was seine Begleiterin betraf, grossen Wert auf Diskretion.
Er nannte sie Laura.
Laura war eine Dänin – ein hübsches Ding, zweifellos noch keine zwanzig Jahre jung. Sie wäre, obwohl sie in vielerlei Hinsicht das pure Gegenteil vom Duke war, altersmässig ohne weiteres als dessen Tochter durchgegangen. Auf blonden Locken trug sie einen breitkrempigen Hut, auf der Nase eine verspiegelte Sonnenbrille und unterm Arm ein Täschchen von Hermes. Ein dünnes Sommerkleid von Chanel betonte ihre endlos langen Beine. Sie hatte eine beneidenswerte Figur, aber weder Stil noch Anstand und vom Knigge der Seefahrt keinen blassen Dunst. Das fiel uns schon auf, als sie hinter dem Duke

über die Gangway stöckelte, als wärs ein Laufsteg – auf kostbaren, aber vollkommen unpassenden Stilettos!
«Christian», tuschelte mir Captain's Wife ins Ohr. «Sagen Sie es ihr!»
«Pardon, Mylady», sagte ich in diskret gedämpftem Ton. «Gestatten Sie mir, Sie darauf hinzuweisen, dass an Bord dieses Schiffes ausschliesslich das vorgeschriebene Schuhwerk getragen wird!»
Mit einem spöttischen Zug um die Mundwinkel liess sie ihren Blick über meine uniformierte Wenigkeit wandern, machte verächtlich «Thöss ...» – und wandte sich angewidert ab, die dumme Gans. «Wenn Sie nicht unverzüglich Bootsschuhe anziehen», zischte ich hinter ihr her, «werde ich dem Captain Meldung erstatten müssen!»
Sie blieb stehen, durchbohrte mich mit ihren kalten Augen und rang nach Fassung. «Bootsschuhe sind Schuhe mit flachen Absätzen», sagte ich, schon etwas lauter, «Sie finden Sie zu Dutzenden in der Backskiste Ihrer Kajüte!»
Von da an trug Laura nur noch Bootsschuhe – oder sie stolzierte barfuss übers Deck, mit kirschrot lackierten Zehennägeln.
Sie schikanierte mich, wann immer sie konnte.
Wenn ich auf Butler-Call war, musste ich mich jederzeit per Piepser abrufbereit halten. Ich war fast immer auf Butler-Call. Schon in der ersten Nacht – wir waren auf Süd-Kurs Richtung Cap Corse ausgelaufen, Mitternacht war längst vorbei und ich hatte mich bereits in meine Koje zurückgezogen – schreckte mich der Piepser aus dem Schlaf, und ich hatte ein schlechtes Gewissen, weil ich nicht wusste, wo sich die Herrschaften gerade aufhielten. Es gehörte zu meinen Pflichten, jederzeit über ihren Standort im Bild zu sein.
Schliesslich fand ich Laura im Bett der VIP-Suite. «Ich hab fürchterliche Kopfschmerzen», jammerte sie, «und mir ist speiübel.

Bringen Sie mir ein Glas Wasser. Aber nicht zu kalt. Und auch nicht zu warm.»

Als ich mit dem Wasser kam, meinte sie vorwurfsvoll, ein Tee wäre wohl doch besser gewesen. «Oder sollte ich eher etwas zu mir nehmen?»

«Aber gern», säuselte ich. «Was darfs denn sein?»

«Ach», machte sie gequält, «just something little, something lovely!» Das war ihr Standard-Wunsch, aber damit konnte ich nichts anfangen. «Wie wärs mit frischem Rauchlachs?»

«Um Gottes Willen!» Sie war empört. «Das liegt doch auf. Nein, bringen sie mir einen Fisch, einen gedämpften Fisch!»

Ich weckte Steven, den Koch, der mit mir die Kajüte teilte, und er dämpfte einen Fisch.

Als ich das Gedeck abtrug, hatte Laura nur die Salatgarnitur verzehrt.

Morgens um neun, wenn die ganze Crew beim gemeinsamen Frühstück sass, musste ich die Herrschaften bedienen; selbst durfte ich erst essen, wenn alles abserviert war. Und Laura, diese Zicke, trödelte jeweils so lange herum, dass ich mir mein Frühstück abschminken konnte. Sie ass zwar kaum etwas, dennoch musste ich hinter ihr stehen bleiben, bis sie sich endlich ihren Schmollmund mit der Serviette abwischte und den Teller zur Seite schob. Unten in der Crew-Messe war dann der Frühstückstisch meistens schon abgeräumt.

Fürs Mittagessen musste Steven eine Salatplatte herrichten. Laura war ja so besorgt um ihre Figur. Und die war – das muss ich ihr neidvoll zugestehen – schlicht makellos. Der blütenweisse Bikini, den sie nach dem Essen vorführte, nachdem sie sich zum siebten Mal an diesem Tag umgezogen hatte, sass perfekt.

Während die ‹Achiever› durch eine leichte Dünung der Sonne entgegendampfte, setzte sich der Duke mit einem dicken Buch in den Schatten und nippte an seinem Tee. Laura räkelte sich mit ihrer lächerlichen Sonnenbrille im Jacoussi-Bad auf dem Observation Deck und verspürte das dringende Verlangen nach einer lauwarmen Ovomaltine.
Ich hasse dich, dachte ich, als ich mit dem in dieser Umgebung etwas unüblichen Getränk das Sonnendeck betrat und Laura in dem Becken sitzen sah. Ich hasse dich, weil du hier die glamouröse, extravagante Tussi markierst. Du weisst ganz genau, dass die Deckhands und Maschinisten sich in der Crew-Messe geifernd das Maul über dich zerreissen. Ich hasse dich, weil du mich herumkommandierst und ich hinter dir ‹herhöseln› muss. Weil du hier die schöne Frau bist – und ich bin der uniformierte Blödmann. Genau genommen hasse ich dich nur, weil du mich so brutal daran erinnerst, wie unwohl ich mich in meiner Haut fühle ...
«Bitte sehr, Mylady», sagte ich, als ich das Glas neben das Jacoussi-Bad stellte. Laura nahm einen Schluck von der Ovomaltine und fuhr sich mit der Zunge über ihren sinnlichen Mund, um den Milchschaum abzulecken. «Lovely», zirpte sie dabei. Das Wort ‹danke› brachte sie nie über den Mund.

Gegen Abend glitt an Steuerbord die korsische Ostküste vorbei. Wir hielten auf Bastia zu.
Ich steckte im Dining Room neue Kerzen in silberne Halter und stellte frische Blumen aufs Tischlaken, als ich plötzlich spürte, dass ich nicht allein war. Lautlos war der Duke durch die automatische Schiebetür eingetreten. Er musste mich schon eine ganze Weile beobachtet haben.
«Lassen Sie sich nicht stören», sagte er entschuldigend, «ich wollte Sie nur bitten, das hier diskret in ihr Gesamtkunstwerk

zu integrieren!» ‹Das hier› war eine kleine, in Geschenkpapier verpackte Schachtel, die er mir in die Hand legte, und mit dem ‹Gesamtkunstwerk› war wohl das Resultat meiner Bemühungen gemeint, den Tisch zu dekorieren.
Ich fühlte mich geschmeichelt und drapierte das Päckchen diskret in Lauras Serviette.

Ein spitzer Schrei entfuhr ihr, als sie das funkelnde, mit Diamanten besetzte Collier ausgepackt hatte. Der Duke erhob sich, legte ihr die Klunker um den Hals und sagte: «Nicht dieses ist der Schmuck, deine Haut ist es, die den Stein ziert!» Sie beglückte ihn mit einem schmachtenden Blick, legte ihre Hand auf seine und hauchte: «Darling, you're so sweet!»
Und ich stand staunend daneben und ärgerte mich über meine Gefühle. Es war der reine Neid, der in mir frass. Ich wollte auch eine schöne Frau sein, wollte mich auch begehrt und verwöhnt fühlen.

Nach dem Diner brachte ich Whiskey ohne und Baileys mit Eis aufs Observation Deck hinauf, wo der Duke und Laura an der Reling standen und sich den Abendwind um die Ohren wehen liessen. An der Küste leuchteten die weissen Häuser von Bastia im letzten Tageslicht.
Was das für eine Insel sei, wollte Laura wissen, dabei schaute sie mich so herausfordernd an, dass ich mich fragte, ob sie es wirklich nicht wusste. «Korsika», sagte ich.
«Korsika», äffte sie mich nach und rümpfte die Nase. «Ich finde Korsika langweilig!»
«Die Insel des alten Napoleon», mischte sich der Duke in unsere Unterhaltung. «Du hast sie doch schon immer sehen wollen!»
«Ich will nicht nach Korsika! Ich will nach Ibiza!»

Der Duke seufzte verhalten und wandte sich an mich: «Bitte rufen Sie den Captain!»
Captain Wilson war unabkömmlich; er feilschte auf der Brücke über Seefunk mit der Hafenbehörde um den besten Anlegeplatz. «Die wollen gar nicht nach Korsika», erstatte ich meine Meldung, und Captain's Wife, die neben ihrem Mann stand, fauchte mich an: «Sehen Sie nicht, dass er beschäftigt ist? Ausserdem wissen Sie ganz genau, dass Sie jede Unterhaltung mit den Gästen zu unterlassen haben!»
Ich sagte nichts mehr, aber sie ging aufs Deck hinaus und kam wenig später wieder zurück. «Wir werden nur kurz im Hafen die Vorräte auffüllen», sagte sie, «und frische Blumen an Bord nehmen!» Dann suchte sie aus einem dicken Aktenordner die Telefonnummer des Floristen von Ibiza heraus. Schliesslich mussten auch im nächsten Hafen neue Arrangements geordert werden.
Captain Wilson, den offenbar gar nichts erschüttern konnte, nahm wieder das Mikrophon seines Funkgerätes zur Hand. «Vergessen Sie es», sagte er zum Hafenmeister. «Wir werden am Versorgungspier festmachen – für höchstens eine Stunde.»

Ibiza, Balearen, Costa Dorada, Portofino – wir kreuzten ziemlich planlos durchs Mittelmeer. In den Häfen musste ich meistens an Bord bleiben. Nur wenn Laura das Bedürfnis nach Shopping überkam, durfte ich sie begleiten, um Plastiktaschen voller Designer-Klamotten und kostbarer, oft auch unglaublich kitschiger Klunker hinter ihr herzuschleppen.

Nach drei Wochen liefen wir wieder in Antibes ein. Zum Abschied steckte der Duke mir ein Trinkgeld zu, fünf druckfrische Hundert-Dollar-Scheine, und bedankte sich «for all you've done – specially for Laura!»

Laura malträtierte, als sie von Bord ging, mit ihren Stilettos die Planken. Captain's Wife stand mit säuerlicher Miene daneben und sagte nichts.

Neue Charter-Gäste kamen und gingen, und zwischendurch beehrte uns auch die Eigner-Familie an Bord der ‹Achiever› – sehr angenehme, überraschend angenehme Leute, die aus Südafrika angereist waren, um zwei Tage lang auf ihrer Yacht zum Rechten zu sehen. Der Eigner war ein hochgewachsener Gentleman, dessen Englisch einen starken holländischen Akzent hatte und der sich nicht zu schade war, mit uns in der Crew-Messe zu speisen. Er entschuldigte sich für die engen Platzverhältnisse im Bereich der Personalräumlichkeiten und versprach, dass «auf dem nächsten Schiff» alles besser werde, die ‹Achiever II› sei schon im Bau.

Mir wars egal. Nach fast drei Monaten auf diesem Schiff wurde mir klar: Ich mochte mich nicht länger demütigen lassen. Inzwischen hatte die ganze Crew geschnallt, dass ich schwul war. Und fast alle liessen mich spüren, was sie davon hielten. Nur Steven, der Koch, und Maria, eine der drei Stewardessen, hielten zu mir. Die beiden anderen sprachen kaum ein Wort mit mir. Sie machten für die ganze Crew die Wäsche; nur meine Uniform blieb liegen – ich musste sie selber bügeln.

Ich war überzeugt, dass Captain's Wife sie hinter meinem Rücken gegen mich aufhetzte. Seit ich diese belehren musste, dass man die Gäste am Tisch im Uhrzeigersinn bedient, lag ich mit der alten Hexe im Dauerclinch. Sie konnte es nicht ertragen, dass ich ihr in Fragen des guten Benehmens überlegen war. Wo immer sie konnte, massregelte sie mich – und ich gab ihr, mit trotzigem Vorsatz, immer wieder Grund dazu. Vor allem im Umgang mit den Gästen: Wenn ich spürte, dass unsere Gäste Lust auf eine Konversation mit mir hatten, liess

ich mich gerne auf eine höfliche Plauderei ein. Und nahm gerne in Kauf, dass ich damit Captain's Wife bis zur Weissglut provozierte.
Der Captain strafte mich mit Missachtung – Männer, die sich nicht wie richtige Männer zu benehmen wussten, waren ihm zutiefst zuwider.
Ich sehnte mich nach Marcus' Umarmung. Marcus – seit Wochen hatte ich ihn nicht mehr gesehen. Würde er Verständnis dafür aufbringen, dass ich die Heuer auf der ‹Achiever› vorzeitig aufgab? Dass ich mich wieder fluchtartig aus einer verworrenen Situation stahl? Und versagt hatte ... einmal mehr ...
«Im Boating Business kannst du gutes Geld verdienen», hatte Marcus mir immer wieder eingeschärft, «aber du musst in Kauf nehmen, dass du tief unten durchmusst – bis zur demütigenden Selbstaufgabe ...»

«Christian», sagte Captain's Wife am Morgen des Tages, bevor die ‹Achiever› in ihrem Heimathafen Antibes einlief, «der Captain wünscht Sie zu sprechen!»
Sie hatte überraschend während des Frühstücks die Crew-Messe betreten und liess ihren Blick mit einem maliziösen Lächeln über die Runde schweifen, bevor sie spitz betonte: «Jetzt gleich!»

Wilbur Wilson stand auf seiner Bridge und suchte durchs Steuerbordfenster den Horizont ab. Er liess sein Fernglas auch nicht sinken, als ich die Tür hinter mir schloss und «Hier bin ich, Captain» sagte. «Sie wollten mich dringend sprechen ...»
«Ach ja, Sie», nuschelte er zwischen den Zähnen. «Ja, machen wir es kurz: Captain's Wife und ich teilen die Meinung, dass wir Ihnen nach dem Anlegen die Heuer auszahlen und uns von Ihnen trennen sollten.»

«Es freut mich», gab ich unverfroren zurück, «zu erleben, dass wir uns endlich einmal in einem Punkt einig sind!»
«Es heisst, Sie säten Zwietracht unter dem Personal und seien überheblich», fuhr Wilson fort. «Sie wollten immer alles besser wissen und begegneten den Gästen mit vorlauter Aufdringlichkeit ...»
«In diesem Punkt kann ich Ihnen nicht beipflichten», unterbrach ich ihn. «Aber vielleicht sollten sie sich aus zuverlässiger Quelle informieren – bei den Gästen!»
Im Bewusstsein, dass ich unter den meisten Gästen als Lieblingssteward gehandelt wurde, weil sie es schätzten, kompetent und charmant bedient zu werden – die Trinkgelder, die sie mir regelmässig zukommen liessen, waren ein überzeugendes Indiz dafür –, wandte ich mich ab und warf, grusslos und unsanft, hinter mir die Tür ins Schloss.

So liebevoll, wie ich es mir seit Wochen erträumte, nahm Marcus mich in den Arm und zeigte sich voller Verständnis für meinen unrühmlichen Abgang auf der ‹Achiever›. «Das hätte ich an deiner Stelle auch getan, Sweetie», sagte er. «Alles muss man sich auch als Steward nicht bieten lassen!»
Ende Juli war die Boating Season schon bald zu Ende – keine Chance, noch irgendwo eine Heuer zu finden. Deshalb nahm ich, solange Marcus noch auf der ‹Deneb Star› arbeitete, einen Kellner-Job im ‹Clos des Moines› an, einer billigen Touristen-Pizzeria.

Marcus hatte sich schon lange vorgenommen, nach dieser Saison zu seinen Eltern zu fliegen und das Winterhalbjahr im neuseeländischen Sommer zu verbringen. Wir beschlossen, dass ich ihn begleiten, er sich seinen Eltern gegenüber outen und mich als seinen Freund vorstellen werde.

An einem Abend Ende September gingen wir über die Bücher. Das Studium unserer Bankbelege führte zu einem erfreulichen Ergebnis: Zusammen verfügten wir – vor allem auch dank vieler grosszügiger Trinkgelder – über mehr als zwanzigtausend amerikanische Dollar. Steuerfrei!
«Das müssen wir feiern!» Marcus küsste den Kontoauszug. «Christian – jetzt sind wir dran!»
«Wie meinst du das?»
«Wir sind lange genug den reichen Pinkels in den Arsch gekrochen. Jetzt sind wir es, die es sich gut gehen lassen!»
«Ich versteh immer noch nicht, worauf du hinaus willst.»
«Also – in London werden wir ja ohnehin zwischenlanden, und auf dem Weg nach Australien kommen wir an den Fidschi-Inseln vorbei. Dort wollte ich schon lange mal vor Anker gehen! Christian – unsere Reise nach Australien dauert mindestens zwei Wochen!»
«Find ich geil! Wann?»
«Warum nicht sofort ...»
Ich war ohnehin nicht mehr gut auf das Wirtepaar vom ‹Clos des Moines› zu sprechen, und so machte ich, was ich schon so oft getan hatte: Ich floh. Schmiss einfach den Bettel hin, liess mich nicht mehr blicken und nahm in Kauf, dass ich auf meinen letzten Wochenlohn verzichtete.
Auf die paar hundert Francs mehr oder weniger kam es auch nicht mehr an.

Dezentes Klopfen an der Tür der Hotelsuite. «Das ist er», sagte Marcus und stand auf. Er lächelte geheimnisvoll. «Eine kleine Überraschung für dich, Sweetie!»
Wenn es galt, das Leben – koste es, was es wolle – in vollen Zügen zu geniessen, war Marcus' Ideenreichtum unerschöpflich.

Vor wenigen Stunden waren wir in Heathrow gelandet. Wir hatten im ‹Dorchester› eingecheckt, einem der ersten Häuser in London, richteten uns für die nächsten vier Tage ein und verstauten den Inhalt unserer Koffer in massiven Mahagoni-Schränken.

«Welcome in London, Gentleman!» In der Tür stand ein Mann mittleren Alters in schwarzem Frack. «My name is Stanley.» Dabei senkte er das Haupt zu einer vollendeten Verbeugung. «And I am proud to introduce myself as your personal butler – at your service whenever needed!»

Stanley erwies sich als Butler bester britischer Schule – steif und devot von den polierten Sohlen bis zum akkuraten Scheitel. Wie die vornehme Höflichkeit gehörte auch der silbergraue Bentley, den er am Hoteleingang vorgefahren hatte, zu Stanleys Standard-Service.

Er setzte sich die Chauffeurmütze auf den Scheitel und zeigte uns seine Stadt: Unsere Limousine glitt über die Prachtsallee ‹The Mall› zum Buckingham Palace. Vom belebten Strand fuhren wir über den Trafalgar und Leicester Square zum schillernden Piccadilly Circus. Durch die engen Seitenstrassen von Soho und die eleganten in Mayfair zurück in die City of Westminster und über die mondäne Regent Street, vorbei am Marble Arch, zum Kensington Palace, Dianas früherer Residenz.

Nach dieser exklusiven Sightseeing-Tour lehnte Marcus sich neben mir zurück und bat Stanley, bei ‹Harrod's›, einem der berühmtesten Shoppingparadiese der Welt, vorzufahren.

«Was hältst du dich denn ewig bei den Frauensachen auf», maulte Marcus ungeduldig. Dabei wollte ich mich doch nur über die Kollektionen für den kommenden Mode-Winter ins Bild setzen.

«Gentlemen ...»

Während Marcus die Kreditkarte in seine Brieftasche zurücksteckte, räusperte sich Stanley, der die Einkäufe in riesigen Plastiktaschen hinter uns hergeschleppt hatte, und raunte mir zu: «Darf ich Sie daran erinnern, dass in einer Stunde der ‹High Noon Tea› beginnt.»

Der High Noon Tea im ‹Dorchester› war berüchtigt, ein gesellschaftliches Ereignis erster Güte – alles, was Rang und Namen hatte an der Themse, gab sich hier ein Stelldichein. Selbst Lady Diana, wusste Stanley, soll den ‹Highnoon› nur selten versäumt haben. Nobodys wie Marcus und ich bezahlten 60 Pfund für das Privileg, mit den Schönen und Reichen smallzutalken. Wir schmissen uns in die für teures Geld neu erworbenen Versace-Anzüge, bewegten uns unter den Promis der Londoner Upper Class so nonchalant, als hätten wir ein Leben lang nichts anderes getan, und erzählten ohne zu lügen jedem, der es wissen wollte, dass wir soeben von der Côte eingeflogen seien, wo wir den Sommer auf einer Yacht verbracht hätten, und dass wir uns in London eine Verschnaufpause gönnten, bevor wir unsere Reise fortsetzten Richtung Fidschi-Inseln ...

Das dumpfe Brettern der Rotorblätter gab unserem Ausflug einen gewissen James-Bond-Touch.
Sie wirbelten die Oberfläche des smaragdgrünen, glasklaren Wassers auf, das unter uns wegglitt. Rote Korallenbänke tauchten auf, dann wieder blendend weisse, von Kokospalmen gesäumte Traumstrände – Hunderte von Atollen und kleinste Inselchen: Durch das rundum verglaste Helikopter-Cockpit präsentierten sich die Fidschi-Inseln so menschenleer und paradiesisch, wie auf dem grossen Plakat im Reisebüro.
Nur noch viel schöner ...

Mit offenen Mündern staunten Marcus und ich neben dem Piloten durch die Plexiglaskuppel in eine unwirklich kitschige, fremde Welt hinaus. Der Mann in der blauen Uniform bewegte seinen Steuerknüppel wie einen hochempfindlichen Joystick und grinste uns unternehmungslustig an: «You like exciting helicopter feeling?», krächzte er in unsere Kopfhörer und drehte, ohne eine Antwort abzuwarten, rechts ab, auf die pittoresken Gebirgsketten der Hauptinsel zu.

In der Ferne, gleich unterm Horizont, erkannten wir einen hellen Streifen – die Piste des International Airport von Suva, dem Hauptort der Insel. Kaum zu glauben, dass wir erst gestern Abend dort gelandet waren.

Über irgendwelche dubiosen Beziehungen hatte Marcus in London zwei vergünstigte First-Class-Tickets für den Jumbo nach Los Angeles auftreiben können. 11 000 Meter über dem Atlantik gab es Champagner à discrétion, vierzehn Stunden lang – als wir endlich in L. A. wieder festen Boden unter den Füssen hatten und einen halben Tag lang auf unseren Anschlussflug zu den Fidschi-Inseln warten mussten, war mir sterbenselend zu Mute.

«Was meinst du ...», begann Marcus. Weil er in jeder Hand einen Koffer trug, konnte er nur mit einer Kopfbewegung auf ein Werbeplakat in der Flughafenhalle von Suva deuten. «... wär das was?»

Es war das ‹Regent Palace›, fünf Sterne, direkt am Meer, mit Tennisplatz, Swimmingpool und eigenem Heliport für Inselrundflüge. ‹Your first choice› oder so ähnlich lautete die Werbebotschaft.

«Sieht teuer aus», wandte ich ein.

«Na und? Können wir es uns leisten?»

«Ich denke schon!»
«Wir könnten natürlich auch in irgendeinem Schuppen zwischen Skorpionen und Mistkäfern schlafen ...»
«Marcus! Wäääääk!»
«Na – was meinst du?»
«Wenn schon, denn schon!»
«Du sagst es!»

Am nächsten Morgen fiel ich aus allen Wolken, als wir nach dem Frühstück mit Fruchtcocktails und Liegestühlen in den Händen ein schattiges Plätzchen in der tropisch üppigen Parkanlage suchten und plötzlich ein Mann mit Sonnenbrille und blauem Uniformkombi vor uns stand. «Gentlemen», sagte er. «The helicopter is ready!»
Typisch Marcus! Wieder eine von seinen verrückten Ideen.

Die Felswand schoss uns entgegen, stand schlagartig blickwinkelfüllend vor uns, als der Mann endlich an seinem Knüppel zog. Unser gläsernes Fluggerät schmierte knapp über die Krete, stach auf der anderen Seite halsbrecherisch in die Tiefe, und mein Magen machte mir unangenehm bewusst, was unser tollkühner Pilot unter ‹exciting helicopter feeling› verstand. Er grinste uns an und war überzeugt, dass wir seine Kunst uneingeschränkt bewunderten.
Ich schwankte zwischen Panik und Euphorie, krallte die Finger in Marcus' Hand und juchzte vor Begeisterung. Marcus nahm seinen Kopfhörer ab und machte dasselbe mit meinem – der Pilot sollte nicht hören, was er mir sagen wollte.
«Keine Sorge, Sweetie», schrie er mir ins Ohr, «wenn wir abstürzen, kriegt er es mit mir zu tun!»
Ich lächelte gequält. «Zum Glück fliegen wir übermorgen nicht mit diesem Heli nach Neuseeland ...»

Es war unser letzter Abend im Paradies, dramatischer und kitschiger hätte ihn kein Regisseur in Szene setzen können. Wolken türmten sich zu bizarren Gebilden auf. Dort, wo die Sonne über dem Meer untergegangen war, wechselte das Licht von glühendem Rot zu schwefligem Gelb. Eine auffrischende Westwindbrise spielte in den Kronen schwankender Palmen. Vom Meer her rollten mächtige Wellen an den Strand.

Wir lagen nebeneinander im warmen Sand. Meine Finger spielten mit den blonden Haaren auf Marcus' Brust.

«Wir haben den grössten Teil unserer Budgets verjubelt», sagte Marcus.

«Na und? Ich bereue keinen einzigen Dollar, den wir ausgegeben haben!»

«Aber wir brauchen Geld in Neuseeland. Ich will nicht meinen Eltern auf der Tasche sitzen!»

«Ich auch nicht. Aber müssen wir jetzt über Geld reden? Es ist so romantisch hier!»

«Wir könnten ein Geschäft aufziehen. Was hältst du davon, wenn wir ein Café aufmachen? Oder eine Bar ...»

«Kostet auch Geld ...»

«Du wirst die Gäste verwöhnen. Und ich mach das Management im Hintergrund. Aber erst einmal müssen wir uns nach was Passendem umschauen, wir müssen Beziehungen knüpfen, Kontakte pflegen. Vielleicht reicht es am Anfang nur für eine Pacht. Aber im nächsten Sommer gehen wir wieder auf die Yachten – und verdienen so viel Geld, dass wir in einem Jahr den Laden kaufen können!»

«Die Idee gefällt mir!»

«Chris ...» Ich bemerkte, dass seine Stimme plötzlich einen besorgten Unterton bekommen hatte. «Da ist noch etwas.»

«Ja?»

«Meine Mutter, du kennst sie ja ... Sie weiss noch nichts ...»

«... aber du hast mir doch versprochen, dass du es ihr endlich sagen willst!»
«Ja, natürlich. Aber wir müssen den richtigen Zeitpunkt abwarten. Ich will es ihr schonend beibringen.»
«Und was heisst das?»
«Dass ich dich bitten möchte, zurückhaltend zu sein: kein Händchenhalten, keine Zärtlichkeiten ...
«... ich soll also einfach wieder mal den guten Freund mimen?»
«Right!»
Das Abendrot war erloschen, die Nacht hatte ihre schwarze Decke über das Firmament gezogen. Nur in den Wellen wetteiferten Myriaden von Planktontierchen mit den flimmernden Sternen.
Mir war auf einmal gar nicht mehr romantisch zu Mute.

Am Rande des Hafenstädtchens Tauronga, im nördlichen Teil der Insel, bewohnten Marcus' Eltern ein Haus im Grünen: britischer Country-Stil in Holz und Naturstein, gut zwei Autostunden von Auckland entfernt. Marcus' Vater führte in der Nähe eine kleine Fabrik für Kücheneinrichtungen.
«Ach wie nett, du hast ja wieder deinen Freund mitgebracht», säuselte Marcus' Mutter: «Welcome in New Zealand, Christian!» Sie wies mir das hinterste Gästezimmer zu, möglichst weit von Marcus' Dachkammer entfernt.
Was mich allerdings nicht daran hindern konnte, auf Zehenspitzen aus meinem Zimmer zu schleichen, sowie ich überzeugt war, dass alle im Hause schliefen, und Marcus aufzusuchen. Er schlug die Decke hoch, und ich kuschelte mich an seine warme Haut. Nicht selten hielten wir einander bis zum Morgengrauen wach.
Es muss schon nach fünf Uhr gewesen sein. Zu allem Überfluss hatte Marcus, vertieft ins Liebesspiel, unsere schwitzen-

den Körper von der Bettdecke freigestrampelt, als wir hörten, wie die Türklinke niedergedrückt wurde. Schon stand sie in der Tür. «Marcus, Tele ...»
Der Rest blieb ihr im Hals stecken. Mrs. Wallace liess beinahe das drahtlose Telefon fallen. Einen Moment lang musste ich an die zur Salzsäule erstarrte Gattin des alttestamentarischen Lot denken.
Mit starrem Blick rang sie nach Luft, bevor sie sich auf dem Absatz umdrehte und, ohne die Tür wieder zu schliessen, davonlief. Marcus nahm seinen Bademantel vom Bügel und lief hinter ihr her.
Gedämpfte Stimmen am anderen Ende des Ganges. Ich konnte die Ohren spitzen, wie ich wollte, das Gespräch war nur bruchstückhaft zu verstehen.
«... wollte es euch schon lange ...»
«... dich verführt!»
«... nichts damit zu tun!»
«... will nichts wissen ... darf nicht sein!»

Sie hatte mir als Willkommgeschenk ein gebundenes Büchlein aufs Bett gelegt, eine Sammlung typisch neuseeländischer Redewendungen. Das fand ich sehr nett und aufmerksam. Ich beschloss, meine Vorurteile zu revidieren. Doch das fiel mir, angesichts der abweisenden Kälte, die sie mich immer deutlicher spüren liess, von Tag zu Tag schwerer. Sie war überzeugt, dass ich ihren Liebling mit dieser ‹Krankheit› – denn das war Homosexualität in ihren Augen – infiziert hatte; ich hatte den armen Marcus verführt, wenn nicht gar vergewaltigt ...

Zwischen Marcus' Mutter und mir brach eine Eiszeit an; weit und breit kein Tauwetter in Sicht. Vergeblich versuchte Marcus zu vermitteln.

«Ich halte es nicht länger aus hier», sagte ich ihm. «Ich muss weg – mit dir oder ohne dich ...»
«... ach, weisst du, sie meint es nicht wirklich böse ...»
«Marcus, bitte! Ich gehe! Und du musst dich entscheiden – sie oder ich!»
Marcus nickte. «Kann ich verstehen, Sweetie. Weisst du was – wir suchen uns eine gemeinsame Wohnung; irgendwo im Ort!»

Wir setzten ein Zeitungsinserat auf, das uns erstaunlich rasch und unbürokratisch zu einem Bungalow an der 3rd Avenue verhalf: Viereinhalb Zimmer für 600 neuseeländische Dollar im Monat, zentral gelegen, viel Umschwung – wir zogen sofort ein, kauften uns auf dem Flohmarkt alte Möbel, unter anderem einen Gartentisch und geflochtene Stühle. Wir strichen die Küche knallgelb und behängten eine Wand so kunterbunt mit billigen, kitschigen Bildern, dass es schon wieder originell aussah. Mit grossen blauen Tüchern, die ich zusammennähte, und vielen kleinen Muscheln, die wir am Strand einsammelten, dekorierten wir die biedere Einrichtung und gaben der Wohnung einen eigenwilligen, coolen Touch.
Ich fühlte mich schon bald sehr wohl in unserem neuen Heim.

Lange blieben wir nicht ungestört. Schon am ersten Tag läutete es an der Tür, und Mrs. Wallace stürmte grusslos an mir vorbei auf Marcus zu – und drückte ihm einen Blumenstrauss in die Hand.
«Schau, Christian», sagte er, «meine Mutter hat uns» – er betonte das Wort ‹uns› – «Blumen gebracht!» Sie schien nicht zu merken, dass seine Worte ihr galten.
Seither hat sie uns zwar nie mehr besucht – offensichtlich war es ihr zuwider, das ‹Schwulenhaus› zu betreten. Dafür rief sie mehrmals täglich an, tief besorgt, dass der arme Sohnemann

unter dem Einfluss dieses abartigen Schweizers, der ihn verdorben und dem Elternhaus entfremdet hat, Schaden an Körper und Seele nehmen könnte. Sie warf Marcus Treulosigkeit vor und wollte ihm vorschreiben, was er zu tun und was zu lassen habe.

Als eines Morgens eine riesige Kiste vor der Tür stand, platzte mir der Kragen. Mrs. Wallace, die offenbar daran zweifelte, dass ich in der Lage war, Marcus' Hemden, Socken und Unterhosen in Ordnung zu halten, hatte auf unseren Namen eine Waschmaschine gemietet und an unsere neue Adresse liefern lassen!

«Das ist unerhört», tobte ich. «Deine Mutter bevormundet uns, sie verfügt eigenmächtig über unser Geld!»
«You're right, Sweetie», versuchte Marcus mich zu besänftigen.
«Ich seh das genau so und werde es ihr auch deutlich sagen!»
«Und was machen wir jetzt damit?»
«Was wohl – waschen!»
«Das kannst du machen! Ich rühr das Ding nicht an!»

Unsere Ersparnisse, insbesondere meine, waren erschreckend zusammengeschmolzen. Wenn nicht rasch Geld ins Haus kam, konnten wir uns die im Februar geplante Reise durch das Inselreich abschminken. Ich musste dringend einen Job finden.

Nicht weit von unserem Haus entfernt betrieben Michael und Melanie an der Main Street das kleine, aber prosperierende Café ‹Aikendrum› – der Name erinnerte an eine neuseeländische Märchenfigur: Der alte Aikendrum war ein Mann, der aus Käse bestand und auf dem Mond lebte. Auch sonst war der Laden ziemlich abgehoben. Eine junge Künstlerin hatte, inspiriert von spiritueller Musik, den Boden mit bunten Farbmustern bemalt, die mystisch ineinander flossen; das Wachs von

zahllosen Tropfkerzen, die überall flackerten, und magische Schriftzeichen, hingepinselt von einem Maori, einem neuseeländischen Ureinwohner, zierten den Raum.
Doch es lag weniger an diesem esoterischen Firlefanz, dass wir immer öfter im ‹Aikendrum› zu Gast waren. Die herrlichen Muffins, selbstgebacken und weit herum berühmt, hatten es uns angetan.
Melanie und Michael hatten wir schnell ins Herz geschlossen. Melanie kümmerte sich, stets gut gelaunt und topmodisch gekleidet, um die Gäste, während er, ein gebürtiger Münchner, meistens hinter dem Buffet vor sich hinwerkelte. Ich war froh, dass ich mit Michael wieder einmal Deutsch sprechen konnte.
«Sorry», rief Michael aus der Küche, als wir wieder einmal im ‹Aikendrum› eingekehrt waren. «Ich kann mich nicht zu euch setzen. Heute ist wieder einmal der Teufel los!»
«Ihr solltet jemanden für den Service einstellen», sagte ich zu Melanie, als sie den Kaffee und die Muffins auf den Tisch stellte.
«Du bist gut», entgegnete sie. «Wir suchen ja schon lange! Aber es ist nicht einfach, gutes Personal zu finden!»
Wenig später einigten wir uns per Handschlag – ich hatte meinen Job als ‹Servicefachkraft› im esoterischen Café ‹Aikendrum›.

Ich blühte auf. Endlich stand einmal nicht Marcus im Vordergrund – ich war es, der das Geld nach Hause brachte. Und ich war es, der mit Melanie und Michael nicht nur zwei liebenswürdige Arbeitgeber gefunden hatte, sondern auch Freunde, die nicht aus Marcus' Kreisen stammten.
Wenn Michael hinter seinem Buffet stand und zu klassischer Musik Thon, Käse, Roastbeef und Schinken zwischen Brotscheiben drapierte, ging ich lächelnd mit einem geflochtenen Korb voller Sandwiches durch die Reihen der Gäste.

Michaels Sandwiches waren fast so berühmt wie seine Yoghurt-Fruchtsäfte in den Aromen Brombeer, Banane oder Kiwi – und bald beliebter noch als die legendären Muffins.
«Hast du schon mal daran gedacht», sagte ich eines Tages zu Michael, «wie viele gestresste Geschäftsleute auf deine Köstlichkeiten verzichten müssen, nur weil sie mittags nicht aus dem Büro kommen?»

Am nächsten Tag füllte ich, als die Gäste im Café bedient waren, meinen Korb erneut mit frischen Muffins und Sandwiches und klapperte die Bank- und Versicherungsfilialen, die Wasch- und Coiffeursalons und all die vielen Kleingewerbler an der Main Street ab.

Die Idee mit der ‹Sandwich Delivery› schlug voll ein: Bald war ich im ganzen Quartier als ‹Muffin Man› bekannt und beliebt. Ich wurde von der Stammkundschaft erwartet und hatte alle Hände voll zu tun.

«Was meinst du, Sweetie», sagte Marcus, der inzwischen auch eine Saisonstelle als Kellner in einem Restaurant angetreten hatte und, mindestens so abgekämpft wie ich, spät in der Nacht nach Hause gekommen war. «Sollen wir den Wagen kaufen? Einen Audi 80, beige lackiert und kaum gebraucht – nur 4000 New Zealand-Dollar!»
Das waren noch nicht einmal zweitausend Franken, rechnete ich mir aus, zweifellos eine günstige Gelegenheit. Trotzdem wand ich ein: «Wir haben doch noch kaum was auf der hohen Kante. Ausserdem brauchen wir das Geld für den Trip im Februar!»
«Mit dem Auto könnten wir Geld verdienen!»
«Willst du Taxifahrer werden?»

«Quatsch! Wir machen uns selbständig und bauen das Delivery-Business aus! Wir beglücken die ganze Stadt mit Muffins und Sandwiches!»
«Da werden Michael und Melanie aber keine Freude haben!»
«Ach was, die beliefern doch nur die Innenstadt. Wir aber können mit dem Wagen die Aussenquartiere bedienen!»
Er sollte Recht bekommen: Michael und Melanie fanden seine Idee grossartig, und unser neuer Audi sah richtig schick aus.

Wir standen frühmorgens um vier Uhr auf, schoben Muffin-Teig nach Marcus' Rezept in den Ofen. Vor Bergen verschiedener Brot-, Käse-, Salat-, Fleisch- und Früchtesorten setzten wir uns an den Küchentisch und liessen unserer Fantasie beim Kreieren neuer Sandwichsorten freien Lauf. Neben Klassikern wie Geflügel- und Thonsalat kombinierten wir etwa Camembert mit Bananencurry. Der grosse Hit aber war das mit Rührei gefüllte Bratspeck-Sandwich.
Stolz stellten wir fest, dass unser Angebot an Sandwiches noch vielfältiger, die Zusammensetzung der Zutaten noch verrückter war als die Produkte aus Michaels ‹Aikendrum›-Küche. Seine Muffins allerdings blieben unübertroffen.

Der Audi war bis unters Dach mit Schachteln gefüllt, wenn Marcus ihn zwischen sieben und zehn Uhr durch die Aussenquartiere von Tauronga steuerte. Während ‹mein Chauffeur› unten wartete, weibelte ich mit meinem Korb von Tür zu Tür. Nach der Tour kauften wir gleich wieder die Zutaten für die Produktion des nächsten Tages ein, bevor ich beim Mittagsservice im ‹Aikendrum› aushalf.
Zu den besten Zeiten, in den ersten Wochen des Jahres 1995, verkauften wir an einem Morgen mehr als fünfzig Sandwiches, das Stück zu sieben New Zealand-Dollar, und mindestens noch

einmal so viele Muffins zu drei Dollar fünfzig. Damit konnten wir zwar nicht reich werden, aber Anfang Februar hatten wir immerhin genug Geld beieinander, um zum grossen Inseltrip aufzubrechen.

Einen ganzen Monat lang bereisten Marcus und ich das Land. Wir kraxelten durch wilde Gebirgszüge, tauchten zu farbenprächtigen Korallenbänken und durchquerten kahle Mondlandschaften. Wir fuhren mit einem Whalewatch-Boot aufs Meer hinaus und wurden von Delphinen empfangen, die sich zu hunderten um unser Schiff tummelten und uns freundlich keckernd begrüssten. Wir erkundeten die weitläufigen Höhlensysteme bei Taupo und liessen uns in Neopren-Anzügen durch unterirdische Wasserläufe treiben. Wir schwitzten im subtropischen Norden des Inselreichs, wir schlotterten an Neuseelands Südkap und begegneten dem Gelbaug-Pinguin, der dort in grossen Kolonien und einträchtiger Nachbarschaft zur menschlichen Zivilisation lebt.

Nie zuvor habe ich mich so männlich gefühlt wie in dem halben Jahr, das ich ‹downunder› verbrachte – in der südlichen Hemisphäre, Marcus' Heimat.
Es war, als sei die Frau in mir in einen tiefen Schlummer gefallen – im Land der sechs Millionen Schafe schwieg die weibliche Seele.
Es war die Ruhe vor dem Sturm.

Mitte März tobte der Winter noch einmal durch die Schweiz. An jenem stürmischen Morgen hatte der Pilot seine liebe Mühe, die Maschine auf der Landepiste von Zürich-Kloten aufzusetzen. Ein eisiger Wind peitschte den Regen gegen die kleinen Scheiben der Flugzeugfenster.

Marcus wirkte missmutig. Er wäre gern länger in Neuseeland geblieben und war von seinen Eltern massiv unter Druck gesetzt worden, mich alleine reisen zu lassen. Sie hatten sogar angeboten, ihm ein Haus zu kaufen, wenn er darauf verzichtete, mich nach Europa zu begleiten.
Aber ich hatte ihn doch noch überreden können, vorzeitig aufzubrechen. «Je früher wir in Südfrankreich sind, desto besser unsere Chance, eine gute Heuer zu finden», hatte ich argumentiert. «Wir könnten ja erst einmal eine Woche in der Schweiz ausspannen, und dann stell ich dir Toni, meine Lieblingstante, vor und natürlich auch meine Eltern.»
Ich erinnerte mich, dass Vati sich endlich den lang gehegten Traum vom Ferienhaus am Mittelmeer erfüllen wollte und deshalb im hügeligen Hinterland von Nizza bereits ein Grundstück erworben hatte. Vielleicht, spekulierte ich, stand das Haus ja schon ...

Als ich vor der Tür meiner Pflegeeltern stand, fühlte ich mich innerlich zerrissen.
Ich wusste, dass sie wieder Fragen stellen würden, die ich nicht beantworten konnte oder wollte. Und bestimmt würden sie mir auch mein Vagabundenleben und mein langes Schweigen vorhalten.
Ich hatte am Flughafen kurz angerufen. Mutti war ebenso überrascht wie erfreut, meine Stimme zu hören. Jedenfalls erweckte sie am Telefon diesen Eindruck. Spontan lud sie uns zum Mittagessen ein.
Aus Verlegenheit verlagerte Marcus sein Gewicht von einem Bein auf das andere, und mir wurde bewusst, dass ich zum ersten Mal einen schwulen Freund mit nach Hause brachte. Ich nahm mir vor, mich um Harmonie zu bemühen und keinen Streit aufkommen zu lassen.

«Das ist Marcus Wallace aus Neuseeland, ein Freund und Arbeitskollege von der Côte d'Azur – wir haben uns in Asien kennen gelernt.»

«Welcome in Switzerland», sagte Vati. Er mühte sich ein Lächeln ab und reichte Marcus die Hand. Mutti wies dem Gast einen Platz am Tisch zu und trug Rindsgulasch mit Reis auf.

Das Gespräch wollte gar nicht recht in Gang kommen, und die Atmosphäre war höflich angespannt. Alle fühlten sich unwohl.

Bloss keine heiklen Themen anreissen, dachte ich und erzählte von Neuseeland und unseren Plänen für diesen Sommer.

«Bevor wir in Auckland ein Café eröffnen, wollen wir noch eine Saison lang im Boating-Geschäft Geld verdienen», sagte ich, «an der Côte d'Azur – apropos: Wie geht es dem Haus in Nizza?»

«Nöd jetzt», meinte Vati auf Schweizerdeutsch, damit Marcus ihn nicht verstehen konnte. «Komm nach dem Essen zu mir ins Büro – allein!»

Mir schwante Übles, als ich den Raum betrat, doch Vati hielt mir keine Standpauke. Er öffnete die Schreibtischschublade, holte einen kleinen Schlüsselbund heraus und liess ihn vor meinen Augen baumeln: «Ihr könnt dort wohnen, bis ihr eine Arbeit gefunden habt. Es ist alles eingerichtet!»

«Vati! Du bist der Grösste!»

«Ich bin ja auch froh, wenn jemand im Haus ist. Es treibt sich allerlei Gesindel herum! Aber benehmt euch, seid vor allem diskret und macht mir keine Schande. Ich mache dich persönlich dafür verantwortlich!»

Mit diesen Worten händigte er mir den Schlüssel aus.

«Puh!» Marcus atmete auf, als wir im Zug nach Basel sassen. «Ich glaube, die Schweiz liegt näher am Nordpol als Grönland!»

«Wie meinst du das?»
«Ein kaltes Land ...»
Ich konnte gut verstehen, was ihn beschäftigte: Obwohl Marcus' Homosexualität für seine Eltern ein Schock war und trotz der rasenden Eifersucht seiner Mutter, hatten sie mich mit offenen Armen in ihrem Haus aufgenommen. Vati und Mutti jedoch hatten kaum ein Wort mit Marcus gesprochen und sich sogar geweigert, ihn durchs Haus zu führen.
«Nimms nicht persönlich», sagte ich. «Meine Eltern sind halt manchmal etwas reserviert. Aber immerhin stellen sie uns ihr Haus zur Verfügung, und das ist alles andere als selbstverständlich.»
«Sind eigentlich alle Schweizer so frostig?»
«Viele sind es», bestätigte ich. «Aber es gibt natürlich auch bei uns freundliche Menschen. Wart ab, bis du Toni und Ruedi kennen lernst!»

Toni hatte ihr Haar frisch gefärbt – diesmal hennarot – und, wie sich bald herausstellte, sogar ein paar Englischstunden genommen, um sich mit Marcus unterhalten zu können. Die beiden waren – zumindest während der vier Tage, die wir im Baselbiet verbrachten – ein Herz und eine Seele.
Doch dann bahnte sich das Koffer-Drama an.
All die teuren Kleider, die wir uns vor einem halben Jahr in Cannes und London gekauft hatten, waren in zwei grossen Samsonite-Koffern verstaut. Solange wir in Steward-Uniformen an Bord irgendwelcher Luxusyacht herumlaufen mussten, hatten wir keine Verwendung dafür – und auch keine Lust, die schweren Koffer nach Frankreich zu schleppen.
«Würde es dir was ausmachen», fragte ich Toni am übernächsten Tag, «wenn wir zwei Koffer in deinem Keller einstellen, solange wir in Frankreich arbeiten?»

Toni war in die Lektüre eines Buches vertieft und mochte sich nicht stören lassen. «Muss das sein?», gab sie unwirsch zurück.
«Wir reden noch darüber!»
Doch dazu kam es nicht mehr.

«Sweetie», sagte Marcus am Morgen des vierten Tages. Es war ein Dienstag Mitte März, wir sassen nach dem Frühstück am Tisch und langweilten uns. Ruedi war schon in die Stadt gefahren, und Toni war auch nicht da. Wieder einmal hatte sie über Migräne geklagt und leider keine Zeit für den längst versprochenen Bummel durch die Geschäftsstrassen in der Innenstadt und das Nachtessen in einem Kleinbasler Szenelokal.
«Sweetie – ich halte es hier nicht mehr aus!»
Ich konnte ihn ja verstehen. Er kannte keinen Mensch in der Schweiz, und der Wunsch, diesem Land der Nüchternheit den Rücken zu kehren, endlich das Meer zu sehen und Geld zu verdienen, trieb ihn von Tag zu Tag heftiger um.
«Mir stinkt es. Lass uns abreisen!»
«Jetzt?»
«Jetzt!»
«Sofort?»
«Sofort!»

Liebe Toni, lieber Ruedi
Habt ganz herzlichen Dank für eure Gastfreundschaft und entschuldigt bitte, dass wir uns auf diesem Weg verabschieden. Aber es ging nicht anders, wir müssen sofort abreisen. Ich erklär es euch dann am Telefon.
En liebe Gruess vom Christian

P.S.: Danke auch, dass wir einstweilen die Koffer in eurem Keller einstellen dürfen!

Ich hatte kein gutes Gefühl, als ich den Zettel auf den Salontisch legte und mit den beiden Koffern in den Keller hinunterstieg. Aber ich wollte nicht darüber nachdenken.
Marcus hatte inzwischen die Rucksäcke gepackt und stand schon bei der Tür.
Merkwürdig, dachte ich, als wir an der Haltestelle auf den Bus warteten, der uns zum Hauptbahnhof bringen sollte. Warum sieht bei mir jeder Abschied wie eine Flucht aus?

High Society
Vom Öl-Scheich zur Milliarden-Madame

«Seid ihr von allen guten Geistern verlassen? Was habt ihr euch eigentlich dabei gedacht?»
Ich nahm den Telefonhörer vom Ohr und schaute ihn verwundert an. Ruedis Tirade war auch so noch deutlich zu verstehen.
«Was ist denn los?»
«Was los ist?» Noch nie zuvor hatte ich den Mann meiner Tante Toni so aufgebracht erlebt. «Ich will dir sagen, was los ist: Da lädt deine Tante euch ein, beherbergt euch tagelang – und was machst du? Machst dich mit deinem sauberen Freund einfach aus dem Staub – heimlich, ohne ein Wort des Dankes, ohne Abschied. Und zu allem Überfluss lasst ihr uns hier auf euren Koffern sitzen ...»
«... Ruedi, das ist ein Missverständnis; ich hab es euch doch aufgeschrieben!»
«Aufgeschrieben ... aufgeschrieben. Leere Worte! Christian, wir sind sehr enttäuscht!»
«Bitte, Ruedi, lass mich mit Toni reden!»
«Ich weiss nicht, ob sie mit dir reden will ...»

Mein Gefühl hatte mich wieder einmal nicht getäuscht. Seit Wochen schon, seit wir Hals über Kopf aus Basel abgereist waren, uns im Ferienhaus meiner Eltern eingerichtet hatten und auf den erlösenden Anruf von der Boating-Agentur warteten, mahnte eine Stimme in mir: Du musst Toni anrufen, du hast es versprochen. Aber irgendwie schwante mir Übles. Etwas lag in der Luft, dem ich ausweichen, das ich verdrängen wollte – bis das Gewissen mir keine Ruhe mehr liess.

Eine Weile lang hörte ich sie nur schluchzen.
«Christian, das müssen wir uns nicht bieten lassen», presste Toni schliesslich hervor. «Und dass dus grad weisst: Wir haben die Koffer entsorgt!»
«Entsorgt?»
«Wir haben sie der Müllabfuhr mitgegeben!»
«Was habt ihr?» Jetzt war auch ich den Tränen nahe, Tränen der Wut. «Wisst ihr überhaupt, was da drin war?»
«Ist wahrscheinlich besser, wenn wir es nicht wissen; die Koffer waren ja gut verschlossen!»
In meinem Zorn fand ich nur noch gemeine Worte, die meine Tante von mir noch nie zu hören bekommen hatte und die mir – das wusste ich bereits, während ich sie ins Telefon kreischte – schon bald sehr Leid tun würden.

Auch Marcus war ausser sich. Das seien ja feine Verwandte, schrie er mich an, die sich an fremdem Eigentum vergreifen. Ob das so sei in der Schweiz, anvertraute Sachen in den Müll zu schmeissen ...
«Was kann ich denn dafür? Ich wusste doch nicht, dass ...»
«... ach komm, sei doch ruhig! Es war deine schwachsinnige Idee, meine teuren Sachen in diesen verfluchten Keller zu stellen!» Er rastete richtig aus, und ich betete, dass dieser unselige Tag endlich zu Ende gehen möge ...

Am nächsten Tag war Marcus noch immer sauer. Und seine Stimmung erreichte ihren Tiefpunkt, als das Telefon läutete und der Anrufer mich zu sprechen wünschte.
Ich erkannte die Stimme sofort.
«Captain Wilson ... Sie? Damit habe ich nun wirklich nicht gerechnet!» Ich hatte nicht gerade die besten Erinnerungen an Wilbur Wilson, den Kapitän der ‹Achiever› – mein Abgang dort

vor mehr als einem halben Jahr war alles andere als ein Highlight in meinem Curriculum.

In der holländischen Werft sei kürzlich die ‹Applaus›, sein neues Schiff, noch grösser und schöner als die ‹Achiever›, vom Stapel gelaufen. «Und was Ihnen besonders gefallen wird: Beim Bau des Schiffes wurden vor allem die Raumverhältnisse im Crew-Bereich verbessert.»

«Das freut mich! Und was sagt Ihre Gattin zum neuen Schiff?»

Er lachte. «Captain's Wife, ich weiss – Sie hatten es nicht immer einfach mit ihr in der vergangenen Saison! Aber keine Sorge: Meine Frau arbeitet nicht mehr an Bord.» Ich glaubte, ein leises Seufzen zu hören, als er anfügte: «Es hat sich einiges geändert in letzter Zeit!»

«Auch die Heuer?»

«Besser als letztes Jahr, deutlich besser. Sie können morgen anfangen, wenn Sie wollen!»

«Das kommt alles sehr überraschend», sagte ich und zögerte. «Ich danke Ihnen für Ihr Vertrauen. Geben Sie mir Bedenkzeit!»

Die ‹Applaus› hatte ihren Namen verdient – ein Traum von einer Yacht, spektakulär schön, grösser und schnittiger als die ‹Achiever›, ihre Vorgängerin. Ich hatte mich, neugierig geworden durch das Gespräch mit Wilson, noch am selben Tag auf den Weg nach Antibes gemacht, um mir dieses Schiff anzusehen.

Im Yachthafen, der mir inzwischen schon richtig vertraut vorkam, stach mir noch ein anderes Schiff ins Auge. Es lag ganz vorne am Pier 1 und war schlicht gigantisch: fünf Decks von der Wasserlinie bis zum Top und mit gut hundertzwanzig Metern fast doppelt so lang wie die ‹Achiever›. In grossen goldenen Lettern stand der Name ‹Kingdom› an Heck und Bug,

darunter arabische Schriftzeichen. Die ‹Kingdom› war das grösste Schiff in Privatbesitz und – wie ich später erfahren sollte – das schwimmende Königreich eines saudiarabischen Prinzen. Irgendwie kam mir das bekannt vor. Kürzlich erst hatte ich gelesen, dass der Popstar Michael Jackson während des Filmfestivals in Cannes an Bord einer Saudi-Yacht zu Gast war, um gemeinsame Geschäfte zu besprechen. Der Prinz wollte offenbar ins Unterhaltungsgeschäft investieren.
Ob es sich wohl um ein und denselben Prinzen handelte?

Die Frage spukte mir auf der Heimfahrt noch lange durch den Kopf.
Mit dem Zug nach Nizza, im Bus auf schmalen Strassen über die Hügel des Hinterlands, schliesslich ein anstrengender Fussmarsch. Die Reise vom Yachthafen in Antibes zum Ferienhaus meiner Eltern, von der Welt der Schönen und Reichen ans Ende der Welt, dauerte fast zwei Stunden.

Marcus' Welt geriet von Tag zu Tag mehr aus den Fugen.
Missmutig sass er auf der Sonnenterrasse und blätterte in der Fachzeitschrift ‹Yachting›.
Er wollte den Puls des Lebens spüren, wollte wie früher in den Kneipen an der Küste umschwärmter Mittelpunkt sein, Leute kennen lernen, Kontakte knüpfen.
Doch in Nizza fuhr der letzte Bus schon um acht Uhr abends ab.
Marcus fühlte sich in unserem abgelegenen Ferienhaus wie ein Gefangener.
Seine edlen Designerklamotten, auf die er immer so grossen Wert gelegt hatte, sind in der Basler Kehrichtverbrennungsanlage gelandet. Sein Bankkonto leer geplündert, sein sonst so ausgeprägtes Selbstbewusstsein – am Arsch.

Er wurde zusehends aggressiver – auch sexuell. Unser zärtlicher Kuschelsex genügte ihm nicht mehr. Unsere Streichelspiele waren plötzlich nur noch öde Fummelei. Marcus wurde immer fordernder.
Er wollte mich bumsen.
«Du weisst doch, dass ich das nicht kann», bettelte ich um Verständnis. «Es ekelt mich an – und du weisst auch, warum. Ich hab dir doch erzählt, was damals in Genf passiert ist ...»
«Kommst du denn nie darüber hinweg! Je länger desto weniger werde ich den Eindruck los, dass du mich gar nicht richtig liebst ...»
«Ich liebe dich mehr, als du dir vorstellen kannst», sagte ich traurig. «Aber manchmal machst du es mir ganz schön schwer.»
Schlimmer als alles andere waren für Marcus die Anrufe: Immer, wenn das Telefon läutete, galt es mir. Mir, dem kaum erfahrenen Neuling im Boating-Geschäft, wurde ein attraktiver Job nach dem anderen angeboten. Und Marcus, der allseits bekannte und beliebte Head-Steward, der alte Fuchs im Business, der schon bei Präsidenten und gekrönten Häuptern gedient hatte, hockte da und blinzelte tatenlos in die Sonne.

«Für dich!» Mit säuerlicher Miene legte Marcus den Hörer neben das Telefon.
«Wir hätten da was für Sie», sagte der Vermittler am anderen Ende der Leitung. «Eine etwas besondere Heuer – sehr anspruchsvoll und äusserst diskret ...»
«Welches Schiff?»
«Kann ich nicht sagen, nicht am Telefon. Kommen Sie doch bitte möglichst bald in die Agentur!»
«Gratuliere», sagte Marcus ironisch, nachdem ich aufgelegt hatte. «Das kann nur der Prinz sein!»

Und tatsächlich: Der Prinz war der Eigner der ‹Kingdom›. An Bord erfuhr ich vom Kapitän, dass Seine Königliche Hoheit in Erwägung zog, den unbekannten Christian Brönimann zu seinem persönlichen Steward zu ernennen.
Wow!
Zuvor gelte es allerdings, noch ein paar Hürden zu überwinden, sagte der Kapitän. Als Nächstes würde ich seiner Frau vorgestellt werden, danach nach London fliegen und dort das Head-Office des Prinzen sowie dessen Botschaft aufsuchen. Dann erst werde der Prinz mich persönlich in seiner Residenz in Riad empfangen, um anschliessend seinen Entscheid zu fällen.

Die Nachricht traf Marcus wie ein Hammer. Obwohl er sich bemühte, sich seinen Groll nicht anmerken zu lassen, entging mir nicht, wie mein Erfolg unsere Beziehung vergiftete.

Die Frau des Kapitäns musterte mich wohlwollend und schärfte mir ein, dass die Funktion des ‹personal Steward to his Royal Highness› eine ehrenvolle Vertrauensstellung sei, insbesondere unterstünde ich ab sofort der Schweigepflicht, aus Sicherheitsgründen dürfe ich den Namen des Prinzen niemals öffentlich mit jenem seines Schiffes in Zusammenhang bringen. «Zudem muss ich Sie ja wohl nicht besonders darauf hinweisen», sagte sie abschliessend, «dass Seine Hoheit es schätzen, wenn Sie ihm in angemessener Kleidung entgegentreten!»
Es war klar: Eine Krawatte musste um den Hals.
Ich hasse Krawatten, ein sinnloses Kleidungsstück, dieser Phallus aus Samt und Seide.

Die Reise nach London trat ich nicht allein an: Philippe, ein anderer Steward, der sich ebenfalls um den Job beworben

hatte, begleitete mich. Ich merkte rasch, dass der junge Franzose nicht besonders qualifiziert war. Bei den wenigen Gesprächen, die wir führten, stellte sich schon bald heraus, dass er ganz offensichtlich noch weniger Erfahrung im Boating-Business hatte als ich. Ausserdem liessen seine Manieren zu wünschen übrig – ein aufgeblasener Lackaffe, der mir diesen Zuckerjob streitig machen wollte! Nach welchen Kriterien war der bloss ausgewählt worden.
Die Antwort gab mir eine freundliche Sekretärin des Prinzen in dessen Londoner Hauptquartier. Unmissverständlich liessen ihre diplomatischen Formulierungen durchblicken, dass dieses Auswahlverfahren vor allem formellen Charakter habe. Man präsentiere Seiner Königlichen Hoheit jeweils mehr als einen Kandidaten. Da der Prinz jedoch weder Zeit noch Musse habe, Dutzende von Bewerbungsunterlagen zu studieren und Qualifikationskriterien zu prüfen, werde die Vorauswahl so sorgfältig getroffen, dass ihm die Wahl leicht falle.
Eine Limousine fuhr vor und brachte Philippe und mich zum ‹Regent Palace›, wo unsere Suiten für zwei Nächte reserviert waren. Bis ein Jumbo der ‹Saudiarabian Airways› nach Riad startete, hatten wir ausführlich Gelegenheit, bei voller Spesenentschädigung die Attraktionen der britischen Metropole zu geniessen. Unter anderem nutzte ich die Zeit, um die Krawattenknüpftechnik zu üben. Dabei stand mir der freundliche Hotelbutler beratend zur Seite; ich wollte meinen Kontrahenten Philippe nicht wissen lassen, dass ich mit Krawatten so gut wie gar keine Erfahrung hatte.

Im Hotel ‹Hyatt› von Riad beschied man uns, dass wir uns während der nächsten drei Tage abrufbereit halten müssten – man könne nie so genau wissen, wann Seine Königliche Hoheit gerade Zeit finde, uns zu empfangen.

Dann – am zweiten Tag – ging alles sehr schnell. In einer Viertelstunde würde ich abgeholt werden, liess mich die Dame vom Hotelempfang wissen, ich solle bitte schön pünktlich sein. Meine Hände zitterten ein bisschen, als ich versuchte, die beiden Enden des dunkelblauen Schlipses, den ich aus Marcus' Sammlung stibitzt hatte, miteinander zu verschlaufen. Ich verheddderte mich hoffnungslos.

Das Gebäude machte nicht den Eindruck eines königlichen Palastes, es sah eher aus wie ein feudaler Verwaltungssitz.
Die Wände des Büros waren mit dunklen Tropenhölzern getäfert. Schlapp hing in einer Ecke die königliche Flagge an der Stange. Schwere Teppiche, eine lederne Sitzgruppe und ein kolossaler Schreibtisch dominierten den Raum.
Erst als er mit ausgestreckter Hand auf mich zukam, nahm ich den unscheinbaren Mann wahr.
«Ich freue mich, dass Sie Interesse für unser Schiff zeigen, und bedanke mich dafür», sagte er mit ausgesuchter Höflichkeit und wies auf einen Ledersessel. «Aber bitte, nehmen Sie doch Platz!»
Er trug einen dunklen Strassenanzug europäischer Herkunft und einen ebenso dunklen Schnurrbart – nur die markanten arabischen Gesichtszüge unterschieden ihn von Schweizer Geschäftsleuten.
Statt sich nach meiner Ausbildung oder früheren Arbeitgebern zu erkundigen, wollte er wissen, ob noch Schnee liege in Gstaad. «In den höheren Lagen kann man sogar noch Ski fahren», sagte ich, obwohl ich natürlich keine Ahnung hatte. Und was mein Herr Papa so mache. «... ist der Chef eines Management Consulting-Unternehmens.» Aber auch darüber wusste ich nicht näher Bescheid.
Austausch höflicher Belanglosigkeiten, Nonsens reden und lächeln – Smalltalk halt ...

«Sie werden von uns schriftlich Bescheid bekommen», sagte der Prinz und erhob sich. «Schon in den nächsten Tagen!» Sein Händedruck war warm und kräftig. «Aber machen Sie sich keine Sorgen: Meine Familie und ich freuen uns auf die Zusammenarbeit mit Ihnen!»
So unverbindlich, wie sie begonnen hatte, ging die Audienz zu Ende.
Als die königliche Limousine Philippe und mich zum Flughafen fuhr, zweifelte ich nicht mehr daran, dass ich den Job hatte. Und als das Flugzeug abhob und Kurs auf Europa nahm – oben blauer Himmel, unten gelbe Wüste –, da kam mir alles wie ein verrückter Traum vor.
Ich lockerte den Knoten am Hals und entledigte mich des ungeliebten Kulturbändels.

«Hey», jubelte ich, als ich das Haus betrat. «Ich hab den Job!»
Marcus sass mit einer Zeitschrift auf dem Schoss neben dem Telefon. «Na wunderbar», sagte er und las weiter.
«Hast du schon was gefunden?»
«Ich hatte zwar ein Angebot, aber das kam nicht in Frage – uninteressant ...»
«Tut mir Leid!»
«Tut mir Leid, tut mir Leid», äffte er mich nach. «Meine Sorgen brauchen dich nicht zu kümmern!»
Sein angeschlagenes Ego belastete unsere Beziehung. Sie hatte den Tiefpunkt erreicht, und das ging mir mehr an die Nieren, als ich wahrhaben wollte.

Der Brief auf dem Tisch war an mich adressiert, ohne Angabe des Absenders. Ich öffnete ihn, und schon als ich den Briefkopf sah – ‹MS Carynthia› –, wusste ich, dass mein Leben eine entscheidende Wende erfahren würde.

«... weshalb wir Sie höflich ersuchen, baldmöglichst mit Kapitän Griebel Kontakt aufzunehmen. Herr Griebel würde sich freuen, Sie in den nächsten Tag an Bord der ‹Carynthia› begrüssen zu dürfen ...»

‹Carynthia› ... Griebel ... Vor meiner Reise nach London und Riad hatte ich an Bord des Schiffes vorgesprochen; es war dasselbe Schiff, auf dem ich schon vor einem Jahr meine Bewerbungsunterlagen abgegeben hatte. Das Bild an der Wand in der Crew-Messe fiel mir ein, das Porträt von Ingrid K., der glamourösen, reichen ‹Königin› des internationalen Jetset. Und der barsche Schiffsoffizier, der mir ausrichten liess, Captain Griebels Bedarf an Stewards sei gedeckt, und mich, als ich ihn auf das Konterfei der Eignerin ansprach, von Bord jagte ...

«Ich hätte da noch was anderes für Sie. Ihre Qualifikationen prädestinieren Sie ...»

Karl Griebel war ein älterer Herr um die sechzig – Typ deutscher Seebär vom alten Schrot und Korn. Er strich sich mit der Hand über seinen weissen Bart, schaute erst gedankenverloren mich, dann grübelnd meine Papiere an, ging schliesslich, die Hände in den Taschen seiner Uniformhose vergraben, ans Fenster und liess den Blick angestrengt über das Hafenbecken schweifen.

«Die Madame ...» – er vermied es, ihren Namen zu nennen, und ich täuschte vollkommene Ahnungslosigkeit vor – «... braucht einen persönlichen Butler für ihre Villa in Österreich. Ab sofort!»

In meinem Kopf wirbelten die Gedanken durcheinander. Ich würde nicht mehr Englisch sprechen müssen und sah mich schon im Dunstkreis dieser schönen, kultivierten Frau durch die Welt jetten. In meiner Vorstellung stellte ich die Garderobe der legendären Milliardärin zusammen, lackierte ihre Fingernägel und servierte Champagner.

Plötzlich war der Wüstenprinz in weite Ferne gerückt. Bei den Arabern, hatte man mich immer wieder gewarnt, werde man rund um die Uhr schikaniert und gedemütigt.

«Ja», sagte ich, «das könnte ich mir durchaus vorstellen!»
Griebel räusperte sich. «Ich sags Ihnen lieber gleich: Die Madame stellt hohe Ansprüche an die Belastbarkeit des Dienstpersonals; sie werden nicht viel Privatleben haben.»
Er legte einen Vertragsentwurf auf den Tisch. 3 300 Dollar pro Monat. «Steuerfrei», sagte Griebel, und mir wurde klar, weshalb Anstellungsgespräch und Vertragsunterzeichnung an Bord eines Schiffes stattfinden mussten. Dies hier war gewissermassen exterritoriales Gebiet, kein Finanzamt der Welt war hier zuständig.
Mir fiel auf, dass der Name meiner Arbeitgeberin auf dem Formular erwähnt war – nicht der berühmte deutsche, den die Regenbogenpresse zum Synonym für Reichtum gemacht hat, sondern der weniger bekannte französische Name ihres zweiten Ehemannes. Ihr erster war Anfang der Neunzigerjahre gestorben. Nebst dem Geld, das seine frühere Sekretärin und nachmalige Gattin gekonnt zu verwalten und zu mehren wusste, hatte er auch ein Handelsimperium hinterlassen, das sich über den halben Globus erstreckte. Mit einem hochgerechneten Vermögen von drei Milliarden Dollar, hatte ich mir angelesen, gehört Ingrid K. zu den dreissig reichsten Frauen der Welt. Im internationalen Jetset reihte sie sich mit ihren glamourösen Auftritten unter den Top Ten ein, auch wenn sie seit ihrer zweiten Hochzeit nicht mehr so oft in der Öffentlichkeit zu sehen war.
Ich wollte die Chance, dieser faszinierenden Frau nahe zu sein, nicht verpassen. Während ich meine Unterschrift auf das Papier setzte, fragte ich mich, wie Marcus das wohl aufnehmen würde.

Der Kapitän dämpfte seine Stimme und gab ihr einen verschwörerischen Unterton. «Es gibt da noch drei Dinge, die Sie wissen sollten. Erstens: Formalitäten und Förmlichkeiten haben höchste Priorität. Zweitens: Mindestens so wichtig wie Konvention ist Diskretion – absolute, zeitlich uneingeschränkte Diskretion. Drittens: Sprechen Sie die Dame auf keinen Fall mit ihrem Namen an. Sie ist für Sie grundsätzlich nur die ‹Madame› – ausser, wenn sie Gäste empfängt. Dann wünscht die Madame, mit ‹gnädige Frau› angesprochen zu werden.»

«Habe die Ehre, Hoheit!»
Ich half der Prinzessin aus dem Pelzimitat und dachte mir, dass diese Anrede für die blaublütige Dame wohl angemessen sei. Am Morgen hatte die Hausdame Gertraud Sedlmayer an der täglichen Befehlsausgabe verkündet, die Madame geruhe heute Mittag den Lunch in Gesellschaft der Prinzessin von Herberstein einzunehmen. Ich solle mich entsprechend verhalten. Wie sie das genau meinte, hatte sie nicht gesagt.
Es kümmerte mich auch nicht besonders. In Benimm-Fragen fühlte ich mich sattelfest, Butler-Service und einwandfreie Umgangsformen waren ein zentrales Element meiner Ausbildung gewesen.
Ich servierte der Prinzessin eine Terrine zur Vorspeise und sagte: «Bitte sehr, Hoheit!»
Dabei fragte ich mich, warum die Madame auf der anderen Seite des Tisches so tief Luft holte und rot anlief, während ich ihren Teller präzise ausrichtete, neben einer Batterie verschiedenster Pillen und Kapseln, die alle für oder gegen was gut waren – für glänzendes Haar und gegen faltige Haut, für strahlende Augen und gegen brüchige Fingernägel. Ein Medikament gegen unbeherrschte Wutausbrüche war offenbar nicht dabei.

Madame explodierte förmlich.

«Christian, was erlauben Sie sich?»

Zum ersten Mal machte ich die Erfahrung, dass Ingrid K. keine Skrupel hatte, Angestellte vor Gästen zusammenzustauchen.

«Ja, wissen Sie denn nicht mehr, was sich gehört? Muss ich Ihnen wirklich sagen, in welcher Reihenfolge hier bedient wird?»

«Aber ...»

Ich wollte aufbegehren, wollte «... aber die Prinzessin ist doch Gast und ausserdem ranghöher ...» sagen, schaffte es jedoch knapp, meine Empörung zu unterdrücken. Betreten schlich ich aus dem Esszimmer in die Küche und beklagte mich, den Tränen nahe, bei der Hausdame.

«Wie töricht Sie sind», sagte Gertraud Sedlmayer, «lassen sich von einem schönen Titel beeindrucken! Verarmter deutscher Hochadel – diese Prinzessin ist nur eine Gesellschafterin und nicht eingeladen, sondern bestellt worden!»

Der Koch grinste mich blöd an und wischte mit einem Serviettenzipfel Salatsaucentropfen vom Tellerrand. Ich sagte nichts mehr, trug die zweite Vorspeise ins Esszimmer und bediente die Madame – «Habe die Ehre, gnädige Frau!» –, bevor die Prinzessin an die Reihe kam – «Bitte sehr, Hoheit!»

So lernte ich, dass selbst Prinzessinnen Untertanen sein können und Geld wertvoller ist als blaues Blut. Es war eine von vielen neuen Erfahrungen, die ich täglich machte, seit ich zwei Wochen zuvor in Klagenfurt gelandet war.

Juan, ein drahtiger Spanier, hatte mich am Flughafen erwartet. Er sprach kaum ein Wort, während wir in einem Pick-up, dessen Ladefläche mit riesigen Blumenarrangements bedeckt war, am See entlang zur Villa der Madame fuhren. Mir war ohnehin nicht nach Konversation zu Mute. Ich war innerlich aufgewühlt und mit den Gedanken bei Marcus, den ich mit meiner überstürzten Abreise beinahe obdachlos gemacht hatte. Er war noch immer auf der Suche nach einer Heuer gewesen, hatte von einem Tag auf den anderen das Ferienhaus meiner Eltern verlassen müssen und zum Glück kurzfristig bei Freunden in Antibes Unterschlupf gefunden. Ich hatte unterdessen den Hausschlüssel bei der Verwaltung in Nizza abgegeben und am Flughafen die Agentur angerufen, um mitzuteilen, dass ich den Job auf der Yacht des saudiarabischen Prinzen nun doch nicht antreten würde.

Marcus tat mir Leid. Wir hatten nie richtig darüber geredet, aber beiden war klar, dass unsere Beziehung kaum noch zu retten war. Trotzdem tat mir die Vorstellung weh, dass Marcus während meiner Abwesenheit einen anderen schwulen Mann kennen lernen könnte und ich dann ganz weg vom Fenster sein würde.

Hohe Hecken säumten die Strasse, unterbrochen von schmiedeeisernen Toren und pompösen Steinsäulen, dahinter herrschaftliche Anwesen – hier versteckten sich die Superreichen: Udo Jürgens besass eine dieser Villen, wie ich später erfahren sollte, und auch die deutsche Industriellenfamilie Flick.

Endlich bog Juan rechts ab.

Lautlos schwangen die mit Kameraaugen bestückten Flügel eines hohen Gittertores auseinander und gaben den Weg zur Einfahrt frei. Eine schier endlose Allee führte durch eine Parkanlage zu dem Gebäude mit der typisch klotzigen Architektur der 60-er Jahre – mein künftiger Wirkungsort. Eine weisse Marmortreppe, gesäumt von goldenen, sanft geschwungenen Geländern, endete vor der mächtigen Eingangstüre.

Juan fuhr um das Haus herum zum Dienstboteneingang.

«Aha, Sie sind also der neue Butler aus der Schweiz!»
Gertraud Sedlmayer, eine rüstige Mittsechzigerin mit hochgestecktem silbergrauem Haar und strenger Hornbrille, als Hausdame in der Villa H. für alle Personalbelange zuständig, begrüsste mich in ihrem Büro.
«Es freut mich, dass Sie beschlossen haben, bei der Madame zu dienen. Sollten irgendwelche Schwierigkeiten auftauchen, wenden Sie sich jederzeit vertrauensvoll an mich. Mit mir werden Sie keine Probleme haben, solange Sie sich strikt an die Regeln des Hauses halten.»
Eine Vorschrift zum Beispiel untersagte den Hausangestellten, private Telefongespräche zu führen. Eine andere verpflichtete uns, rund um die Uhr auf dem Grundstück anwesend zu sein – ausser natürlich an den Freitagen. Wer frei hatte, musste gehen.
«Madame duldet niemanden im Haus, der nicht arbeitet», sagte Gertraud Sedlmayer. «Allfällige Reisekosten werden selbstverständlich vergütet.»
Sie erhob sich von ihrem Schreibtischstuhl und rückte den ‹Haar-Pürzel› auf dem Kopf zurecht.
In diesem Moment öffnete sich die Tür.

Die Madame hatte die Unart, überall jederzeit unangemeldet hereinzuplatzen.
Gertraud Sedlmayer nahm automatisch Haltung an. «Madame», sagte sie, «gestatten Sie, dass ich Ihnen Christian vorstelle, den neuen Butler aus der Schweiz!»
Ingrid K. war kleiner, molliger und wirkte älter, als ich sie von den Fotos in den Zeitschriften her in Erinnerung hatte, sie trug einen nicht besonders eleganten, bodenlangen Kaftan, der ihrer Figur alles andere als schmeichelte. Fast beiläufig nahm sie mich durch dicke, leicht getönte Brillengläser wahr, gewährte

mir ein angedeutetes Lächeln und einen schlaffen, kalten Händedruck.
«Hatten Sie eine angenehme Reise?»
Sie wartete die Antwort gar nicht erst ab und zog mit den Worten «Wir sehen uns heute Abend beim Diner» die Tür hinter sich zu.

Gertraud Sedlmayer atmete sichtbar erleichtert auf und wandte sich wieder mir zu.
«Noch etwas», sagte sie, legte eine kleine Kunstpause ein und kam dann unumwunden zur Sache.
«Sind Sie eigentlich homosexuell?»
Nein. Ich bin eine Frau. Und stockhetero.
Natürlich sprach ich es nicht aus.
Ich staunte selbst, als ich mich stattdessen antworten hörte: «Ja, ich führe ein schwules Leben. Tut dies etwas zur Sache?»
Die Hausdame schaute mich lange und durchdringend an. In ihren Augen las ich den unausgesprochenen Triumph: Wusst ichs doch!
«Nicht, so lange es niemand erfährt», antwortete sie, und ihr Blick wurde immer bohrender. «Sie müssen Ihre Neigung nicht nur unterdrücken; Sie dürfen sie auf keinen Fall zu erkennen geben – vor allem nicht gegenüber dem Monsieur. Wenn der Gatte der Madame im Hause ist – was nicht oft vorkommt, da er ja in Paris arbeitet –, werden Sie sich persönlich um ihn kümmern müssen. Sie werden seine privaten Räumlichkeiten und seine Garderobe pflegen und unterhalten.»
«Was hat das mit meiner Homosexualität zu tun?»
«Der Monsieur hegt eine abgrundtiefe Abneigung gegen Homosexuelle!»
«Und die Madame selbst?»
«Sie kümmert sich nicht um die Privatsphäre der Angestellten!»

Als Butler gehörte ich zum bevorzugten Kreis des Indoor-Personals. Nur vier Personen genossen das Privileg, auch die privaten Räumlichkeiten der Madame betreten zu dürfen. Es waren, nebst der Hausdame Sedlmayer, die Zofen Daphne, eine Amerikanerin, und Elena, die Frau des Spaniers Juan.
Und ich, der Butler.
Daphne und Elena wuschen und bügelten die Wäsche der Madame und hielten ihre Schlafgemächer in Ordnung, während ich für den Service und die Tagesräumlichkeiten zuständig war, die Tischwäsche bügeln, das Tafelsilber polieren und die unermesslich reichhaltige und kostbare Porzellansammlung unterhalten musste.
Auch wir hatten strikte Regeln zu beachten. Grundsätzlich war uns untersagt, die Madame direkt anzusprechen – ausser sie wende sich an uns. Man durfte sich auch nie zusammen mit der Madame im selben Raum aufhalten – ausser sie wünsche dies ausdrücklich. Doch sowie sie ein Zimmer verlassen hatte, musste ich hineingehen, die Tisch- und Glasplatten von fettigen Fingerspuren befreien und die durchgesessenen Kissen aufschütteln.
Ausserdem musste ich dem Chauffeur die Hunde übergeben und wieder in Empfang nehmen.
Bei den Hunden gab es, wie beim Personal, zwei Kategorien: Draussen, in einem Zwinger neben der Einfahrt, fletschten die Wachhunde ihre Zähne, vier Dobermänner, die jeden Eindringling das Fürchten lehrten. Drinnen kläfften Madames Schosshündchen, zwei weisse Fellknäuel, die vorne nicht viel anders aussahen als hinten und überall ihre Spuren hinterliessen – nicht nur Haare und Pfotenabdrücke ...
Alle zwei Stunden musste der Chauffeur die beiden Pinscher im Park ausführen – ein Manöver, das jeweils generalstabsmässig geplant und abgewickelt wurde.

Zweifellos sind Hunde keine Dienstboten, Schosshunde schon gar nicht – es würde ihnen nie und nimmer einfallen, das Haus durch den Dienstboteneingang zu verlassen. Der Chauffeur jedoch durfte keinesfalls den Haupteingang benutzen – im Gegensatz zu mir. Nur wenn ich meinen Dienst antrat oder Feierabend hatte, musste ich auch durch die Hintertür kommen oder gehen.

Während der Arbeitszeit hingegen überbrückte ich die hierarchische Kluft zwischen Indoor-Hunden und Outdoor-Personal, indem ich jedesmal alles stehen und liegen liess, wenn die Hunde Gassi gehen mussten, sie anleinte und zum Hauptportal führte, wo der Chauffeur schon in der Einfahrt wartete. Zehn Minuten später nahm ich die Hunde dann wieder in Empfang.

Madame hatte auch einen Vogel. Sie hielt sich neben den Hunden noch den gefiederten Caruso als Gesellschafter. Caruso war ein afrikanischer Graupapagei, nicht viel grösser als eine Taube, der durch leuchtend rote Schwanzfedern auffiel und mit anhaltenden Krächzkonzerten gegen seinen Namen protestierte.

Meistens thronte Caruso auf Madames Schultern, wenn sie sich in den Tagesräumlichkeiten aufhielt. Ich wartete dann jeweils mit einem Putzlappen nebenan, bis die Madame das Zimmer wieder verlassen hatte, um Teppiche und Möbel von den gräulich-grünen Hinterlassenschaften des Vogel zu befreien.

Caruso war der Einzige im Haus, den die Madame während der Mahlzeiten in ihrer Nähe duldete. Obwohl der kleine Schreihals überhaupt keine Manieren hatte.

Das wurde an jenem Abend deutlich, als wir in der Küche durch wildes Klingeln und schrille Geräusche aufgeschreckt wurden.

Ich stürzte ins Speisezimmer und konnte nur mit Mühe und Not einen Lachanfall unterdrücken.
Die Madame und ihr Vogel schrien unisono Zeter und Mordio. Graue Federn und blonde Haare wirbelten durch die Luft.
«Befreien Sie mich von diesem Tier!»
Caruso hatte sich hoffnungslos in der teuren Frisur verheddert.

Vorgestern erst hatte Madame in ihrem Privatflugzeug eine der beiden Hair-Stylistinnen einfliegen lassen, die sich mindestens einmal wöchentlich mit Kamm und Schere, Färbe- und Pflegemittel an den Kopf der Milliardärin wagten. Diese Woche war die Düsseldorfer Coiffeuse an der Reihe. Die andere kam aus Mailand. Aber Madames Gulfstream-Jet hatte in letzter Zeit immer häufiger Kurs auf die Stadt am Rhein genommen. Vielleicht zog sie der Lombardin die Deutsche vor, weil diese auch die Frisuren der TV-Stars vom ZDF kreierte.

Im Erdgeschoss des unscheinbaren Personalgebäudes, schräg hinter der Villa, war mir das hinterste Zimmer zugewiesen worden – kein Ort zum Wohlfühlen. Ich nahm jede Gelegenheit wahr, die schäbige, mit billiger Dutzendware möblierte Kammer zu meiden.
Weil die Madame einerseits keine Angestellten sehen wollte, die sich der Untätigkeit hingaben, uns andererseits aber auch strikt untersagte, das Anwesen ausserhalb der Frei-Tage zu verlassen, kam ich nicht umhin, immer wieder eine der Regeln des Hauses zu verletzen. Spätabends, wenn drüben in der Villa das letzte Licht gelöscht worden war, stahl ich mich auf Zehenspitzen aus dem Zimmer. Mein Herz klopfte bis zum Hals, wenn ich an den Dobermännern vorbeischlich. Zum Glück gaben sie keinen Laut von sich. Die schlauen Tiere hatten schnell begriffen, wer alles zum Haus gehörte.

«Danke, ihr Schätzeli, dass ihr mich nicht verratet», raunte ich in Richtung Hundezwinger.

Der Park war so gross, dass uns ein kleines Elektrofahrzeug zur Verfügung stand, mit dem wir uns von einem Gebäude zum anderen bewegten. Ich wagte es allerdings nicht, dieses zu benützen, wenn ich mich im Schutz der Dunkelheit aus dem Staub machte.

Ich ging ums Personalgebäude herum und vorbei an einer Front von Garagentoren, hinter denen der Chauffeur Madames Fahrzeugpark hätschelte. Ein silbergrauer Audi A 8 war das bescheidenste Gefährt in der Sammlung, gerade recht für kleinere Ausflüge in der Umgebung. Fürs Repräsentieren war der schwarze Rolls Royce zuständig. Ausserdem waren da noch ein knallroter Ferrari, ein cognacfarbener Jaguar, der schwarze Porsche, den die Madame ihrem zweiten Mann zum Geburtstag geschenkt hatte, und die beiden Mercedes – Madames Sportcoupé und die schwarze Limousine der bewaffneten Leibwächter, ohne welche sie das Gelände nie verliess.

Rechts von der Garage liess ich das grosse Party-Haus liegen, dessen professionelle Hotelküche über hundert Gäste bewirten konnte; gegenüber die Besucher-Villa mit Privatkino, Hallenbad, Sauna und den beiden Lagerräumen für Madames Garderobe – ein grosses Zimmer voller Kostüme, Roben und Kleider mit jeweils assortiertem Schuhwerk, daran anschliessend ein etwas kleinerer, klimatisierter Raum, durch ein Tresorschloss gesichert, in dem die Pelzmäntel hingen, mindestens sechzig Stück, einer wertvoller als der andere.

Hinter dem zweiten Personalhaus war eine Lücke in der Hecke, dahinter die Strasse, die nach Klagenfurt führte.

Meistens hielt schon der erste Wagen an. Auch wenn ich nach durchtanzten Nächten auf demselben Weg zurückkehren wollte, fand sich immer eine Fahrgelegenheit.

Ich war fest überzeugt, dass niemand meine kleine Flucht bemerkte.

Nach diesen Ausbrüchen liess ich mein Bett meistens unberührt. Ich spülte mir unter der Dusche die Müdigkeit vom Leib, zog meine Butler-Uniform an und ging an den See hinunter.
Ich liebte die Stunde des ersten Lichts – es war eine besondere, eine magische Stunde.

Wer ist dieser Mann dort am Ufer?
Jung ist er und seltsam blass. Sitzt auf dem grossen Stein hinter dem Bootshaus und gibt sich, die Ellbogen auf die Schenkel, das Kinn in die Hände gestützt, dem Zauber des Wassers hin.
Kalter Dampf vermischt sich mit zarten Nebelschleiern, die über der spiegelglatten Fläche wabern. Eine Libelle zittert zwischen Schilfhalmen. Die Entenmutter führt ihre Brut aus.
Die Luft, klar und kalt, verspricht Frühling.
Vögel zwitschern. Am andern Ufer läuten die Glocken einer Kirche.
Im nassen Gras krabbeln Käfer und an den Weidenzweigen brechen Triebe auf.
Der Mann auf dem Stein regt sich nicht. Hockt da in seiner lächerlichen Uniform. Starrt in die Ferne.
Die Natur um ihn herum ist in Aufruhr, sie liegt in den Wehen des Lebens.
Und dieser Mann? Wer ist er? Was geht er mich an?

Geräusche vom Haus. Knirschender Kies unter rollenden Reifen. Ein laufender Motor, schlagende Türen, murmelnde Stimmen. Juan und die Putzfrauen.

Kurz vor sechs Uhr. Jeden Morgen dasselbe Ritual. Innert einer Stunde müssen die Tagesräumlichkeiten blitzblank sein. Und ich hatte es zu kontrollieren.

Mein Arbeitstag begann gegen sieben. Ich füllte die grossen Vasen mit Wasser, arrangierte darin die Blumen, die Juan auf dem Markt geholt hatte, und ich verteilte frisches Obst und Beeren in Porzellanschalen.
Mit einem Lappen brachte ich das Geländer am Eingang auf Hochglanz, schmierte Paste auf eine kleine Bürste und polierte damit die goldenen Türklinken. Ich legte die aufgeschlagene Fernsehzeitschrift auf den Salontisch. Dann schüttelte ich jedes Kissen einzeln aus.
Manchmal lag ein abgelutschtes Stück Holz unter einem der Kissen, dann schüttelte ich den Kopf und lächelte bitter. Nein, Madame, so leicht erwischen Sie mich nicht!
Sie war sehr verschleckt – am liebsten hatte sie Magnum-Glace im Mandelsplitterschokolademantel. Die Hausdame hatte mich gewarnt. Ich müsse damit rechnen, dass die Madame gelegentlich Glacestengel versteckt, um die Sorgfalt meiner Arbeit zu überwachen.
Sie war noch oben in ihren Schlafgemächern, liess sich von den Zofen die Haare frisieren und das Frühstück servieren.
Meistens kam sie erst um neun herunter. So lange konnte ich ungestört schalten und walten und mich der Illusion hingeben, die Villa gehöre mir ganz allein. Ich war der Hausherr, Herrscher über den protzigen Prunk in der riesigen Eingangshalle, über die stilvollen Möbel und die dicken Teppiche in der Wohnhalle.

An manchen Tagen sass sie schon unten, wenn ich meine Arbeit antrat. Dann hatte sie schlecht geschlafen und war ent-

sprechend gelaunt. Ich konnte, wenn ich die Tür zur Wohnhalle öffnete, ihre Anwesenheit spüren, noch bevor sich meine Augen an die Dunkelheit gewöhnt hatten. Und obwohl ich wusste, dass sie da war, erschrak ich jedesmal, wenn ich sie auf dem Sofa sitzen sah.
Missmutig starrte sie auf die heruntergezogenen Jalousien und wartete, bis ich endlich Licht machte.

«Sie sind spät heute, Christian», sagte sie dann, ohne den Blick vom Fenster abzuwenden. Und selbst wenn ich schon lange vor sieben Uhr gekommen war, vermied ich es, mich zu rechtfertigen.
«Guten Morgen, Madame», sagte ich bloss. «Haben Sie einen Wunsch?»
«Ich hab ja ohnehin nichts mehr zu wünschen in diesem Haus», lamentierte sie, und ich wusste, dass dies wieder einmal der Auftakt zu einem zänkischen Tag war. «Nicht einmal über meinen eigenen Kühlschrank kann ich verfügen!»
Dabei hatte sie es selbst angeordnet. Gestern hatte sie die Hausdame angewiesen, dafür zu sorgen, dass ich am Abend den Kühlschrank verriegele.
Die Madame war hin- und hergerissen zwischen Figurbewusstsein und Naschsucht. Sie wusste ganz genau, dass sie in der Nacht, wenn die Gelüste nach Süssigkeiten ihr den Schlaf raubten, aufstehen, durchs Haus geistern und den Kühlschrank plündern würde. Sie kannte und fürchtete ihre Schwäche – und machte mich dafür verantwortlich.
«Darf ich Ihnen ein Obsttörtchen bringen? Oder ein Stück Mandelkuchen? Es sind auch frische Crèmeschnitten da ...»
«Nichts davon», sagte sie unwirsch. «Bringen Sie mir eine Eiskrem!»
«Sehr gerne, Madame!»

Es wurde Mai. Madame verspürte ein starkes Bedürfnis nach Tapetenwechsel, und damit kam Unruhe ins Haus. So vieles musste noch geregelt werden. Aus London und Rom hatten sich Architekten angemeldet, um Projektstudien für die neue Villa vorzulegen. In der alten fühlte sich die Madame zunehmend unwohl; das Haus steckte voller Erinnerungen an ihren verstorbenen Mann.

Am Morgen des Tages, an dem das italienische Architektenteam erwartet wurde, nahm die Hausdame mich zur Seite. «Christian», sagte sie, «Sie werden heute mit dem Architekten zur Besuchervilla gehen und ihm Madames Garderobenräume zeigen!»

«Warum interessieren Sie sich gerade für diese Räume?», fragte ich neugierig, als ich dem Architekten, einem gut aussehenden jungen Italiener, die gepanzerte Tür zum klimatisierten Pelzzimmer öffnete. «Offenbar ist das alles hier viel zu klein», sagte der Architekt. «Die Dame wünscht, dass wir die Garderobenräumlichkeiten grosszügiger konzipieren.»

Mir entging nicht, wie er fassungslos den Kopf schüttelte, als er den Raum betrat.

Nach den Architekten kamen die Klunkern: Vor ihrer Abreise ordnete Madame eine Schmuck-Inventur an.

Aus ihrem Tessiner Verwaltungsbüro wurde die Sekretärin eingeflogen und mit ihr ein Haufen Pretiosen, die sonst in Schweizer Banksafes lagerten. Trotz der Bodyguards, die sie begleiteten, flatterten der guten Frau die Nerven. Sie brachte in drei Tagen kaum einen Bissen runter. So lange dauerte es, bis Madame, ihre Sekretärin und die Herren von der Versicherung all die millionenschweren Klunkern – Colliers, Broschen, Ringe, Bracelets und so weiter – mit Hilfe von Herkunftsbelegen und Assekuranzpapieren identifiziert und registriert hatten.

Hinter der verschlossenen und von Sicherheitsleuten bewachten Tür des oberen Frühstück-Salons beugten sich die Herrschaften über Schmuck und Papier. Wenn sie zwischendurch nach mir läuteten, musste ich meistens Getränke servieren. Und liess beinahe mein Tablett fallen, als ich einen raschen Blick in die Runde warf: Der Tisch, die Fenstersimse, die Stühle, alle verfügbaren Flächen waren übersät mit offenen Schatullen voller funkelnder Träume ...

Einmal wurde ich gebeten, zwei dicke Ringordner aus dem Büro der Hausdame zu holen. Verstohlen blätterte ich in den Akten – und mir wurde schwindlig. Akkurat war jedes einzelne Schmuckstück fotografisch dokumentiert: schwere Diamanten, protzige Smaragde, riesige Opale. Millionen und Abermillionen ...

Und das alles lag jetzt dort oben im Salon.

Noch ahne ich nicht, dass ich schon wenige Tage später mit einem kleinen Teil dieses Schatzes nach Zürich und weiter nach Zypern fliegen sollte.

Aus Sicherheitsgründen musste das Gepäck nach der Zwischenlandung in Zürich-Kloten aus- und wieder eingecheckt werden. Misstrauisch taxierten die beiden Männer, die ich angewiesen hatte, den ganzen Krempel auf einen Gepäckwagen zu laden, mein legeres ‹Jeans-und-T-Shirt-Outfit›, machten sich dann aber doch an die Arbeit. Und ich leistete mir den Spass, sie mit je einer Hunderternote als Trinkgeld aus der Fassung zu bringen. Ich hatte die Hosentaschen voller Geldscheine und konnte derlei Spesen bei der Hausdame locker unter ‹diverse Ausgaben› abbuchen.

Im Handgepäck schleppte ich Werte von einigen zig-tausend Dollar mit mir herum. Madame hatte gewünscht, dass ich eine ihrer goldenen Uhren und ein besonders kostbares Collier nach

Larnaka bringe, während sie mit Sekretärin, Coiffeuse, Zofe, Bodyguard und dem Monsieur dem drei Tage währenden Hochzeitsfest eines saudischen Prinzen in Riad – ausgerechnet Riad! – beiwohnte. Anschliessend würde sie mit der ‹Gulfstream› nach Zypern fliegen, wo sie an Bord ihrer Yacht ‹Carinthia› erwartet werden wollte.

Ich hatte meinerseits auf einer schriftlichen Bestätigung bestanden, die mich als rechtmässigen Überbringer der Wertgegenstände ausweist. Denn an der Verantwortung für Madames Uhr und ihr Collier trug ich mindestens so schwer wie an der Last von vierzehn Überseekoffern, welche sie selbst brauchte, und zwei Handkoffern, die der Monsieur für die geplante Ferienwoche an Bord benötigte.

«Was will sie bloss mit all den Klamotten anfangen?», fragte ich mich, als ich in der Villa mit den Zofen den Inhalt der Koffer zusammenstellte. Daphne rechnete aus, dass die Madame «sich alle zwei Minuten umziehen» müsse, wenn sie «alles, was sie aufs Mittelmeer schleppen lässt», mindestens einmal anziehen wolle. «Nichts davon wird sie brauchen», wusste Elena, die Spanierin. Sie hatte der Madame schon auf dem Schiff gedient und erinnerte sich, dass Ingrid K. «an Bord immer nur in ihrem Sarong, einem Kaftan oder im Bikini herumläuft».

Ingrid K. trug ein edles Kostüm, als sie zwei Tage später in Larnaka mit einem Gast im Schlepptau an Bord kam. Die Crew hatte Anweisung bekommen, bei Madames Ankunft vollzählig auf dem Hauptdeck Spalier zu stehen, und der Enkel von Sir Winston Churchill, ein auch schon etwas älterer Herr in deutlich jüngerer weiblicher Begleitung, genoss es sichtlich, wie ein Staatsbesuch die Formation abzuschreiten.

Die Madame begrüsste jeden Einzelnen mit ungewöhnlich freundlichen Worten, und ich bildete mir ein, dass sie mich besonders herzlich willkommen hiess. Doch ich mochte der Sache nicht so recht trauen – zu Recht, wie sich schon bald erweisen würde.

Die Schiffsreise stand von Anfang an unter einem unguten Stern. Obwohl die Zofe, die sich normalerweise um Madames Pariser Penthouse kümmerte, schon eine Woche zuvor angereist war, um das Schiff bis ins letzte Detail so einzurichten, dass die Eignerin bei ihrer Ankunft den Eindruck bekommen musste, sie sei gar nie weggewesen, und obwohl auch die restliche Crew seit zwei Tagen dafür sorgte, dass alle Koffer ausgepackt waren, sämtliche Kleider an der Stange hingen und jeder Aschenbecher an seinem Platz stand, war Madame total schlecht drauf.
Nichts konnte ich ihr recht machen, an allem hatte sie etwas auszusetzen.
Der junge Steward, den sie angeheuert hatte, um mich zu entlasten, stellte sich so ungeschickt an, dass sie ihn gleich wieder von Bord jagte. Das bedeutete zwar mehr Arbeit für mich, dennoch war ich nicht unglücklich. Der Hilfssteward hatte wenig Sachverstand und zu viel Selbstbewusstsein – eine unerträgliche Mischung. Schon wenige Stunden, nachdem er seinen Job angetreten hatte, machte er einen Abgang.

Am nächsten Morgen lief die ‹Carinthia› aus – mit vorerst unbekanntem Ziel.
Ich stand auf der Brücke, während das stolze Schiff die Mole passierte. «Schicken Sie mir die Madame auf die Brücke», knurrte Captain Griebel zwischen zwei Funkgesprächen, die er offenbar mit der Küstenwache führte.
Zwischen Griebel und der Madame herrschte dicke Luft. Mir war aufgefallen, dass die beiden, wenn sie einander etwas zu

sagen hatten, dem direkten Gespräch auswichen und mich als Kontaktmann einsetzten. Doch die Madame schätzte es gar nicht, wenn sie – egal, von wem – irgendwohin zitiert wurde. Aber sie wusste auch, dass der Kapitän während des Auslaufens die Brücke nie verliess.

«Sieht schlecht aus mit dem Libanon», sagte Griebel. «Die Lage dort ist gespannt – nicht nur in Beirut. Ich muss dringend davon abraten, Kurs auf den Libanon zu nehmen!»

«Der Krieg ist doch längst zu Ende!» In ihrer Stimme schwang mehr als Ärger mit. «Ich teile Ihre Bedenken nicht. Wir fahren nach Beirut!»

«Ich kann weder für Ihre persönliche noch für die Sicherheit des Schiffes garantieren.» Auch Griebel tönte ungehalten. «Ich lehne jede Verantwortung ab!»

«Dann halt nach Israel! Tel Aviv oder Haifa – klären Sie ab, welcher Hafen günstiger liegt!»

«Sehr wohl, Madame», sagte der Kapitän. Vermutlich ahnte er bereits, dass auch Israel nicht in Frage kam, doch er nahm, zumindest pro forma, Kontakt mit den israelischen Behörden auf. Am nächsten Morgen wurde ich auf die Brücke gerufen.

«Bestellen Sie der Madame», sagte Griebel, «dass wir in Israel weder anlegen noch an Land gehen können. Wir haben Bürger von so viel verschiedenen Nationen an Bord, dass die Einreiseformalitäten mehrere Tage in Anspruch nehmen würden!»

«Dieser Kapitän! Hat er das Sagen hier oder ich?» Die Madame lag auf dem Sonnendeck und konnte ihren Zorn kaum noch beherrschen. «Sagen Sie ihm, er solle Kurs auf die Türkei nehmen!»

Sie wusste nicht, dass sich ein Sturmtief aufbaute, das genau auf die Ägäis zusteuerte. Kapitän Griebel ging zwar auf Nordkurs, bestellte gleichzeitig aber die Madame erneut auf die Brücke.

«Madame, ich möchte Sie bitten, einen Blick auf den Wetterradar zu werfen.»

«Wollen Sie sich schon wieder weigern, meine Anweisungen zu befolgen?»

«Diese rote Zone hier» – Griebel wies unbeirrt auf den Monitor – «sie ist lebensgefährlich!»

Doch die Madame zeigte nicht das geringste Interesse für Meteorologie: «Beantworten Sie meine Frage!»

«Madame, ich bin für die Sicherheit dieses Schiffes verantwortlich», sagte der Kapitän, noch immer mit beherrschter Stimme. «Ich werde nicht zulassen, dass es in ein schweres Unwetter gerät!»

«Dann muss ich Ihnen wohl mit anderen Mitteln zu verstehen geben, wer hier das Kommando führt», kreischte sie zornig. «Sie werden jetzt abdrehen und zurück nach Larnaka fahren!»

Sie ging zur Tür, öffnete sie und wandte sich noch einmal um. «Griebel, betrachten Sie sich als entlassen!»

So fanden diese unselige Mittelmeerreise und das langjährige Anstellungsverhältnis des ehrwürdigen Seebären Karl Griebel als Kapitän der ‹Carinthia› ein jähes Ende.

Der Koch und ich hingegen kamen in den Genuss eines Fluges in Madames Privatjet. Sie wollte noch am selben Abend in ihrer Villa bei Klagenfurt das Diner serviert bekommen.

Im folgenden Monat beschloss die Madame, erneut Mittelmeerluft zu atmen. Doch die Lust auf Seefahrt war ihr vergangen. Auf der Halbinsel Cap d'Antibes, nur wenige Kilometer vom Yachthafen entfernt, in dem die ‹Carinthia› unterdessen wieder vertäut war, hatte sie kürzlich ein herrschaftliches Anwesen mit viel Umschwung erworben, eine weitere von zahlreichen Villen und Liegenschaften, die sie auf der ganzen Welt besaß.

Sie hatte zwei zusätzliche Fahrer angemietet, damit ihr die Bediensteten in einem kleinen Konvoi von drei Fahrzeugen als Vorhut vorauseilen konnten.
Eigentlich war ja vorgesehen, dass ich im Mercedes der Leibwächter mitfahren sollte. Doch schon nach wenigen Kilometern hielt der fest angestellte Chauffeur, der den Ferrari steuerte, an und liess mich umsteigen.
Die Fahrt im Ferrari nach Südfrankreich war ein Traum.

Doch die folgenden Tage am Mittelmeer wurden zum Albtraum.
Dabei war die Umgebung so märchenhaft schön, dass mir der Atem stockte, als ich mich umschaute – die spektakulären Glamour-Kulissen, an die ich mich aus alten Hollywood-Schinken erinnerte, waren bescheiden im Vergleich zu dem, was ich hier sah: Lachsfarbener Marmor dominierte den Eingang des Gebäudes, das mit einem romantischen Türmchen gekrönt und von grosszügigen Prachtsterrassen umgeben war. Auf drei Seiten brandete das Meer. Wasser speiende Löwenskulpturen säumten den Swimming-Pool. Auf der Liegewiese spendeten Palmen kühlen Schatten. Unten, am Privatstrand, lud eine Felsenbar zum Apéritif.

Vier Tage lang schufteten die Zofen, die Putzfrauen und ich, um das Haus auf die Ankunft der Madame vorzubereiten.
Dann kam sie. Wie auf dem Schiff musste das Dienstpersonal, als der rote Ferrari vorfuhr, Spalier stehen, um Ingrid K. gebührend zu empfangen.
Sie hatte sich noch keine halbe Stunde im Haus aufgehalten, als sie mich in den Salon klingelte. Ihre düstere Miene liess Schlimmes befürchten.
«Warum hängt dieses Bild hier?»

Ingrid K. deutete auf ein riesiges Art-Deco-Gemälde über der weissen Lederpolstergruppe. Ich war so baff, dass ich keinen Ton herausbrachte.
«Wie lange stehen Sie jetzt schon in meinen Diensten?»
«Nächsten Monat ein halbes Jahr, Madame.»
«Dann sollten Sie wissen, dass dieses Bild nicht hierher gehört!»
«Aber ich war doch noch gar nie ...»
«... Sie widersprechen mir?»
«Nein, Madame ...»
«Ausserdem lässt Ihr Service in letzter Zeit zu wünschen übrig!»
«Madame, ich verstehe nicht ...»
«Sie verstehen nicht? Dann erklären Sie mir bitte, weshalb sie den Mittagstisch draussen auf der Terrasse hergerichtet haben!»
«Die Sonne scheint, Madame, es ist warm draussen – und wunderschön. Ich dachte ...
«... überlassen Sie das Denken denen, die es können!»
Eine unbändige Wut kroch in mir hoch. Ich spürte, dass das Ventil der Selbstbeherrschung diesem Druck nicht mehr lange widerstehen würde.
«Madame, erlauben Sie mir die Bemerkung, dass ich mich unfair behandelt fühle. Sie machen mich für Dinge verantwortlich – wie dieses Bild –, für die ich nicht zuständig bin. Woher soll ich denn wissen, dass Sie bei diesem Wetter im Hause speisen wollen? Ich habe Ihnen fast fünf Monate lang treu und zuverlässig gedient!»
«So, haben Sie das? Und was ist mit den massiven Verstössen gegen die elementarsten Regeln Ihres Anstellungsvertrags, die Sie sich regelmässig erlaubt haben?»
Ich wusste sofort, worauf sie anspielte.
Wie hatte ich bloss so naiv sein und glauben können, die nächtlichen Ausbrüche aus dem österreichischen Luxusgefängnis in die Klagenfurter Discoszene seien unbemerkt geblieben. Ich

hätte wissen müssen, dass die Aufzeichnungen der Überwachungskameras, die auf dem ganzen Gelände rund um die Uhr jede Bewegung registrierten, täglich vom Sicherheitsdienst gesichtet wurden.
Die Madame drückte einen Knopf auf der Gegensprechanlage: «Schicken Sie einen Leibwächter zu mir», sagte sie mit eiskalter Stimme. «Er soll den Butler Christian hinausbegleiten.» Und wandte sich wieder mir zu: «Sie können Ihre Koffer packen. Die Hausdame wird Ihnen den Lohn auszahlen.»
Kein Wort des Dankes. Kein Abschiedsgruss. Die Demütigung trieb mir Tränen der Wut in die Augen. Ich ballte die Fäuste. Und ging.

Zwanzig Minuten später stand ich an der Strasse, die nach Antibes führte.
So plötzlich, wie der Zorn gekommen war, war er auch wieder verflogen. Ich spürte, wie eine schwere Last von mir wich. Es hat ja so kommen müssen, dachte ich, während ich den Daumen einem vorbeifahrenden Lieferwagen entgegenstreckte. Gut, dass es hier passiert ist, in Südfrankreich.
Der Lieferwagen hielt an.
«Antibes?»
«Mais bien sûr!»
Die sonnige Stadt am Meer war mir zur zweiten Heimat geworden. Nur wenige Kilometer trennten mich von Marcus.
Marcus ...
Ich bin wieder frei. Ich komme zu dir zurück. Ich hab dich vermisst. Ach, wie ich mich auf dich freue ...

Monsieur Marcus Ryan habe als Head-Steward auf der ‹Lady Tiffany› angeheuert, sagte die freundliche Agentin vom Boating-People-Büro. Das Schiff liege ganz aussen am ‹International Pier›. Es werde in den nächsten Tagen zu einem grösseren Törn auslaufen.

«Mensch, ich kanns einfach nicht fassen!» Marcus schlug sich mit dem Handballen an die Stirn. «Wie kann man nur so idiotisch sein?»
Er bestätigte meine eigene Einschätzung, aber ich hatte gehofft, dass er sich vor allem freuen würde.
«Dabei hattest du doch bei dieser Madame einen Zuckerjob! Du musst unbedingt etwas Neues finden!»
«Marcus, freust du dich denn gar nicht?»
«Freuen? Aber natürlich ...»
Es tönte nicht besonders überzeugend.

Marcus vermittelte mir bei Kollegen ein Dach über dem Kopf. Er schlafe jetzt halt auf dem Schiff, sagte er, übermorgen laufe die ‹Lady Tiffany› zu einer mehrwöchigen Mittelmeer-Kreuzfahrt aus.
«Wann genau?»
«Erst am späten Nachmittag.»
«Dann bleiben uns ja nur noch zwei Nächte ... Hast du denn keine Bude mehr?»
«Ich sagte doch, ich schlafe auf dem Schiff.»
«Komm, lass uns ein Hotelzimmer nehmen!»
«So kurz vor dem Auslaufen muss ich an Bord sein. Du weisst doch, all die Vorbereitungen ...»
«Wenigstens eine Nacht, ich bezahle das Hotel!»
«Chris, please ...»
Es erschreckte mich und machte mich traurig zu erleben, wie sehr Marcus sich verändert hatte. Ich dachte an all die glühenden Liebesbriefe, die er mir nach Österreich geschickt hatte. Und damals, als er noch auf David Bowies ‹Deneb Star› arbei-

tete, hatte er jede Gelegenheit wahrgenommen, um von Bord zu gehen und die Nacht mit mir zu verbringen.
«Vielleicht morgen Abend», sagte Marcus zögernd. «Sei doch um acht beim Schiff, dann führe ich dich zum Essen aus!»

Ich stand schon um halb acht am International Pier.
Nein, der Head-Steward sei nicht an Bord, rief mir einer der Deckhands von der Reling der ‹Lady Tiffany› zu. Er sei in die Stadt gegangen, um den letzten Landgang zu feiern.
«War er allein?»
«Nein, ein paar junge Frauen haben ihn abgeholt!»

Ich schluchzte hemmungslos, während ich von einer Hafenkneipe zur anderen hetzte. Marcus war nirgends zu finden. Ein paar junge Frauen! Offenbar zu blöd, um zu merken, dass er stockschwul ist. Ach, ich kannte Marcus nur zu gut. Er genoss es, wenn die Weiber schier reihenweise in Ohnmacht fielen, weil er ihnen aus strahlend blauen Augen zublinzelte. Er verstand es meisterhaft, sämtliche Register seines Charmes zu ziehen, sein oft zweideutiger und immer schlagfertiger Witz machte jede Frau schwach. Und wenn ich ihm dann mit eifersüchtigen Vorwürfen kam, lachte er mich entwaffnend aus und sagte stereotyp immer dasselbe: «Aber Sweetie, merkst du denn nicht, dass das nur ein Spiel ist?» Dann nahm er mich in den Arm und drückte mich an die Brust. «Du solltest doch wissen», beschwichtigte er mich, «dass ich nicht mal auf irgendwelche Männer, geschweige denn Frauen, stehe! Im Grunde meines Herzens will ich nur dich!»
Marcus ahnte nicht, dass er mich mit solchen Worten doppelt traf: Ich wollte ihn weder mit Frauen noch mit Männern teilen. Ich wollte aber auch kein Mann sein. Und schon gar nicht ‹irgendeiner›.

Warum war ich bloss nicht viel früher auf die Idee gekommen. Schon bevor wir einander kennen gelernt hatten, war das ‹La Gaffe› seine Stammkneipe gewesen. Als wir wochenlang auf einen Job warteten, hatte er sich immer häufiger beklagt, wie gottverdammt abgelegen das Ferienhaus meiner Eltern hinter den Hügeln von Nizza doch sei. Von hier aus könne man ja nicht einmal im ‹La Gaffe› eins trinken gehen.

Eines dieser kichernden Weiber hockte auf seinem Knie und malte mit einem Lippenstift in seinem Gesicht herum. Zwei andere schütteten einander Champagner in den Ausschnitt. Marcus nahm der blöden Kuh den Lippenstift aus der Hand und liess grinsend eine frivole Bemerkung fallen.
«Marcus!»
Er erschrak nicht einmal, als er mich bemerkte.
«Christian, komm, mach jetzt keinen Aufstand hier, bitte!»
«Wir waren verabredet! Ich hab dich überall gesucht!»
Die Weiber kicherten unverschämt und fanden das alles unglaublich amüsant.
«Du siehst doch, ich hab jetzt keine Zeit. Aber wir reden noch!»
«Wann?»
«Morgen früh, um elf. Beim Schiff. Geh jetzt!»

Der International Pier war leer.
Die ‹Lady Tiffany› sei längst ausgelaufen, sagte der Glaceverkäufer, schon vor mehr als zwei Stunden. Aber die wollten doch erst am späten Nachmittag ablegen, erwiderte ich verunsichert. Der Mann schüttelte den Kopf. Die Abfahrt sei schon lange auf neun Uhr geplant gewesen, er wisse das vom Head-Steward persönlich, der habe nämlich kurz vor der Abfahrt noch schnell den Eiskrem-Vorrat aufstocken wollen.

Ich wählte Vanille, Pistache und Lemon, setzte mich auf einen der grossen Steine, die vor der Hafenmole im Wasser lagen, und schaute aufs Meer hinaus.

Ich beschloss, an diesem Abend meine geilsten Klamotten anzuziehen und mir die Seele aus dem Leib zu tanzen.

Und dann würde ich mir irgendeinen Typen krallen.

Das Wasser glitzerte in der prallen Mittagssonne. Tränen tropften auf meine Hand und in die klebrige, gelbgrüne Sauce, die über den Rand des Kartonbechers rann.

Cross over
Vom Mann zur Frau

Nach zwei Tagen rollten die trauernden Weiber den Stein vor dem Eingang der Höhle zur Seite, und sie gewahrten einen Engel an der Stelle, wo sie den Mann vermutet hatten, dessen Leichnam sie einbalsamieren wollten.
Der Mann aber war verschwunden.
Der, den sie suchten, sagte der Engel, sei unter den Lebenden zu finden, nicht unter den Toten.

Ostersonntag 1996.
Schleierwolken verschmierten den blauen Himmel über den Baselbieter Hügeln. An den Kirschbäumen entfalteten sich die ersten Blütenblätter.
«Starke Predigt», sagte Toni. «Ich hab dir ja gesagt, dass der Pfarrer gut ist!»
«Mich hat beeindruckt», stimmte ich ihr zu, «wie er plausibel machte, dass das Leben stärker ist als der Tod.»
Sie schwieg. Für eine Weile war nur das Stapfen unserer Schuhe zu hören, die auf dem Feldweg den Pfützen des nächtlichen Regens auswichen, und das Geläut der Glocken, die uns aus der katholischen Ostermesse entliessen.
«Ostern», sagte Toni schliesslich, «ist das schönste und geheimnisvollste Mysterium des Christentums.»
«Warum denkst du das?»
«Ein Mensch befreit die Menschheit mit seinem Opfertod von uralter Schuld und wandelt als Verwandelter unter den Lebenden ...» Toni machte eine Pause, um ihre Worte wirken zu lassen. «Da macht der Verstand nicht mehr mit, das begreifen wir nur mit dem Herzen!»

Ich staunte. So spirituell hatte ich meine Lieblingstante noch nie reden gehört.

Unsere Beziehung war schon immer von starken Emotionen geprägt gewesen. Wir liebten einander auf eine Art, die ich bei keinem anderen Menschen erfahren habe – uns verband ein tief verwurzeltes gegenseitiges Grundverständnis, fast so etwas wie eine Seelenverwandtschaft. Aber wir konnten uns auch wegen den blödsinnigsten Kleinigkeiten fürchterlich in die Wolle kriegen.

Wie jener unselige Streit um die beiden Koffer – er lag schon fast ein Jahr zurück, und wir hatten einander seither nicht mehr gesehen.

Letzte Woche hatte ich Toni angerufen, um ihr zu sagen, dass ich wieder in der Schweiz sei und die dumme Geschichte aus der Welt schaffen wolle. Da gestand sie mir, dass sie mich damals belogen hatte. Sie habe nur Marcus' Koffer in den Sperrmüll gegeben; meiner sei noch da. Sie habe es einfach nicht übers Herz gebracht, auch ihn wegzuschmeissen.

«Aber erschrick nicht, wenn du mich siehst», sagte sie zum Schluss. «Ich habe mich inzwischen etwas verändert ...»

Sie hatte sich tatsächlich verändert – magerer war sie geworden und bleich. Um den Kopf hatte sie ein knallbuntes Tuch geschlungen. Es wirkte sehr trendig.

«Gefällt mir, dein Kopftuch», sagte ich. «Trägst du das schon lange?»

Statt zu antworten, blieb Toni stehen und schaute in die Frühlingslandschaft. «Ich will dir etwas zeigen», sagte sie endlich und knöpfte das Tuch auf.

Sie hatte kein einziges Haar mehr auf ihrem Kopf.

«Ich trage es seit ein paar Wochen», sagte sie. «Seit der Chemotherapie!»

«Toni ...»
Mehr konnte ich nicht sagen. Aber ich nahm ihre Hand und drückte sie fest. Ich spürte ein Würgen im Hals, und meine Augen schwammen.
«Komm schon, Christian», sagte Toni und versuchte ein tapferes Lächeln. «Mir geht es gut; ich habe kaum Schmerzen, und die Ärzte hoffen.»
«Toni ...» Ich rang nach Worten. «Wie schlimm ist es?»
«Es ist gut möglich», sagte sie, «dass ich die Krankheit besiege.»
Ich spürte, dass sie daran glaubte, bezweifelte aber, dass ihre Zuversicht echt war.
«Danke, dass du es mir gesagt hast!»
«Es wissen nur wenige davon.»
Minutenlang gingen wir schweigend nebeneinander her.
«Kannst du dich eigentlich noch an diese kleine weisse Feder erinnern?», frage ich schliesslich, «du hast sie gerettet und aufbewahrt, damals als ...»
«... als du von Genf kamst und später in Berlin verschollen warst! Wie könnte ich sie je vergessen? Ich hatte lange geglaubt, diese Feder sei das Einzige, was von dir übrig geblieben ist! Was ist mit ihr?»
«Ich hab sie immer noch und bewahre sie sorgfältig auf. Sie ist mir ans Herz gewachsen und wird mir immer wichtiger. Weisst du, für mich ist sie eine Art Symbol ...»
Toni band sich wieder das Tuch um und schaute mich fragend an.
«Ein Symbol für deine ... Weiblichkeit?»
Ich nickte.
«Jaja, ich erinnere mich noch gut; du hast toll ausgesehen damals, als Jenny ...»
«Das war kein Spiel, Toni – das war mein wirkliches Ich.»
«Wie meinst du das?»

«Ich mach den Cross over – ich bin mittendrin ...»
«Cross over?»
«Ich bin im Begriff, mich in eine Frau zu verwandeln; ich schlucke Hormone, jeden Tag – Östrogene. Und dann kommt die Operation.»
«Christian ...»

Auch Christian wird sterben, dachte ich, noch gut ein Jahr, vielleicht zwei – dann wird es ihn nicht mehr geben. Aber ich fand es nicht angebracht, diesen Gedanken zu formulieren. Toni schien nicht überrascht zu sein. «Und dann», sagte sie nur, «wie wird die Auferstandene heissen?»
«Nadia.»
«Ein schöner Name, kommt aus dem Russischen.»
Erst wenige Tage zuvor hatte ich mich mit Papier und Bleistift an den Tisch gesetzt und Namen aufgeschrieben, wohlklingende weibliche Vornamen, die mir spontan einfielen. Laura, Sabina, Natascha, Claudia, Nadia, Sandra, Selina ... Schliesslich hatte ich bestimmt mehr als zwanzig Namen auf dem Papier. Dann begann ich, die Namen durchzustreichen, bei denen ich zweifelte, einen nach dem anderen. Bis nur noch einer übrig blieb.
Nadia.
«Es gibt wahrscheinlich nicht viele Menschen, die sich ihren Namen selbst aussuchen können», sagte ich.
«Ich glaube, du bezahlst einen hohen Preis für dieses Privileg.»
«Du kannst mir glauben, Toni, das ist es mir wert!»

Es gab nicht mehr viel zu reden. Wir verstanden einander und fühlten miteinander ohne Worte.
«Es muss unser Geheimnis bleiben», sagte Toni. «Erzähl Ruedi noch nichts davon; er hat mit mir schon genug um die Ohren.»

Im Sommer, nachdem ich von der Madame, meiner letzten Arbeitgeberin, in Cap d'Antibes auf die Strasse gestellt und von Marcus, meinem letzten Freund, am Pier des Yachthafens stehen gelassen worden war, hatte ich mich selbst aufgegeben. Ich liess mich einfach fallen, lebte nur noch den Moment – und schwebte im luftleeren Raum. Was war, wollte ich vergessen – und verdrängen, was sein würde.

Die Nächte verbrachte ich auf den Tanzflächen der obskursten Schwulen-Discotheken von Nizza, die Tage in den Betten spontaner Zufallsbekanntschaften.
Er kenne da was, das mich wieder glücklich machen würde, sagte ein junger Schwuler, der mir für ein paar Tage Obdach gewährt und sich Hals über Kopf in mich verliebt hatte. Ob ich schon mal Crack genommen hätte. Ich hatte von der neuen Modedroge gehört, ein gefährliches Teufelszeug, das grausam einfahren, rasch süchtig machen und die Persönlichkeit radikal zerstören soll.
Meine Neugier war gross, meine Angst rasch zerstreut. Ich wusste, dass dieses weisse Pulver mich kaputtmachen würde, und es war mir nicht nur egal – es war mir gerade recht.
Schon nach zwei Zügen setzte die Wirkung mit der sanften Gewalt eines wattierten Hammers ein. Ich fiel in eine unendlich friedliche Gleichgültigkeit und alsbald in einen tiefen, traumlosen Schlaf. Als ich erwachte, irgendwann am nächsten Tag, sehnte ich mich sofort wieder nach diesem Glücksgefühl, nach der Illusion, dass meine Seele im schützenden Kokon der Droge Trost und Geborgenheit finden möge.
Da wurde mir bewusst, dass ich bereits süchtig geworden war.

Von da an ernährte ich mich fast ausschliesslich von Ecstasy-Pillen und Crack-Pulver; die paar tausend Francs, die mir von

meinem Butler-Lohn geblieben waren, schmolzen weg wie Schnee an der Frühlingssonne.
Eines Morgens wusste ich, dass die Zeit gekommen war – Zeit zu gehen.
Der Typ neben mir schlief noch. In seinem Portemonnaie fand ich drei oder vier Hundert-Franc-Noten – gerade genug für das Bahnbillett. Ich steckte das Geld ein, nahm meinen Koffer und ging zum Bahnhof.
In knapp drei Stunden fuhr ein Zug nach Zürich.
Zürich ...
Ich erinnerte mich, dass Carmen in der Zwischenzeit nach Zürich umgezogen war – Carmen, die gebürtige Spanierin, mit der ich vor Jahren im Genfer Nachtclub ‹Le Garçonnier› Freundschaft geschlossen und Geburtstag gefeiert hatte. Sie hat mir auch ein Zimmer bei der kokainsüchtigen Madame Berger vermittelt.
Ihre Telefonnummer stand noch in meinem kleinen Adressbuch. Carmen nahm sofort ab. Sie wohne jetzt mit einem Mann zusammen, sagte sie, aber das mache nichts, ich müsse halt mit dem Sofa in der Stube vorlieb nehmen fürs Erste, bis ich was gefunden hätte ...

«Mein Gott, Christian! Wie siehst du denn aus?», sagte Carmen, als sie mir am Perron auf dem Zürcher Hauptbahnhof entgegenkam, «du bist ja bis auf die Knochen abgemagert!»
«Das kommt vom vielen Tanzen», log ich.
«Du bist und bleibst ein Tanzfüdli!», lachte sie. «Weisst du noch, wie du im ‹Le Garçonnier› die Liza Minelli gemacht hast? Das war der Hammer!»
Wir nahmen den 13er Richtung Üetliberg; Carmen und ihr Freund bewohnten ein Appartement in einer Überbauung am Fusse des Zürcher Hausbergs.

«Du hast Glück», sagte Carmen, als am Paradeplatz eine Gruppe von Ravern das Tram bestieg. Sie sprachen schwäbischen Dialekt – schräge Vögel, schrilles Outfit, schreiende Farben ins Haar gesprayt. «Morgen bebt die ganze Stadt!»
«Wieso?»
«Schon mal was von der Street Parade gehört?»
«Gehört schon, aber dabei gewesen bin ich noch nie.»
«Ein Megaspektakel, du wirst ausflippen – echt!»

Ich montierte mir Carmens Rollerblades an die Füsse und schlüpfte in meine schwarz-weiss gestreifte Badehose; dann streifte ich mir ein schwarzes Netz-T-Shirt über, zog die silbrig-spacige Techno-Jacke an – und stürzte mich mitten hinein ins Getümmel. Ein Meer wogender, halbnackter Körper, lachende, ravende und schweisstriefende Menschen. Alle cool drauf. Geiler Sound, relaxtes Chillout und überrissen teure Ecstasy-Pillen – das alles fuhr mir so brutal ein, dass ich erst am Sonntagabend zu Carmen und ihrem Freund zurückfand.

Mit den beiden gab es bald Stress – immer öfter und immer heftiger.
Sie hatten mir ein paar hundert Franken vorgestreckt, als Startkapital gewissermassen. «Bis du einen Job gefunden hast», hatte Carmen gesagt, «solange kannst du auch bei uns wohnen bleiben.»
Natürlich blieb ihnen nicht verborgen, wofür ich das Geld brauchte. Nachts tanzte ich und spickte Ecstasy bis zur Besinnungslosigkeit, tagsüber grämte ich mich und sträubte mich gegen die zurückkehrende Besinnung.
Ich war im Begriff, im freien Fall abzustürzen, und wusste, dass ich dringend etwas unternehmen musste, um die verhängnisvolle Spirale zurückzudrehen.

Nach wenigen Wochen, schneller eigentlich als ich erhofft hatte, fand ich an der Badenerstrasse, direkt über der ‹Playboy›-Bar, ein kleines Ein-Zimmer-Appartement, und im ‹Jetset›, einer Trend-Boutique an der Rämistrasse, einen Job als Modeverkäufer.

Schon an meinem ersten Arbeitstag kreuzten Carmen und ihr Freund in dem noblen Laden auf und machten Terror. Vor den Kunden und meinen Vorgesetzten forderten sie laut zeternd ihr Geld zurück. Doch das hatte sich längst in Rauch und Rausch aufgelöst.

Ich konnte mir ja nicht einmal ein Bett leisten und schlief auf einer vergammelten Matratze, die ich im Brockenhaus aufgetrieben hatte.

Ich legte sie mitten ins Zimmer und stellte an den Wänden rundherum Fotos auf – das Einzige, was mir als Erinnerung an ihn übrig geblieben war: Marcus bei den Pinguinen in Neuseeland, Marcus in seiner schmucken Steward-Uniform, Marcus nackt am Strand von Koh Pah Khan, der Paradiesinsel in Thailand, wo wir einander kennen gelernt hatten.

Marcus, warum hast du mich verlassen?

Als ich meinen ersten Lohn erhalten hatte – rund dreitausend Franken abzüglich meiner Kleiderbezüge –, ging ich ins erstbeste Reisebüro und buchte das billigste Last-Minute-Arrangement für Bangkok. Ich packte meinen Koffer, schob den Wohnungsschlüssel in ein Couvert und dieses in den Briefkasten der Verwaltung.

Dann fuhr ich zum Flughafen.

Als die Fähre am Pier von Koh Pah Khan anlegte, setzte sich ein klarer Gedanke in meinem Kopf fest: Das ist deine letzte Flucht – eine Flucht nach Hause ...

Die Chefin des Bungalow-Ressorts erkannte mich auf den ersten Blick wieder und hiess mich freudestrahlend willkommen wie einen verlorenen Sohn.
Aber ich wollte nicht reden, ich musste weiter. Wie in Trance ging ich durch den Bungalow-Park zum Strand hinunter. Ich rollte meinen Sarong über dem Bauch zusammen, watete ins Meer hinaus und schwamm um den roten Felsvorsprung herum.
Da war sie – meine kleine, verträumte Bucht. Und der grosse braune Stein, mit grünen Einschüssen, glatt geschliffen.
Die untergehende Sonne legte eine golden glitzernde Strasse aufs Wasser.

Wer ist diese Frau?
Sitzt da in einem bunten Sarong, auf dem Stein in der Bucht, schaut hinaus aufs glitzernde Wasser, regungslos in Meditation versunken.
Am Ufer geigen die Zikaden, und um die nackten Füsse der Frau krabbeln kleine Krabben.
Ich weiss, wer das ist.

Die weite Reise zu meinem Stein habe ich auf mich genommen, um mich zu finden. Und ich habe genau zwei Möglichkeiten: Entweder ich stehe auf und schwimme aufs Meer hinaus. Durch das golden glitzernde Wasser, weiter und immer weiter der Sonne entgegen.
Bis ich mit ihr untergehe.
Oder ich beschliesse jetzt, die Frau zu werden, die ich bin.

Ich gab mir einen Ruck und entschied mich für das Oder. Für das Entweder war ich zu feige.
Ja, sagte ich zu mir, du musst und du wirst es tun ...

Es war schon dunkel geworden, als ich vom Stein kletterte.
Mit dem Schwur, den ich abgelegt hatte, war Ruhe in meiner
Seele eingekehrt.

Wohin? Zurück in die Schweiz?
Kommt nicht in Frage! Dort ist keine Heimat ...
Aber in der Schweiz muss es geschehen.
Nicht jetzt, noch nicht. Ich hab Angst – und fast kein Geld
mehr.

Indien.
Plötzlich war dieses Wort in meinem Kopf.
Warum Indien?
Weil dort das Leben am billigsten ist. Und weil du schon immer
nach Goa wolltest.
Goa.
Die drei Buchstaben hatten eine magische Anziehungskraft.
In Goa sollen die Menschen friedfertiger sein als anderswo auf
der Welt. Und die Götter sind ihnen näher. Ausserdem hatte
ich schon viel über die wilden Ecstasy-Partys von Goa gehört.
In meiner Vorstellung war Goa so etwas wie ein mystisches
Schlaraffenland.

Auf der Fahrt von Kalkutta Richtung Süden fühlte ich mich
schwach und schläfrig. Kalter Schweiss perlte auf meiner Stirn.
Der Druck im Kopf wurde immer quälender.
Über der staubigen Strasse flimmernde Hitze. Der Bus hoffnungslos überfüllt. Lärm und Gestank unerträglich.
Die Reise wollte kein Ende nehmen.
Ich spürte ein Stechen im Magen und im Darm ein heftiges
Rumoren.
Durchfall. Es war mir so peinlich.

Wie durch einen Schleier nahm ich eine Frau wahr, die mir an der Rezeption eines Touristen-Ressorts den Schlüssel zu einem Bungalow gab. «Das kann vorkommen, wenn man neu in Indien ist», lächelte sie verständnisvoll. «Das ungewohnte Essen!»

Grosse schwarze Spinnen krabbeln aus allen Ecken des Raumes. Es werden immer mehr, eine ganze Armee, der Boden ist schwarz vor Spinnen. Sie kommen an den eisernen Beinen des Bettgestells hochgeklettert, wuseln über das grobe Leintuch und eilen zielstrebig auf ihr Ziel los – und ich kann meine gespreizten Beine ebenso wenig schliessen wie die klaffende Öffnung dazwischen.
Die Spinnen kriechen in meine Vagina, und ihre dünnen, harten Beine pieksen unangenehm auf der Scheidenschleimhaut. Gierig arbeiten sie sich bis tief in meine Eingeweide vor und beginnen, mich von innen aufzufressen.

Als ich erwachte, dauerte es eine Weile, bis ich erleichtert feststellte, dass dies ein ganz übler Albtraum gewesen war. Ein Albtraum? Nein! Eine Vision – der Traum hatte mir zum ersten Mal das deutliche Gefühl geschenkt, auch körperlich ganz Frau zu sein. Könnte ich ihn doch nur weiterträumen – einfach ohne Spinnen ...
Ich wollte aufstehen. Aber ich war zu schwach dazu.

Irgendwann am nächsten Tag erwachte ich, und mir fiel auf, dass ich nicht mehr in diesem Bungalow-Zimmer war. Eine dunkelhäutige Frau beugte sich über mich und machte sich an einem Schlauch zu schaffen. «Sie haben das Tenga-Fieber», sagte sie, «eine Art Malaria. Sobald es Ihnen besser geht, müssen Sie unser Spital und die Tropen verlassen!»

Es dauerte nicht lange, bis es mir wieder besser ging.
Als die Maschine in Zürich zur Landung ansetzte, wirbelte der Schnee in dicken Flocken über den Flughafen.
Ich nahm den Zug in die Stadt. Die Rolltreppe trug mich aus der Shopville-Unterwelt an die Oberfläche der Bahnhofstrasse. Ich stellte meinen Koffer ab und schlug den Kragen meiner Jacke hoch. Sie war viel zu dünn, als dass sie mir die klirrende Kälte hätte vom Leib halten können, und weder die frommen Lieder der drei Heilsarmee-Soldaten, die an der Ecke ihren Kollektentopf aufgestellt hatten und unverdrossen gegen eilige Passanten ansangen, noch das warme Licht von vielen tausend Glühbirnen, die den vorweihnachtlichen Kommerz beleuchteten, konnten meine fröstelnde Seele wärmen.
Ich gab dem uniformierten Trio mit einer hilflosen Geste zu verstehen, dass ich doch selbst kein Geld und nicht einmal ein Dach über dem Kopf hatte. Und auch keine Freunde ...
Da fiel mir ein schwules Paar ein, das ich vor Monaten auf einer Party kennen gelernt hatte. Wir hatten einander auf Anhieb gut verstanden und angeregt geplaudert. Später hatten sie mir ihre Telefonnummer gegeben. Für den Fall, dass ich mich mal melden wolle ...
Ich ging zu einer Telefonkabine.

Die beiden wohnten an der Fabrikstrasse und gewährten mir für ein paar Wochen Obdach. So hatte ich wenigstens eine Adresse, von der aus ich von Pontius zu Pilatus pilgerte. Ich sprach auf der Einwohnerkontrolle vor, füllte beim Arbeitsamt Formulare aus, stellte mich den Fragen auf der Fürsorgebehörde. Und ich ging wieder in den Ausgang.
Meinen Geburtstag, Weihnachten und Neujahr verbrachte ich in mehr oder weniger legalen Szenelokalen unter lauter Menschen, die sich auch der Illusion hingaben, nicht alleine zu

sein. Ich dröhnte mich mit Sound zu, benebelte meine Sinne mit Ecstasy und fühlte mich so einsam wie nie zuvor.

In den ersten Tagen des Jahres 1996 gab ich mir den entscheidenden Ruck: Bei der Telefonauskunft erkundigte ich mich nach einer Beratungsstelle für Transsexualität und notierte mir eine Adresse. Laut Telefonbucheintrag war die Dame eine ‹Mediatorin› und führte den akademischen Titel ‹Ing. HTL› hinter ihrem Geschlechtsnamen. Eine diplomierte Ingenieurin, ging es mir durch den Kopf, was die wohl mit Transsexualität zu schaffen haben mag ...

Damals konnte ich noch nicht wissen, dass diese ‹Mediatorin› einen höchst zweifelhaften Ruf geniesst und ihre Gutachten bei den Ärzten wenig gelten. Erst später erfuhr ich, dass die Qualität ihrer Beratung als fragwürdig gelte und sie sich fürstlich honorieren liess. Die Adresse war jedenfalls alles andere als empfehlenswert. Die psychologisch und medizinisch delikate Grauzone zwischen den Geschlechtern ist ein Tummelfeld, auf dem allerlei Scharlatane ihr Glück versuchen, um aus einer Verunsicherung Profit zu schlagen. Und zwar auf allen Ebenen – vom selbst ernannten ‹Berater› bis hin zum renommierten Mediziner mit Professorentitel.

Zunächst machte meine ‹Mediatorin› jedoch gar keinen schlechten Eindruck. Im Gegenteil.
Eine grosse, stämmige Frau, schon etwas in die Jahre gekommen, mit einem unvorteilhaften Kurzhaarschnitt, forderte mich auf, im Besprechungszimmer Platz zu nehmen. Am meisten irritierte mich ihre tiefe, unverkennbar männliche Stimme.
«Lassen Sie sich dadurch nicht stören», erriet sie meine Gedanken und lächelte viel sagend.

Ich versuchte, mir meine gemischten Gefühle nicht anmerken zu lassen. Einerseits kannte diese Frau mein Problem offensichtlich aus eigener Erfahrung, was mein Vertrauen zu ihr verstärkte, andererseits gab sie der Befürchtung Nahrung, dass auch meine Geschlechtsanpassung wenig Einfluss auf die Stimmbänder nehmen würde. Weder die Hormone der Pharma-Industrie noch das Skalpell des Chirurgen können einigermassen glaubwürdig einen Stimmbruch rückgängig machen.

Ich verkniff mir eine entsprechende Bemerkung und setzte mich. Die ‹Mediatorin› stützte die Ellbogen auf die Tischplatte und faltete die Hände.

«Ich habe den Körper eines Mannes», sagte ich. «Aber ich bin eine Frau.»

Eingehend erkundigte sie sich nach den Umständen meiner frühesten Kindheit und nickte nachdenklich mit dem Kopf, als ich erklärte, diese lägen weitgehend im Dunkeln.

«Erinnern Sie sich, wann Sie sich zum ersten Mal nicht mehr mit Ihrem Geschlecht identifizieren konnten?»

«Ich habe dieses Gefühl, seit ich mich erinnern kann.»

«Womit haben Sie denn als Kind am liebsten gespielt?»

«Mit Puppen.»

«Und?»

«Ich wollte nie mit Autos spielen, wenn Sie das meinen. Am liebsten hatte ich den Affen, den meine Adoptivmutter mir strickte!»

«Wann litten Sie als Kind besonders stark unter Ihrer geschlechtlichen Identität?»

«An der Fasnacht – als ich eine Prinzessin sein wollte und ein Cowboy sein musste.»

«Kommt es vor, dass Sie in Ihren Träumen einen weiblichen Körper besitzen?»

«In letzter Zeit immer häufiger!»

«Hatten Sie je sexuelle Kontakte zu Frauen?»
«Ich bin doch nicht lesbisch!»
«Zu Männern?»
«Ausschliesslich.»
«Homosexuellen Männern?»
«Ich finde doch keine anderen ...»
Mir fiel auf, dass Sie nach demselben Fragemuster vorging wie damals schon der Arzt in der Psychiatrischen Poliklinik des Kantonsspitals in Basel.
«Für mich steht fest», sagte sie schliesslich und spannte ein Papier in die Schreibmaschine. «Sie leiden an einer primären Transsexualität.»
«Das tönt ja, als hätte ich eine Krankheit!»
«Versicherungs- und arbeitsrechtlich ist es auch so – seien Sie froh! Die Behandlungskosten können Sie Ihrer Krankenkasse verrechnen, und Ihr Arbeitgeber darf Sie nicht aus Gründen Ihrer Transsexualität, beziehungsweise nicht während der Crossover-Phase entlassen, der Zeit, in der Sie hormonell und auf den Eingriff vorbereitet werden.»
«Heisst das auch, dass ich mich jetzt operieren lassen kann?»
«So schnell geht das nicht, Herr Brönimann! Ich kann Ihnen lediglich ein Gutachten ausstellen. Aber dieses bedarf noch der Bestätigung durch einen Arzt. Der letzte Entscheid wird ohnehin erst im Spital gefällt.»
«Wie lange muss ich noch warten?»
«Sie müssen Geduld haben, Herr Brönimann. Rechnen Sie mal mit rund zwei Jahren!»

Der Arzt, den ich mit dem Gutachten aufsuchte, überflog dieses kurz und bedauerte: Noch sei es nicht möglich, die Umwandlung mit einer weiblichen Hormontherapie einzuleiten, aber er könne wenigstens den Sturm der männlichen Hormone bremsen. Er verschrieb mir ein Mittel, das den Sexualtrieb dämpft, und schickte mich zu weiteren Konsultationen in die Psychiatrische Poliklinik des Universitätsspitals Zürich. Dort konfrontierte mich eine Oberärztin mit Fragen, die ich längst kannte und die ich schliesslich auch gegenüber dem Klinikchef persönlich beantworten musste. Das Gespräch mit Professor W. dauerte kaum länger als eine Viertelstunde und endete mit grünem Licht. «Ich sehe keinen Grund, der gegen eine Geschlechtsanpassung sprechen würde», sagte er und schrieb mir die Namen von zwei Ärzten auf, die mich auf meinem weiteren Weg zur Frauwerdung begleiten würden. Der eine Arzt war Endokrinologe; er sollte mir aufgrund des psychiatrischen Gutachtens das Rezept für die Hormonbehandlung ausstellen. Der andere war der Chirurg, der mich nach deren Abschluss operieren sollte. «Dr. H. hat viel Erfahrung auf diesem Gebiet», beruhigte mich der Psychiater. «Bei ihm sind Sie gut aufgehoben!»

Es konnte losgehen.
Mit dem Apothekerschein des Endokrinologen hielt ich das Ticket in der Hand für eine Reise, die nicht in ein fernes Land führte, sondern tief in mein Innerstes – Seelenheimat hiess die Destination.

In der kleinen, bescheidenen Ein-Zimmer-Wohnung, die ich unterdessen in Zürich-Affoltern bezogen hatte, inszenierte ich meinen ersten Schritt auf dem Weg zur Frau wie ein religiöses Ritual: Ich zog den Stecker des Telefons heraus, damit ich nicht gestört werden konnte, legte Pergolesis ‹Stabat Mater› ein, die feierlichste Musik in meiner CD-Sammlung, zündete alle Kerzen an, die ich auftreiben konnte, holte dann meine kleine, weisse Feder aus ihrem Couvert und legte sie auf den Tisch,

neben die Kartonschachtel, die ich in der Apotheke besorgt hatte.
Das war jetzt mein Altar.
Mit zitternden Fingern drückte ich eine kleine gelbe Pille aus der Aluminium-Verpackung, legte sie wie eine Hostie auf meine Zunge und schloss die Augen, bevor ich die kleine Kugel sehr bewusst in mich hineinfallen liess – und mit diesem entscheidenden Schluck bildete ich mir ein, zu spüren, wie konzentrierte Weiblichkeit meinen Körper in Besitz nahm und die Seele zu nähren begann.
«Diesen Weg», schwor ich mir, «wirst du konsequent bis ans Ende gehen!» Er führte zunächst zu einer Vorbesprechung mit dem Chirurgen, der eines Tages den Mann aus meinem Leben schneiden sollte. Doch sein Operationssaal war nur ein Etappenziel.
Ich erinnerte mich an meinen Vorsatz, den ich auf dem Stein in der Bucht von Koh Pah Khan gefasst hatte. Damals ahnte ich allerdings noch nicht, wie steinig dieser Weg werden würde.

Tanja hatte die erste Etappe gerade hinter sich gelassen, als ich sie im Spital besuchte. Sie wirkte sehr filigran, wie sie da unter ihrem weissen Laken lag, sehr weiblich auch und vor allem jung. Kollegen, die von meinem ersten Schritt zur Geschlechtsanpassung wussten, hatten mir den Kontakt zu ihr vermittelt. Tanja war mir auf Anhieb sympathisch.
«Du bist doch bestimmt noch keine fünfundzwanzig!»
«Ich bin gerade zwanzig geworden. Sie haben mir eine Ausnahmebewilligung gegeben.»
«Wie hast du denn das geschafft?»
«Ich habe die Ärzte halt überzeugen können, dass ich ein klarer und dringender Fall war!»

299

«Hast du Schmerzen?»
«Natürlich. Aber die lassen sich nicht vermeiden. Das geht vorbei.»
«Angst?»
«So Gedanken halt, manchmal. Trotzdem: Ich würde es sofort wieder tun!»
Tanja wusste, als sie das sagte, noch nicht, dass sie gut zwei Jahre später die Folgen einer Nachoperation nicht überleben würde.
Nachdem Tanja aus dem Spital entlassen worden war, besuchte ich sie noch zwei-, dreimal in ihrer Wohnung im Seefeld. Sie tat mir Leid, wenn ich sah, wie die Schmerzen sie zwangen, ständig die Sitzposition zu verändern.
Manchmal verschwand sie plötzlich für eine Weile im Badezimmer. «Sorry», sagte sie dann, «ich muss halt regelmässig den Platzhalter wechseln und desinfizieren.»
«Platzhalter? Hab ich auch schon gehört ... Genau, der Arzt erzählte mir, dass damit nach dem Eingriff die Vagina offen gehalten werden muss.»
«Wart – ich zeigs dir!»
Sie verschwand im Badezimmer und kam mit einem länglichen Gegenstand zurück, der mich entfernt an eines dieser Spielzeuge erinnerte, die in Sexshops angeboten werden.
«Ein Dildo», sagte ich und grinste.
«Naja – Spass macht es nicht gerade, im Gegenteil. Du musst das Ding stundenlang in dir rumtragen, damit die Vagina, die so kurz nach dem Eingriff so etwas Ähnliches ist wie eine offene Operationswunde, nicht zuwächst. Das tut ganz schön weh.»

Das konnte mich nicht schrecken. Ich wäre froh gewesen, wenn ich schon so weit gewesen wäre.

Ungeduldig stand ich mehrmals täglich vor dem Spiegel und zupfte mit einer Pinzette Haare aus meinem Gesicht. Die Augenbrauen sollten dünn und elegant sein. Und der Bartwuchs sollte endlich zurückgehen.

Ich hatte den Spiegel so auf eine kleine Kommode gestellt, dass ich das Profil meines Oberkörpers besser im Blickfeld hatte. Doch ich konnte mich drehen und wenden, wie ich wollte: Da war nichts zu sehen, nicht das kleinste Fettpölsterchen zierte meine Brust. Dabei hatte ich doch immer mit zuverlässiger Regelmässigkeit diese kleinen gelben Pillen eingenommen – viermal täglich ...

Die ersten Monate an der Affolternstrasse waren sehr einsam. Ich fürchtete die Abende, an denen ich in meiner Höhle – so empfand ich mein Appartement – auf der Matratze lag und an die Decke starrte, die mir auf den Kopf fallen wollte, während meine Gedanken sich verselbständigten und ihre eigenen Wege gingen.

Ich wollte nicht ins Grübeln geraten.

Deshalb gab ich mir dann jeweils einen Ruck, stand auf und überlegte mir, was ich anziehen sollte.

Die Männer, die ich dann im Ausgang kennen lernte, waren nicht der Rede wert. Zufallsbekanntschaften ohne Perspektive, die dieses beengende Gefühl des Alleinseins noch verstärkten. Mit einer Ausnahme.

Sein Name ist mir zwar entfallen, aber ich werde nie vergessen, dass er der Zeit meiner quälenden Einsamkeit ein Ende machte.

An einem Abend läutete das Telefon.

«Christian, du fühlst dich doch immer so alleine ...»

«Du sagst es!»

«Und bist doch so ein Katzennarr ...»

Und dann stand er vor der Tür mit einer Kartonschachtel unterm Arm.
«Er ist vor ein paar Wochen auf einem Bauernhof zur Welt gekommen», sagte er. «Mit seinen fünf Geschwistern hockte er unter einem Busch, als Spaziergänger des Wegs kamen. Sie hatten einen Hund an der Leine, der in dem Gebüsch schnüffelte, und alle Katzenkinder stoben in heller Panik auseinander. Nur der da ...»
Mein Kollege öffnete den Deckel der Schachtel, und ein kleines rundes Fellknäuel purzelte auf den Boden, rappelte sich wieder auf und verschwand blitzartig unter dem Sessel.
«... dieser kleine freche Bursche blieb stehen, stellte den Buckel auf und fauchte den Hund unverfroren an!»

Ich nannte ihn Zwirbeli. Wenn ich abends nach Hause kam, war jemand da, der auf mich wartete, der mir schnurrend um die Beine strich, bis der Napf endlich auf dem Boden stand, und sich rücklings auf dem Teppich wälzte, um genüsslich alle viere von sich zu strecken, bis ich ihm die Bauchwolle kraulte. Und der, sowie ich die Nachttischlampe gelöscht hatte, mit einem Satz auf die Matratze sprang, umständlich über meine Füsse stapfte und sich viermal um die eigene Achse drehte, bevor er beschloss, sich niederzulassen.
Zwirbeli veränderte mein Leben. Meine Disco-Nächte und Ecstasy-Fluchten beschränkten sich auf die Wochenenden. Das Geld brauchte ich jetzt fürs Katzenfutter.
Da war plötzlich jemand, für den ich sorgen und Verantwortung tragen, mit dem ich reden, den ich lieb haben und stundenlang knuddeln konnte. Zwirbeli war nie launisch. Oder fast nie. Höchstens ein bisschen arrogant ... manchmal. Morgens zum Beispiel, wenn ich ihn mit scharfen Worten zurechtweisen musste, weil er sich schon wieder die ganze Nacht im

Quartier herumgetrieben hatte: «Glaub bloss nicht, dass du mir alles nachmachen kannst!» Und ob ich das kann, schien er zu antworten, wenn er mit erhobenem Schwanz an mir vorbeizottelte und sich über sein Frühstück hermachte.

«Selber schuld», sagte ich, obwohl er mir natürlich furchtbar Leid tat, und schloss den Deckel des Katzenkorbes. «Wer nächtelang hinter den Weibern herpirscht, muss unters Messer ...» Zwirbeli knurrte missmutig.
«Hör jetzt auf, herumzutrötzeln!», sagte ich und dachte: Wenn du wüsstest, dass auch ich bald ...

Die Wochen krochen durch mein Leben, und langsam zeigten die Hormone Wirkung. Auch wenn sich in meiner Brust noch keine Fettpolster abgelagert hatten, so waren doch wenigstens die Warzen schon deutlich grösser geworden.
Ich sprach mir selbst Mut zu.
«Jetzt sind wir also mittendrin», sagte ich zu meinem Spiegelbild. «Die heisse Phase des Cross over hat begonnen. Du musst dich daran gewöhnen, äusserlich und öffentlich als Frau aufzutreten. Du musst dich jetzt outen. Du kaufst dir schöne Frauenkleider und ziehst sie an – ist ja kein Problem, haben wir ja alles schon durchexerziert! Aber damals wars eine Maskerade – und jetzt gilts ernst: Du musst Farbe bekennen!»

Ich zögerte nur kurz vor dem Eingang zur H&M-Filiale am Limmatquai, gab mir dann aber einen Ruck und steuerte zielstrebig die Dessous-Abteilung an.
70 A – kleiner geht es nicht. Weisse Spitzen, leicht transparente Seide, frecher Schnitt. Verstohlen schaute ich um mich, ob auch niemand beobachtete, wie ich das Büstenhalterlein durch die Finger gleiten liess.

«Kann ich Ihnen helfen?»
Eine junge Blondine mit einer unverschämten Figur – 75 C, schätzte ich, mindestens – stand vor mir und lächelte mich an.
«Ich, äh – der da gefällt mir ganz gut ...»
«Was für eine Grösse trägt sie denn, Ihre Freundin?»
Bekenne Farbe!
Ich starrte auf meine Schuhe und murmelte: «Eigentlich ist es ... für mich ...»
Ausser dem BH kaufte ich mir noch eine weisse Bluse mit Achselpolstern und trennte diese, als ich wieder zu Hause war, mit einer Schere heraus, um die A-Körbchen wenigstens halbwegs auszufüllen. Dann schlüpfte ich in einen eng anliegenden Pulli und drehte mich prüfend vor dem Spiegel. Nicht übel, dachte ich zufrieden. Langsam nimmt die Geschichte Konturen an.
Es war schon merkwürdig: Ich hatte ja schon früher gepolsterte Büstenhalter getragen. Auch als Liza Minelli war ich in der Revue-Show des Berliner ‹Theater im Keller› ‹oben mit› aufgetreten – und als Drag-Queen ‹Jenny› im Kleinbasler Milieu sowieso. Trotzdem hatte ich jetzt so ein Gefühl, als wohnte ich einer Premiere bei und kleidete mich zum ersten Mal in Frauenwäsche. Früher blühte ich auf, wenn ich feminine Textilien auf der Haut spürte. Ich fühlte mich, als Frau getarnt, stark und frei. Charmant, witzig und selbstbewusst sprühte ich vor Lebensfreude.
Doch das hier war keine Tarnung mehr. Diese Kleider enttarnten mich. Indem ich den Büstenhalter anzog, entblösste ich meine Seele. Die Show war zu Ende.
Ich band mir ein Tuch um den Kopf, um meine Geheimratsecken zu kaschieren, und verliess die Wohnung. Unten, an der Haustür, zögerte ich, ging in die Wohnung zurück und zog mich erneut um. Dann wartete ich, in geschlechtsneutralen

Jeans und einem T-Shirt, auf den Bus zum Bahnhof Oerlikon. Im Blumenladen liess ich mir einen fröhlich bunten Frühlingsstrauss zusammenstellen; anschliessend kaufte ich ein Retourbillett nach Basel.

Ruedi hatte neulich angerufen.
Mit Toni gehe es langsam dem Ende entgegen, hatte er gesagt. Und mir fiel auf, wie gefasst seine Stimme wirkte. Sie habe nicht mehr die Kraft, sich einer weiteren Chemotherapie zu unterziehen, und sei in ein anderes Krankenhaus verlegt worden, eine Art Sterbeklinik, in der sie sich jetzt auf den endgültigen Abschied vorbereite.

Auch als er mich an der Tramstation vor dem Spital erwartete, machte Ruedi einen erstaunlich beherrschten Eindruck. Wahrscheinlich, dachte ich, hat er Toni schon losgelassen. Zeit, sich voneinander zu verabschieden, hatten die beiden ja. Seine Ruhe kam mir irgendwie unheimlich vor. Und ich merkte zunächst gar nicht, dass er nicht merkte, wie ich im Begriff war, mich zu verändern.

Meine Augen mussten sich an das schummrige Licht in dem abgedunkelten Krankenzimmer gewöhnen. Die Wand hing voller Bilder; Ruedi musste sie ihr wohl gebracht haben. Toni liebte ihre Bilder über alles.
Sie lag halb aufgerichtet in einem Berg von Kissen und hielt sich mit ihrer knochigen Hand an dem Griff fest, der über dem Kopf baumelte.
Ich erschrak, als ich sie sah.
Ihr Lächeln wirkte gequält. Dunkle, eingefallene Augen in einem grauen Gesicht. Unter der Bettdecke zeichneten sich die Konturen ihres ausgemergelten Körpers ab. Ich konnte kaum

glauben, dass dies dieselbe Toni war, mit der ich am Ostersonntag – vor noch nicht einmal vier Monaten – durch die Baselbieter Hügellandschaft gewandert war.

Ruedi kam herein. Er hatte eine Vase für die Blumen geholt.

«Aber Ruedi!» Ihre Stimme war leise, vermutlich geschwächt durch die hoch dosierten Schmerzmittel. «Siehst du denn nicht, dass die Farbe dieser Vase sich nicht mit den Blumen verträgt? Sei so gut, frag die Schwester, ob sie dir eine schönere Vase gibt!»

Kaum hatte Ruedi die Tür hinter sich zugezogen, winkte Toni mich ans Bett und nahm meine Hand. Ihr Lächeln hatte etwas Verschwörerisches, und ich wusste, dass das mit der Vase nur ein Vorwand war – Toni wollte allein sein mit mir.

«So», flüsterte sie. «Wie geht es dir, Nadia?»

Nadia.

Ich war wie elektrisiert. Zum ersten Mal war ich mit meinem neuen Namen angesprochen worden. Mit dieser Frage und mit dem Druck ihrer Hand hatte Toni mir zu verstehen gegeben, dass meine neue Identität für sie in Ordnung sei.

«Danke», sagte ich und hätte am liebsten losgeheult. «Nadia geht es besser als Christian! Aber du, Toni – wenn es doch nur dir besser ginge ...»

«Mach dir meinetwegen keine Gedanken; wir sind beide auf einem guten Weg. Ich bin froh, dass du Wort gehalten und Ruedi nichts gesagt hast. Er soll nichts von Nadia erfahren, solange ich noch lebe.»

Ich fragte mich, wie weit sie ihre Unbekümmertheit nur zur Schau trug, um mich zu beruhigen.

«Du darfst nicht sterben!»

«Das haben nicht wir zu bestimmen.»

«Die kleine weisse Feder», sagte ich und konnte die Tränen nicht mehr zurückhalten. «Ich werde sie dir ins Grab legen!»

«Nein – das darfst du nicht tun! Die Feder soll Nadias Leben begleiten ...»
Ruedi kam mit einer gläsernen Vase zurück, und ich küsste Toni zum Abschied auf die Wangen.
«Bis in zwei Wochen. Auf Wiedersehen!»

Das Wiedersehen mit Tanja kam vollkommen unerwartet. Ich erkannte sie auf den ersten Blick. Die junge Frau, die ich unmittelbar nach ihrer Geschlechtsanpassung im Universitätsspital besucht hatte, sass in der S-Bahn zwischen Wädenswil und Zürich, und mir fiel auf, dass sie gar nicht gut drauf war.
Auch ich war den ganzen Tag über nicht aus meinem Tief herausgekommen. Schon als ich am Morgen aufgestanden war, packte mich dieses allzu bekannte Gefühl der Verunsicherung. Was gewesen war, war nicht mehr. Und was werden sollte, war noch nicht geworden. Mein Ego – ein einziger Trümmerhaufen. Ausserdem war mir speiübel. Die lähmende Müdigkeit wollte nicht mehr aus meinen Knochen weichen. Der Kopf schmerzte.
Aber ich riss mich zusammen. Irgendwie muss der Körper ja auf die Strapazen reagieren, die du ihm zumutest, sagte ich zu mir. Und da musst du jetzt durch. Du machst dich schön, rasierst dir das Gesicht und die Beine, feilst und lackierst die Fingernägel und ziehst dir deine fraulichsten Kleider an. Und dann gehst du hinaus und stellst dich den Blicken der Menschen da draussen. Du nimmst den Bus zum Bucheggplatz und das Tram zum Bellevue. Dort trinkst du einen Tee, gehst dann zum Bahnhof und nimmst die S-Bahn nach Wädenswil. Und erst, wenn alle gesehen haben, was für eine schöne Frau du bist, gehst du wieder heim.
Ständig ertappte ich mich dabei, dass ich meine Hände im Schoss zu Fäusten ballte – eine alte Angewohnheit von Chris-

tian, der sich wegen seiner abgeknabberten Fingernägel geniert hatte.

«Mami», sagte der Knirps im Zug. Er sass neben seiner Mutter mir gegenüber und starrte schon die längste Zeit auf meine Hände. «Warum hat der Mann so lange Fingernägel?»
Trotz meiner Verkleidung hatte er mich als Mann erkannt – und ich wusste nicht, ob ich mich darüber ärgern oder freuen sollte.

«Entschuldigen Sie bitte», sagte die Mutter des Kleinen verlegen und wies ihren Junior zurecht, während ich versuchte, verzeihend zu lächeln.

Dann sah ich sie. Tanja sass im Abteil schräg gegenüber. Sie erkannte mich im selben Moment, und ich setzte mich zu ihr.
«Schön, dich wiederzusehen», begrüsste sie mich. «Ist ja schon eine Weile her seit deinem letzten Besuch. Du bist mittendrin, wie ich sehe – Cross over ...»
«Ich nenn mich jetzt Nadia.»
«Wie geht es dir?»
«Unterschiedlich. Enorme Stimmungsschwankungen. Aber du machst auch nicht gerade einen himmelhoch jauchzenden Eindruck ...»
«Du sagst es. Es hat Komplikationen gegeben, bei der kosmetischen Nachoperation. Dabei ist der Darm verletzt worden. Scheusslich, sag ich dir! Dieses Theater, diese Schmerzen – meinem ärgsten Feind würde ich es nicht wünschen ...»
Und während ich darüber grübelte, was bei einem solchen Eingriff alles passieren konnte, fuhr der Zug im Bahnhof Enge ein. Tanja musste aussteigen.
«Melde dich doch mal, wenn du Zeit hast», sagte sie, während sie aufstand. «Wir hätten einander so viel zu sagen!»
«Okay; ich ruf dich an!»

Ich hätte wirklich anrufen sollen.
Sehr viel später erst erreichte mich die Nachricht von Tanjas Tod. Und von den mysteriösen Umständen, unter denen sie ums Leben gekommen war.

Ich hätte einhalten sollen, was ich Toni bei meinem letzten Besuch an ihrem Krankenbett versprochen hatte: Ich hätte sie an jenem Montag besuchen sollen. Die Erinnerung daran beschämt mich noch heute, sie wird mich mein Leben lang belasten.
Am Samstag hielt ich es wieder einmal nicht mehr aus. Die einsamen Abende in meiner Wohnung, die verletzenden Bemerkungen der Gaffer, die aussichtslose Suche nach einer Arbeit, die demütigenden Absagen – ich hatte so genug von diesem Leben. Ich musste raus aus meinem Loch, wollte die Woche vergessen, die hinter mir lag, und nicht an jene denken, die kommen würde.
Und so warf ich mich in mein Ausgangs-Outfit, füllte Zwirbelis Napf und ging ins ‹Labyrinth›.
Wenn mir die Musik in die Glieder und die Droge ins Hirn fuhr, lebte ich auf einem anderen Planeten. Ich fühlte mich von den Menschen um mich herum akzeptiert, meine Selbstsicherheit kehrte zurück.
Ich hob ab. So hoch, dass ich, als ich irgendwann am Sonntagnachmittag meine Wohnungstür aufschloss, in ein bodenloses Loch stürzte. Ich fühlte mich hundeelend – wie damals in Basel, wenn in den frühen Morgenstunden unter dem abblätternden Lack der Drag-Queen Jenny der Jammerlappen Christian zum Vorschein kam.
Im Spiegel glotzte mich ein Gespenst aus unnatürlich grossen Pupillen an. In dieser Verfassung wirst du niemals nach Basel fahren können, schoss es mir durch den Kopf. Unmöglich.

Den brodelnden Schädel tief unter dem Kopfkissen vergraben, hoffte ich vergeblich, dass die Welt aufhören würde, mein Gehirn zu umkreisen. Gleichzeitig nahm ich mir vor, Toni anzurufen, gleich morgen früh, mich zu entschuldigen und sie übermorgen zu besuchen.
Am Montag war ich zu feige, den Hörer des Telefons in die Hand zu nehmen.
Am Dienstag beschloss ich, Toni am nächsten Montag zu überraschen. Ich würde ihr ein kleines Päckchen mitbringen und ihr sagen. «Toni. Ich geb sie dir zurück; die kleine weisse Feder soll dich jetzt begleiten!»
Am Donnerstag, dem 15. August 1996 starb Toni Amstutz im Alter von 59 Jahren. Sie wurde von einem kurzen, schweren Leiden erlöst, das sie mit viel Geduld und noch mehr Gottvertrauen getragen hatte. Die Beisetzung war auf den Dienstag angesetzt, 14.00 Uhr, auf dem Friedhof der katholischen Kirche in Ettingen.
Ich erfuhr es erst am Samstag. Das Couvert brauchte ich gar nicht erst zu öffnen. Als ich es aus dem Briefkasten nahm, den schwarzen Rand sah und Ruedis Handschrift erkannte, wusste ich Bescheid. Kalte und heisse Schauer fuhren mir durch den Leib. Und meine Knie waren plötzlich so weich geworden, dass ich mich am Türrahmen festhalten musste.
Mir war speiübel.
Ich hatte ihr nicht mehr Adieu gesagt. Der Rausch war mir wichtiger gewesen als Toni, die Sucht nach der Droge des Vergessens stärker als die Liebe zu meiner Lieblingstante. Ich gottverdammtes, eigensüchtiges, treuloses Wesen ohne Gewissen und Geschlecht hatte sie einfach sterben lassen. Ohne die weisse Feder ...
Aber warum hatte Ruedi mich nicht angerufen?

Ich wagte nicht, ihn zu fragen.
Er stand auf der anderen Seite des Grabes, neben meinen Adoptiveltern. Ich hielt mich abseits, versuchte, mich hinter dem Rücken meiner Cousine Monika zu verbergen. Aber als der Priester seine Predigt beendet hatte und einer nach dem anderen am Rand der Grube stand, um eine Schaufel Erde auf den Sarg zu werfen, da war es mir egal, dass alle mich verstohlen aus den Augenwinkeln anstarrten. Ich hatte meine dunklen Jeans und ein schwarzes Hemd angezogen, möglichst neutral, und in meinem Hosensack knisterte der Umschlag, in den ich die kleine weisse Feder gesteckt hatte.
Ich weiss nicht, ob du mir verzeihen kannst, liebe Toni. Aber wenn du es kannst, dann bitte ich dich darum.

Auch im ‹Rebstock›, wo die Verwandtschaft sich zum Leichenmahl einfand, ging ich meinen Adoptiveltern so gut wie möglich aus dem Weg. Umgekehrt liessen mich auch alle anderen deutlich ihre Ablehnung spüren – alle, ausser meiner Cousine Monika, Tonis Tochter.
Was mache ich hier eigentlich? Toni ist tot. Ihre Verwandten und Freunde sitzen in einer Kneipe und reden übers Wetter, trinken Wein und essen Schinken. Was hab ich hier verloren?
Ich verabschiedete mich nicht. Ging einfach hinaus. Und hinauf auf den Hügel hinterm Dorf, über den Feldweg, den ich an Ostern mit Toni gegangen war – damals, als sie mir zum ersten Mal von ihrer tödlichen Krankheit berichtet hatte und ich ihr von meinem transsexuellen Cross over. Ich vergrub die Hand in der Hosentasche und legte sie auf das zerknitterte Couvert. Dann setzte ich mich auf die kleine Bank mit der Aussicht aufs Dorf und über das Tal. Und ich dachte an die vielen tiefsinnigen Gespräche, die ich hier mit Toni geführt hatte. Plötzlich war sie mir ganz nah.

Es war längst dunkel geworden, als ich aufstand und zur Bushaltestelle ging. In Basel wartete der letzte Zug nach Zürich. Ich stieg in Zürich-Oerlikon aus und ging die Treppe zur Bahnhofunterführung hinunter.
Als ich im schwachen Neonlicht die drei Gestalten sah, drehte ich mich blitzartig auf dem Absatz um. Zu spät. Da waren drei andere Typen. Helle Panik erfasste mich. Ich wollte schreien. Aber meine Stimme versagte.
Sie hatten mich umzingelt und drängten mich an die Betonmauer. «Na, du schwule Sau», sagte einer und grinste mich böse an. Ein anderer zupfte mich am Hemd. «Jetzt bist du dran, dreckiger Arschficker!» Dann rammte er mir seine Faust ins Zwerchfell, dass es mir einen Moment lang den Atem verschlug. «Das ist eine gottverfluchte, perverse Transe», sagte ein Dritter. Der Erste grinste nicht mehr. «Früher», zischte er, «hat der Adolf so was wie dich vergast!»
Ein zweiter Faustschlag, diesmal ins Gesicht. «Wenn du schreist», sagte der Erste und spielte mit einem Stellmesser, «dann zum letzten Mal!»
Mein Gott, mach, dass es nicht wahr ist. Nicht schon wieder! Ein Donnern über uns liess den Boden erbeben. Die letzte S-Bahn fuhr ein. Ich hörte das Zischen der Türen, dann Schritte und Stimmen. Die finsteren Typen suchten das Weite.

Ich hatte schon jede Hoffnung aufgegeben, einen Job zu finden, als das Telefon läutete. Es war Martha, die Geschäftsführerin der Jeans-Boutique ‹Marcel Scheiner›. Ich hatte sie neulich angerufen und mich auf ein Stelleninserat bezogen. Ich hätte einige Erfahrung in der Modebranche und sei durchaus interessiert. Sie werde sich melden, hatte sie versprochen. Aber das haben schon viele gesagt.
«Du kannst gleich morgen anfangen», sagte Martha.

«Da ist noch etwas, das Ihr alle wissen solltet», sagte ich, als ich mich am folgenden Montag vorstellte. «Meine Arbeitszeugnisse lauten zwar auf den Namen Christian, aber eigentlich heisse ich Nadia ...»
Martha brachte den Mund nicht mehr zu.
«... seit ein paar Wochen schon!»
«Du bist transsexuell? Echt?»
Ja, dachte ich bei mir, echt transsexuell – welch seltsamer Widerspruch!
«Also jetzt, wo du es sagst», fuhr Martha fort, «sehe ich es auch. Du wirkst irgendwie ... wie soll ich sagen – androgyn!»
«Was meinst du, wird der Chef dazu sagen?»
«Ich finde so etwas ja wirklich cool», sagte sie, «aber bei Marcel bin ich mir nicht so sicher ...»
«Er muss es ja nicht unbedingt erfahren», sagte ich vorsichtig, «... wenn er es nicht von selber merkt.»

Marcel Scheiner merkte nichts. Jedenfalls liess er sich nichts anmerken. Ich schätzte ihn auf knapp sechzig, ein charmanter, väterlicher Typ, der eine feine Nase für modische Trends hatte, vor allem bei den Schuhen: Wenn eine neue Turnschuh-Kollektion aus den USA eingetroffen war, standen die Kids in Trauben vor der Ladentür. Ausserdem litt Marcel Scheiner unter dem Wahn, er sei der allerdickste Hecht im Modeteich ...
Oft schaute er abends herein, schwatzte mit Martha und lobte die gefällige Präsentation der Auslage.
«Das ist Christians Werk», sagte Martha und zeigte auf mich, «unser Neuer. Er hat ein Flair fürs Optische!»
«Darauf stossen wir an», sagte Scheiner, «ich geb einen aus, gleich nach Ladenschluss!»
Er zeigte sich gern umgänglich und gab sich grosszügig. Dazu hatte er auch guten Grund: Die Geschäfte liefen ausgezeich-

net. In einem Netz von vielen Dutzend Filialen, das Scheiner über die ganze Schweiz gelegt hatte, machte unser Laden im Niederdorf die besten Umsätze.

Der Erfolg machte den Chef übermütig. Als am Limmatquai ein grosses Ladenlokal auf zwei Etagen frei wurde, zögerte Marcel Scheiner keine Sekunde.

Schon bald zügelten wir.

Die Männer mussten Kisten und Mobiliar schleppen, während die weiblichen Angestellten die Ware im Laden einräumen durften. Ich fühlte mich verletzt und gedemütigt, weil ich bei den Zügelmännern mit anpacken sollte.

«Ich möchte die Gestelle füllen und die Kleider präsentieren», begehrte ich auf, «du weisst doch ganz genau, dass ich das viel besser kann als Schachteln schleppen!»

Doch Martha hatte kein Einsehen. «Der Chef will es so», sagte die Geschäftsführerin. «Und offiziell bist du ja immer noch ein Mann!»

Damit hatte sie zwar Recht, in meinem Pass stand nach wie vor der Name Christian Brönimann; daran würde sich bis zur Operation auch nichts ändern.

«Aber ich bin eine Frau», widersprach ich. «Und damit dus nur grad weisst: Ich werde künftig in Frauenkleidern zur Arbeit kommen!»

«Hast du das dem Chef schon gesagt?»

«Nein, und ich trau mich auch nicht. Sag du es ihm!»

«Ich weiss nicht, ob das eine gute Idee ist», erwiderte sie. «Du riskierst deinen Job!»

Ich liebte meine Arbeit. Wir waren ein eingespieltes Team, und solange der Umsatz stimmte, liess Scheiner uns alle Freiheiten. Er hatte mich zu Marthas Stellvertreter ernannt und mir im neuen Geschäft die Verantwortung für den Bereich Schuhe übertragen.

Am Tag nach der Geschäftseröffnung nahm er mich zur Seite.
«Ich hab gehört, dass du dich verändern willst», sagte er. «Du willst dich als Frau verkleiden.»
«Nicht verkleiden», widersprach ich. «Im Gegenteil. Ich werde aufhören, mich zu verkleiden – ich muss zu meiner wirklichen Identität stehen ...»
«Was du privat machst, ist mir vollkommen egal», sagte er. «Aber ich dulde keine aufgetakelte Tunte in meinem Geschäft. Ich habe einen Arbeitsvertrag mit Christian Brönimann ...»
«... aber ich bin Nadia Brönimann!»
«... du kannst als Christian bei mir arbeiten. Mit dieser Nadia will ich nichts zu tun haben!»
«Nadia ist keine Tunte. Sie ist eine ganz normale Frau!»
«Hab ich mich nicht deutlich genug ausgedrückt? Noch einmal: Wenn du glaubst, dass du in Frauenkleidern zur Arbeit kommen musst, dann werden wir uns voneinander trennen müssen!»
«Eine Kündigung wegen Transsexualität ist missbräuchlich», sagte ich und musste mich zusammennehmen, um anständig zu bleiben, so gross waren Wut und Enttäuschung. «Gleich morgen werde ich das Arztzeugnis mitbringen!»
Am nächsten Tag zog ich meinen kleinen Spitzen-BH an, eine hochgeschlossene Bluse darüber und dazu ein Paar Marcel-Scheiner-Jeans.
Ich wollte dem Chef zeigen, dass weiblich nicht nuttig sein muss. Ausserdem brachte ich das Gutachten mit, das meine Transsexualität bescheinigte.
Doch Scheiner interessierte sich gar nicht dafür. Er habe sich mit seinem Anwalt beraten, sagte er, und der habe ihm bestätigt, dass ich völlig Recht habe – es wäre missbräuchlich, mich wegen meiner Transsexualität zu entlassen. Er sei froh, dass ich ihn darauf aufmerksam gemacht habe.

Noch in derselben Woche hielt ich den eingeschriebenen Brief in der Hand. Die Kündigung erfolge aus ‹privaten Gründen des Arbeitnehmers›, las ich.
Das war alles.
Diskret. Unanfechtbar. Und überhaupt nicht missbräuchlich.

Ich fand natürlich keinen Job mehr. Regelmässig ging ich aufs Arbeitsamt. Schluckte meine Hormontabletten. Und am Wochenende immer wieder mal die Glückspille.
Die hormonelle Umstellung vollzog sich viel langsamer als ich erwartet hatte. Im Frühling 1998, nach fast zwei Jahren, hatte ich die Brüste einer vorpubertären 13-Jährigen.
Das sei nicht weiter tragisch, beruhigte mich Dr. H., der Chirurg, der den Eingriff durchführen würde. Es liege an meinem schlanken Körperbau. Ich hätte einfach zu wenig Fettgewebe, um eine schöne, volle Brust auszubilden.
«Wir können jetzt den nächsten Schritt ins Auge fassen», sagte er schliesslich. «Sind Sie immer noch überzeugt, dass Sie sich der Operation unterziehen wollen?»
Ich zögerte keine Sekunde. Aber ein bisschen mulmig war mir doch zu Mute, als ich mich mit tonloser Stimme «Ja» sagen hörte. «Selbstverständlich!»
«Dann merke ich Sie mir für den 9. Juli vor. Melden Sie sich zwei Tage vorher bei der Wiederherstellungschirurgie, damit die Darmspülung vorgenommen werden kann!»

Wie in Trance verliess ich das Universitätsspital durch den Haupteingang, und während ich zur Haldenegg hinunterging, wo ich das 15er-Tram Richtung Bucheggplatz nehmen wollte, schob ich verstohlen die rechte Hand in die Hosentasche und berührte ‹ihn› zaghaft. Du hast noch zehn Wochen, dachte ich, dann ist deine Zeit um. Dann machen sie eine wunderschö-

ne Vagina aus dir. Tut mir Leid, aber es muss sein – du hast nie richtig zu mir gehört ...
Die Vorfreude auf mein neues Leben war grösser als die Angst vor der Operation.
Am Schaffhauserplatz stieg eine junge Frau ein und riss mich aus meinen Gedanken: «Ist da noch frei?»
Ich nickte. Irgendwie kam sie mir bekannt vor.
Sie setzte sich neben mich. «Du bist doch die Nadia...»
«Ja», sagte ich und dachte: In gut zwei Monaten mehr denn je!
«Aber ich weiss nicht mehr, woher ich dich kenne ...»
«Ist ja auch schon eine Weile her. Du hast Tanja besucht, und ich hab mit ihr in der WG im Seefeld gewohnt!»
Tanja – ich erinnerte mich: Die junge Frau, die damals schon hinter sich hatte, was mir jetzt bevorsteht. Fast zwei Jahre sind seither vergangen. Und ich hatte sie noch immer nicht angerufen.
«Wie geht es ihr?»
«Das weisst du nicht?»
«Was weiss ich nicht?»
«Tanja lebt nicht mehr!»
«Was? Das glaub ich nicht!»
«Anfangs Jahr, irgendetwas ist im Spital passiert ...»
«Das kann doch nicht wahr sein!»
«Ist aber wahr, leider.»
«Und woran ist sie gestorben?»
«Das ist noch heute ein Rätsel. Sie musste zu einer Nachoperation ins Spital, wegen der Geschlechtsumwandlung. Kurz danach ist sie gestorben ...»

Die Nachricht erschütterte mich zutiefst.
Ich wollte unbedingt wissen, was passiert war. Doch je hartnäckiger ich mich bemühte, Einzelheiten über Tanjas Tod in Er-

fahrung zu bringen, desto undurchdringlicher wurden die Mauern des Schweigens, die sich mir überall entgegenstellten. Und mein Gefühl, dass da etwas faul war und vertuscht werden sollte, wurde immer deutlicher.

Der Tag, den ich mir ein Leben lang herbeigesehnt hatte, kam immer näher. Und meine diffuse Angst vor ihm wurde immer grösser.

Am 6. Juli führte Thomas mich zu einem festlichen Abendessen aus – ein Abschiedsessen für Christian.
Ich hatte Thomas ein paar Wochen zuvor auf einer Party zum ersten Mal getroffen und mich auf ihn eingelassen, obwohl ich wusste, dass es nicht die grosse Liebe werden würde. Immerhin war er der erste Hetero-Mann, der mich sexuell begehrte. Er zeigte sich auch nicht schockiert wie so viele andere, als er entdeckte, dass ich ein Schwanzträger war – im Gegenteil: Er fand es irgendwie amüsant.
Nach dem Essen zelebrierten wir eine letzte Liebesnacht für den Todeskandidaten. Doch der war schon so verkümmert, dass er nicht mehr in der Lage war, auf Thomas' zärtliche Bemühungen zu reagieren.

Er trugs mit Fassung. «Komm», sagte er schliesslich, «lass uns schlafen!»
«Ich kann nicht schlafen, bin viel zu aufgeregt.»
«Kann ich verstehen, ginge mir wohl auch so ...»
«Sag mal», murmelte ich, während ich seine behaarte Brust streichelte. «Du hast doch bestimmt auch schon so Sexheftlis angeschaut ...»
«Sicher nicht! Glaubst du, ich hätte das nötig?» Er tönte richtig empört.

«Ich bin überzeugt, dass jeder Mann sich heimlich solche Bilder reinzieht ...»
«Okay», sagte er ein bisschen verlegen und holte einen Stapel Hochglanz-Magazine aus einer Schublade. «Willst wohl wissen, wie es aussehen wird ... nachher ...»
«Genau. Ich krieg so was ja relativ selten zu sehen!»
Gemeinsam blätterten wir die schmuddligen Hefte durch und taxierten die Blössen, die sich die Porno-Models in allen denkbaren Posen gaben. Ich bestaunte die Vielfalt der Farben und Formen und musste lachen. «Kommt mir vor wie ein Versandhaus-Katalog!»
«Wie wärs damit?», grinste Thomas und hielt mir die Nahaufnahme einer Vulva mit grossen, braunen Schamlippen unter die Nase.
Ich schüttelte heftig den Kopf und blätterte weiter zu einer Blondine, die dem Betrachter ihren rosaroten Schoss präsentierte, diskret und doch leicht kokett. «So was würde mir viel besser gefallen ...»
«Nimms doch mit, morgen früh», sagte Thomas ohne die Miene zu verziehen, «als Vorlage für den Chirurgen!»

Der Eingriff
Auf Messers Schneide

Operationsberichte (Auszüge)

Datum der Operation: 9.7.1998
Name: Broenimann, Christian, 14.12.1969/EO III
Diagnose: Mann-zu-Frau Transsexualismus
Anästhesie: Intubationsnarkose
Indikation: Nach entsprechender psychiatrischer Abklärung wünscht der Patient die Geschlechtsumwandlung beim Vorliegen eines echten Transsexualismus.

Operation: Orchidektomie *(Entfernung der Hoden*)* beidseits, Penisresektion, Konstruktion einer Neovagina aus invaginierter Penishaut, Rekonstruktion der Labia majora *(grosse Schamlippen)* aus Scrotum *(Hodensack)*, Bilden einer Klitoris aus Glans-*(Eichel-)*Anteil, ..., Mammaaugmentation (Brustvergrösserung) beidseits ...

Einbringen eines transurethralen *(durch die Harnröhre)* Harnkatheters. Danach Inzision *(Hautschnitt)* entlang der Mittellinie des Scrotums ... Nach Auspräparation beider Hoden und Samenstränge, welche im Bereiche des äusseren Leistenringes unter Ligatur *(Abbindung)* der Gefässe und des Samenstranges abgesetzt werden ... Nach beidseitiger Orchidektomie wird der Hautschlauch des Penis vollständig auspräpariert und dann der Penis durchgezogen. Danach erfolgt die Präparation der Neoklitoris an der Dorsalseite *(Rückseite)* der Glans ... Nun Präparation beider Corpora cavernosa *(seitliche paarige Schwellkörper)*, welche verfolgt werden bis zum Schambein und dort endig abgesetzt werden unter Ligaturen. Es erfolgt die Ausdünnung des Corpus spongiosum *(Hauptschwellkörper)* ... Danach Eingehen in den Beckenboden unter Durchtrennung des Zentrum aponeuroticum *(sehnige Hautfläche)* und vorsichtiges Vorwärtspräparieren zwischen Analsphinkter *(Anal-Schliessmuskel)* und

* *Kursivschrift = Anmerkung der Autoren*

Blasenrückenwand, bis ein genügender Hohlraum für die Neovagina geschaffen ist. Dort erfolgt die genaue Blutstillung. Als nächster Schritt wird jetzt die Urethra *(Harnröhre)* hinter den Mons transversus perinei *(transversale Hügel des Damms)* zurückverlagert, um einen senkrechten Urinstrahl zu erreichen, dann Einbringen von zwei easy flows *(Drainage)* in die neugebildete Höhle für die Vagina und Einstülpen des endig verschlossenen Penisschlauches, nachdem vorher Fibrinkleber zur Fixation in den Hohlraum eingebracht wurden. Einlage eines Stents *(Platzhalter)*. Danach Einnaht des Penisschlauches unter Verwendung des dreieckförmigen Hautzipfels vom Perineum *(Damm)*. Positionieren der Neoklitoris und Position der Urethra. Distanz zwischen Urethra und Neoklitoris ca. 4 cm. Am Schluss Bilden der Schamlippen unter Resektion (Zurückschneiden) des Scrotums. Um die Kommissur *(Verbindungslinie)* ein bisschen zu verengen, wird eine rhombusförmige Plastik angelegt. Der Eingriff ist relativ problemlos gegangen, der Blutverlust hält sich im Rahmen, eine Transfusion war nicht nötig.

Nun 4 cm grosser Zugang in der zu erwartenden Submammärfalte *(untere Brustfalte)* lateral *(seitlich)* beidseits. Bilden einer subpectoralen *(unter dem Brustmuskel)* Tasche und Einbringen von 280er-Mc-Ghan-Prothesen style 110 und zwei Redondrains. Schichtweiser Wundverschluss und komprimierender *(Druck-)*Verband.

Datum der Operation: 9.9.1998

Name:	Broenimann (Christian) Nadia, 14.12.1969/EO III
Diagnose:	Status nach Sexchange Mann-zu-Frau Juli 1998
Anästhesie:	Intubationsnarkose
Indikation:	Die Patientin hat sich sehr gut vom Eingriff erholt. Die Schamlippen sind etwas zu ausgeprägt und im Bereiche des Introitus *(Eingang)* steht eine offene granulierende Wundfläche, die schmerzhaft ist.

Operation: Verkleinern der Labia majora, Erweitern des Introitus vaginae und Korrektur des Orificium externae urethrae *(Harnröhrenmündung)*.

... die rezesierte Haut wird sorgfältig eingefettet. Der Wundverschluss erfolgt dort zweischichtig ... Dann Rhomboidplastik zum Annähern der Schamlippen über der Klitoris ... Danach erfolgt das minimale Zurückversetzen der Klitoris um etwa 5 mm und der Versuch, mittels U-Nähten ein gewisses Praeputium *(Klitorisvorhaut)* zu bilden ... Im Bereich der Urethra wird ein granulierendes Gewebe rezesiert und die Urethra auf einer Distanz von ca. 4 mm neu vernäht. Bei der Inspektion der Vagina sieht man, dass dorsal *(rückseitig)* ein Einriss besteht. Die Vagina selbst hat eine sehr schöne Länge von ca. 8-9 cm. In den vaginalen Einriss wird jetzt die von der Labia majora entfernte Haut nach Entfettung eingenäht und der Introitus über Z-Plastiken erweitert. Das Einbringen eines Stents erscheint wenig sinnvoll, die Vagina wird darum mit 12 Fettgazen ... ausgestopft.

Procedere: Erster Verbandswechsel 5 Tage postoperativ.

Datum der Operation: 16.9.1998
Name: Broenimann Christian, 14.12.1969/ambulant
Diagnose: St.n. Sexchange Mann-zu-Frau Juli 1998
Anästhesie: Intubationsnarkose

Operation: Verkleinern der Labia majora, Kommissurenplastik, Erweiterung des Introitus vaginae.

Zuerst Verkleinerung der Schamlippen, die dabei gewonnene Haut wird entfettet zum Vollhauttransplantat. Danach Kommissurenplastik rhombusförmig zum Annähern der Schamlippen mit einer Breite von ca. 3 cm. Dort erfolgt die direkte Naht zur Mobilisation eines Mons Pubis *(Schamhügel)*. Danach Erweiterung des Introitus vaginae über eine Z-Plastik und Auslegen der Vagina, welche an verschiedenen Stellen dorsalseitig etwas eingerissen ist und hypertrophes *(überschiessendes)* Granulationsgewebe aufweist mit der vorher entnommenen und entfetteten Vollhaut.

Postoperativ Einlage eines Fettgazestents. Bettruhe während 5 Tagen.

Datum der Operation: 29.10.1998
Name: Broenimann Nadja, 14.12.1969/EO III
Diagnose: St.n. geschlechtsanpassender Operation Mann-zu-Frau und Korrektureingriffen.
Aktuell: hypertrophes (angeschwollenes) Granulationsgewebe im Vaginalschlauch
Anästhesie: Intubationsnarkose

Operation: Auskleiden des Vaginalschlauchs mit dünner Spalthaut, entnommen vom Oberschenkel rechts und Naht im ventralen *(vorderseitigen)* Anteil des Vaginalschlauchs.

Bei der Inspektion zeigt sich ventral blasenwärts ein Einriss von ca. 3 cm Länge, welcher nach Anfrischen mit Polypropylen genäht wird. Dorsalseitig zum Rectum *(Mastdarm)* hin findet sich eher nach rechts, ein langstreckiger offener Anteil mit schönem Granulationsgewebe bedeckt, welcher jetzt über einen Stent mit Gazen und Sofra-Tulle mit neuer gemeshter *(netzartig)* Spalthaut, entnommen vom Oberschenkel links mit dem Druckluftdermatom, ausgekleidet wird.

Procedere: Belassen des Stents während 5 Tagen, dann Wechsel in Narkose und erneuter Stent während ca. 5 Tagen. Vorderhand kein Bougieren *(Erweitern)* der Vagina, da sonst mit einer Heilung nicht zu rechnen ist.

Datum der Operation: 11.11.1998
Name: Brönimann Nadja, 14.12.69/EO III
Diagnose: Wundheilungsstörung am Introitus vaginae
St. n. Sexchange Mann-zu-Frau im 07/98
St. n. Verkleinerung der Labja majora, Kommissurenplastik und Erweiterung des Introitus vaginae sowie Korrektur des Orificium urethrae am 9.9.98 ...
Anästhesie: Intubationsnarkose
Indikation: Im Verlauf bildete sich am kaudalen Pol am Introitus vaginae eine oberflächliche Erosion, welche sehr schmerzhaft ist.

Operation: Verbandwechsel in Narkose.

Die Patientin ist in Steinschnittlage. Einführen des Lichtspekulums. Ausgiebiges Spülen mit verdünnter Betadine-Lösung. Das Innere der Neovagina ist reizlos. Es erfolgt die Einlage eines Platzhalters, sowie das Anbringen einer Sofratulle Gaze auf die offene Stelle und darüber trockene Kompressen.

Datum der Operation: 28.1.1999 28.1.1999
Name: Broenimann Nadia, 14.12.1969/EO III
Diagnose: Echter Transsexualismus Mann-zu-Frau.
St. n. Sexchange und Mammaaugmentation beidseits subpectoral ...
St. n. Korrekturen am äusseren Genitale am 9.9., 16.9., 29.10., 11.11. und 4.12. 1998
Anästhesie: Intubationsnarkose
Indikation: Im Bereich des Introitus vaginae ... haben sich zwei Segel gebildet, die zur Stenoisierung *(Verengung)* der Neovagina führen, weshalb eine Dilatation *(Erweiterung)* geplant wird. Die Patientin wünscht gleichzeitig eine Vergrösserung ihrer Mammae *(Brüste)*.

Operation: Vaginoskopie/Vaginale Dilatation. Mammaaugmentation beidseits durch Prothesenwechsel.

... Zugang im Bereiche der alten Schnittführung submammär *(unterhalb der Brust)* bis auf die Prothesen. Entfernen beider Prothesen, die beide eine intakte Oberfläche zeigen ... Ausgiebige Spülung. Zirkuläre Inzision der dünnen Kapsel beidseits basal ... Einlage von Probeprothesen ... Nochmalige Spülung. Einlage je einer Redondrainage und Einbringen der Implantate. Schichtweiser Wundverschluss ...

Die Vaginoskopie zeigt die Segelbildung ... bei einer Tiefe von ca. 10,5 cm. Ansonsten reizlose und unauffällige Verhältnisse.
Schrittweises Aufdilatieren *(Erweitern)* mit Metall- und Plexiglasdilatoren. Im Anschluss zeigt sich eine gute Durchgängigkeit ohne Einengung ... Einführung eines Platzhalters.

Procedere: Entfernung der Redondrainagen je nach Fördermenge. 2 Monate postoperativ Tragen eines BHs tags- und nachtsüber.
Erster Wechsel des Platzhalters nach 5 Tagen. Applikation von Platzhaltern während mindestens 6 Wochen.
Weitere Kontrollen in der Sprechstunde der plastischen Chirurgie.

Datum der Operation: 16.6.1999
Name: Broenimann Nadia, 14.12.1969/EO III
Diagnose: St.n. Sexchange-Operation
St.n. Mammaprothesenwechsel 1/99
Anästhesie: Intubationsnarkose
Indikation: 4-5 cm ab Introitus vaginae befindet sich eine ringförmige Narbenstriktur, welche korrigiert werden soll. Bei insgesamt recht schönem und harmonischem Augmentationsresultat (Aufbauresultat) rechts zeigt die Patientin auf der linken Seite eine deutlich und v.a. schmerzhafte Kapselfibrose (Bindegewebsvermehrung der Kapsel) mit der üblichen kugeligen Verformung der Prothese. Deshalb Prothesenwechsel und gleichzeitige Augmentation mit etwas mehr Volumen. Schlussendlich soll die etwas kantige Nase ... funktionell und ästhetisch verbessert, resp. adaptiert werden.

Operation: Prothesenwechsel beidseits ... Auflösen der ringförmigen Narbenstriktur in der Vagina und Versorgen mittels eines dünnen Spalthauttransplantats vom Oberschenkel rechts.

Gemäss der präoperativen Einzeichnung werden ... die Mammaprothesen beidseits entfernt, unter Exzision *(Entfernung)* der relativ hoch gelegenen und 0,5 cm breiten Narben.
...
Mit den zwei 330-cc-Prothesen zeigt die Patientin einen wesentlich femineren Busen (nach Goethe). Abschliessend werden die augmentierten Brüste mit einer elastischen Binde nach kaudal *(unten)* gehalten.

Datum der Operation: 30.6.1999
Name: Broenimann Nadia, 14.12.1969/FO I/Allg
Diagnose: Narbenstriktur ca. 4 cm ab Introitus vaginae bei St.n. Sexchangeoperation
Anästhesie: Intubationsnarkose
Indikation: 14 Tage nachdem eine Hautläsion intra-vaginal mit einem Thierschtransplantat gedeckt wurde, kann der gewünschte Spacer nicht mehr platziert werden. Deshalb ist die Vaginoskopie und Dilatation in einer Kurznarkose vorgesehen.

Operation: Vaginoskopie, Spacer Dilatation mit Setzen eines iatrogenen *(ärztlich verursachten)* Einrisses rectovaginal von 2 cm Länge, 4 cm ab Introitus.

Vaginoskopie: 1 cm ab Introitus findet sich eine oberflächliche Epithelläsion, granulierend. 4 cm distal *(vom Rumpf wegführend)* davon wiederum ein narbiger Ring. Bimanuelle Palpation *(zweihändiges Abtasten)*. Distal davon erweitert sich die Vagina wiederum ... Manuell kann diese Narbenstriktur *(hochgradige Verengung)* nur auf 3 Finger aufdilatiert werden. Trotz vorsichtigstem Einführen des Spacers kommt es zum Einriss rectovaginal. Desinfizieren der Wunde mit Betadine. Beiziehen von Herrn PD Dr. XY. Dieser führt transvaginal *(durch die Vagina)* die Versorgung des Einrisses durch ... die Muskulatur sowie das Epithel *(oberste Hautschicht)* der Vagina wird mit einer fortlaufenden 5/0-Vicryl-Naht versorgt. Keine Stenteinlage.

Da ohne Entlastungsenterostomie *(Eingriff am Darm)* die Gefahr einer rectovaginalen Fistelbildung zu gross ist, entschliessen wir uns zur rechtsseitigen, doppelläufigen Transversostomie *(künstlicher Darmausgang)*.

Aufgrund der ausgedehnten vaginalen Vernarbung kann der Patientin nur zur gestielten Sigmaplastik *(Schleimhautersatz durch Transplantat vom Dickdarm)* geraten werden, was am ehesten zu einer definitiven Lösung führen sollte. Dieser Eingriff wäre zusammen mit der Rückverlegung der Transversostomie zu planen.

Datum der Operation: 30.06.99
Name: Broenimann Nadia, 14.12.1969/EO III
Diagnose: St.n. Sexchange Reatrogene rektovaginale Perforation
Anästhesie: Narkose
Indikation: Während einer Dilatation der Neovagina kam es an der Vaginahinterwand zu einer Perforation ins Rektum *(Mastdarm)*. Diese muss notfallmässig versorgt werden.

Operation: Rektumnaht.
Naht der Neovagina.
Doppelläufige Transversostomie rechts.

Transvaginal wird die Rektum-Mucosa *(Mastdarm-Schleimhaut)* ... adaptiert *(angepasst)*. Die Kontrolle mit dem Finger ergibt keine grösseren Öffnungen. Anschliessend wird die wesentlich dickere Vaginalwand ... fortlaufend über der ersten Naht verschlossen. Die Naht ist bei Prüfung mit dem Finger dicht. Zur Dichtung der Naht muss nun eine Transversostomie angelegt werden. Zu diesem Zweck wird die Patientin umgelagert und frisch abgedeckt. Eingehen durch ovaläre Inzision zwischen dem Nabel und dem rechten Rippenbogen ... Abschieben des Muskelstumpfs nach beiden Seiten und Inzision der hinteren Rektusscheide. Aufsuchen des Colon transversum *(quer verlaufender Dickdarm)* und befreien desselben vom Omentum majus *(grosses Netz, Fettgewebe über dem Darm)*. Das Meso transversum *(Gekröse des quer verlaufenden Dickdarms)* wird an einer Stelle perforiert und der Darm mit einem Wundgummidrain angeschlungen. Hochziehen des Darmes vor die Bauchdecke ... nach Umstülpen des Darms Fixation der Schnittränder an der Haut ... Anlegen Stomabeutel. Steriler Verband.

Stationen einer Verwandlung

1993: Christian – ganz Mann.

1970: Vater Karl Schwegerl mit Baby Christian in Memmingen.

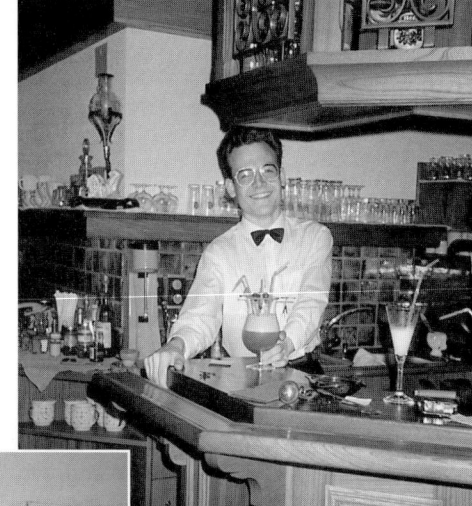

1986: Mit 17 Jahren als Kellnerlehrling in der ‹Alpenrose›, Wildhaus.

1988: Christian als 19-jähriger Stricher an der Côte d'Azur.

1990: Mit Tante Toni in Basel.

1992: Als Drag-Queen in Basel.

1994: Weltenbummler Christian mit Freund Marcus (oben, links) in Neuseeland. Auf der Insel Koh Pah Khan, Thailand (unten).

1997: Als Model für Dessous aus Süssigkeiten (Kollektion ‹MLM›).

1998: Christian während der Hormonbehandlung, kurz vor der Operation.

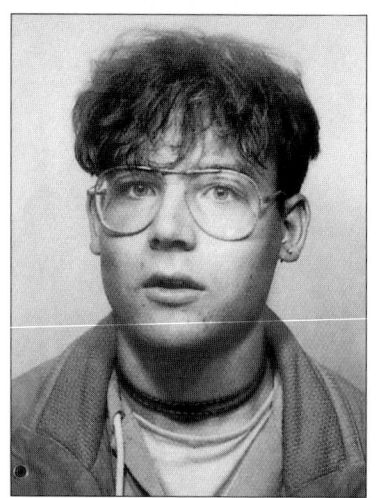

Christian 1986

1987

1988

Metamorphose

1993

1994

1998
(letztes Foto vor der Operation)

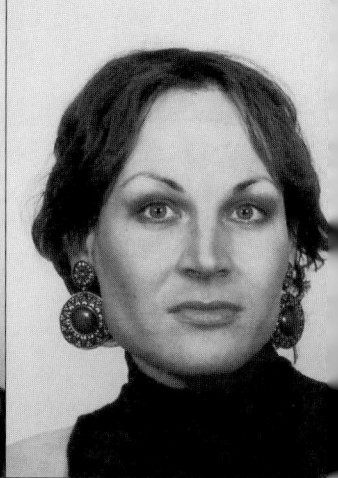

1998
(erstes Foto nach der Operation)

)90   1991   1992

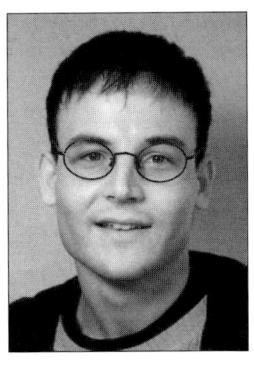

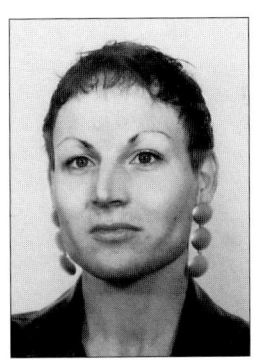

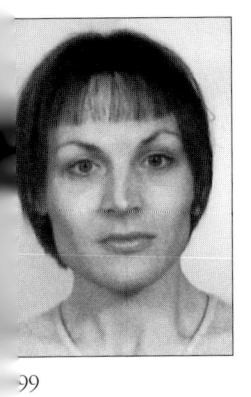

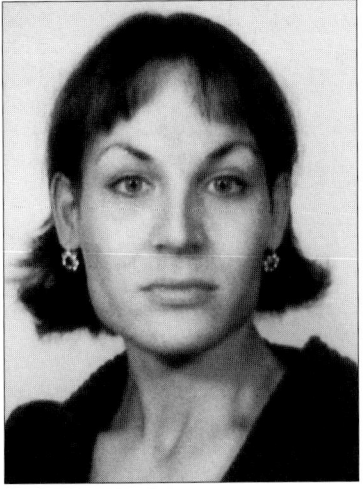

)95   1996   1997

)9   1999

Nadia 2000

Nachts brutaler Mord in der Münchner Straße

Das Opfer: eine 41jährige Frau – Vom Täter fehlt noch jede Spur

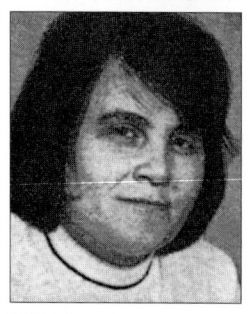

MORDOPFER GISELA SCHWEGERL

MEMMINGEN (jk). Vermutlich gegen 2 Uhr wurde in der Nacht vom Montag auf Dienstag in der Münchner Straße, in Höhe des Baugeschäftes Steidele, die 41jährige geschiedene und verwitwete Hausfrau Gisela Schwegerl ermordet. Letztmals lebend gesehen wurde die Frau nach den Ermittlungen der Kripo, als sie sich nach einem Bekanntenbesuch am Hühnerberg gegen 23 Uhr zu Fuß auf den vier Kilometer weiten Heimweg machte, vom äußersten Westen in den Ostteil der Stadt.

Das Opfer trug in der Tatnacht braune Halbschuhe, eine schwarze Gabardinehose, einen schwarzen Pulli, eine ziemlich verschmutzte, beige Jacke und eine schwarze Pudelmütze.

Wer hat eine Person, auf die diese Beschreibung paßt, in der Nacht zwischen 23 und 2 Uhr gesehen? Hinweise nimmt die Kripo unter der Telefonnummer 87961 entgegen. Die Angaben sind wichtig, um den Heimweg der Ermordeten rekonstruieren zu können. Vom Täter fehlt noch jede Spur. (Siehe auch Seite Allgäuer Rundschau in unserer heutigen Ausgabe. – Die Red.)

16. März 1983: Der Mord an Christians Mutter macht Schlagzeilen in der ‹Memminger Zeitung›.

1998: Nadia mit Kater Zwirbeli.

1999: Diva Nadia.

2000: Skiferien in Laax.

2000: Nadia – ganz Frau.

2. Teil
Nadia

Spurensuche IV
Münchner Strasse

Es dunkelte schon. Auf der schnurgeraden Münchner Strasse drehten die Autofahrer das Abblendlicht an. Der Feierabend rückte näher, der Verkehr wurde dichter.
«Da vorne», sagte Inge Löffler, «gleich da vorne muss es passiert sein ...»
Wo? Da war gar nichts. Nur ein Holzzaun. Und dahinter das schmucklose, lang gezogene Gebäude eines kleinen Industriebetriebes. Die einst hellblaue Fassade hatte sich grau verfärbt.
«Ich wollte es ganz genau wissen.» Inge blieb stehen. «Und ich habe mich erkundigt. Es gibt tatsächlich noch einen Mitarbeiter in dieser Firma, der damals schon hier beschäftigt war ...»

In jener Nacht, der Nacht vom 15. auf den 16. März 1983, hatte Gisela Schwegerl kurz nach zehn Uhr die Wirtschaft ‹Zum grünen Baum› verlassen und sich auf den Heimweg gemacht. Sie kehrte häufig mit ihrer Freundin hier ein und trank ein Glas Rotwein. Oder zwei oder drei ...
Meine Mutter war allein.

Die Einsamkeit musste ihr längst eine treue Weggefährtin geworden sein. Ich konnte mir nicht vorstellen, dass sie sich damit abgefunden hatte. Ich wusste ja, wie es ist, allein nach Hause gehen zu müssen – dorthin, wo die Trostlosigkeit wie ein Gespenst hinter der Wohnungstür lauert.

«In der Zeit zwischen 22.00 und 23.00 Uhr verliess der Angeschuldigte die Gaststätte ‹Grüner Baum› und begab sich auf den Nachhauseweg», las im April 1984 der Vorsitzende des

Memminger Amtsgerichts aus der Anklageschrift vor. «In der Münchner Strasse beim Anwesen der Firma Steidele traf er auf die ebenfalls zu Fuss nach Hause gehende Gisela Schwegerl ...»

«Er muss irgendwo dort die Strasse überquert haben.» Inge Löffler zeigte mit ausgestrecktem Arm stadteinwärts. «Vielleicht ist sie ihm bereits zu diesem Zeitpunkt aufgefallen – die Frau, allein ...»
Sie schaute auf den Boden, ihre Schuhspitze wies auf eine Stelle am Zaun. «Hier, hat der Angestellte gesagt, genau hier muss es passiert sein ...»
Ich fragte mich, wie der Mann und jetzt auch Ingrid sich diese Stelle so genau merken konnten. Nichts, aber auch gar nichts deutete hier auf etwas Besonderes hin. Nicht einmal ein Vergissmeinnicht markierte die Stelle, an der meine Mutter sterben musste.

«Zwischen beiden entwickelte sich ein Streitgespräch, in dessen Verlauf der Angeschuldigte Frau Schwegerl mehrmals mit der Faust ins Gesicht schlug, so dass diese zusammensank und auf den Boden fiel. Der nun auf dem Boden liegenden Gisela Schwegerl schlug der Angeschuldigte mit beiden Fäusten ins Gesicht und trat sie mit den Absätzen der Turnschuhe mehrmals kräftig in die Magen- und Brustgegend. Frau Schwegerl verstarb noch am Tatort infolge der Faustschläge und Fusstritte und wurde gegen 02.00 Uhr von Passanten aufgefunden ...»
Unter den Fusstritten waren die Rippen geborsten und innere Organe zerplatzt. Die Frau krümmte sich vor Schmerzen, aber der Mann liess nicht ab von ihr – er malträtierte sie auch noch, als sie nicht einmal mehr zusammenzuckte, wenn sein Schuh auf ihren Körper traf. Vermutlich konnte sie nicht einmal mehr wimmern, als er endlich ging.

Vier Stunden lang fuhren die Autos an dem leblosen Körper vorbei; die wenigen Nachtschwärmer, die vorübergingen, waren vielleicht zu müde oder zu betrunken, um den Schatten am Lattenzaun als menschliches Wesen wahrzunehmen. Vielleicht wurde aber auch der eine oder andere Passant auf meine sterbende Mutter aufmerksam – und wollte nichts damit zu tun haben ...
Irgendwann innerhalb dieser vier Stunden ... nicht einmal die genaue Todeszeit meiner Mutter ist bekannt.

Schwarzgrauer Asphalt. Dunkelbraun geölte Zaunlatten. Ein paar Grashalme. Ich sehe dich, Mutter, ich kann dich spüren – und deinen Schmerz. Verzeih mir, dass ich mich so seltsam leer fühle ...
Ich hob meinen Blick und sah hinter dem Zaun einen gelb leuchtenden Ginsterbusch – der einzige Farbtupfer im trostlosen Grau rund um mich herum. Meine Beine flogen zu der Pflanze – schon stand ich davor und suchte mir den Ast mit den schönsten Blüten aus.

«Der Angeschuldigte wird daher beschuldigt, einen Menschen getötet zu haben, ohne ein Mörder zu sein. Er hat das Verbrechen des Totschlags gemäss § 212 StGB begangen. Das wesentliche Ergebnis der Ermittlungen ist, dass der Angeschuldigte geständig ist. Der Angeschuldigte ist grundsätzlich schuldfähig. Angesichts des zuvor genossenen Alkohols kommt eine Verminderung der Schuldfähigkeit in Betracht ...»

Ich klemmte den blühenden Ginsterast in eine Querstrebe der Latten am Zaun.
Du sollst wissen, dass ich dir nichts nachtrage. Ich möchte dich annehmen – du bist meine Mutter ...

«Nadia – bist du okay?»
Eine Hand auf meiner Schulter. Erst jetzt wurde mir bewusst, dass Inge, Alain und Dani auch noch da waren. Sie hatten sich die ganze Zeit rücksichtsvoll auf Distanz gehalten. Vielleicht hatten sie gemerkt, dass ich bei ihr war ...
Jemand drückte mir ein Papiertaschentuch in die Hand ...
«Danke, ja ...» Ich nickte – ein bisschen zu heftig.

Dann sagte niemand mehr etwas. Minutenlang standen wir da, ratlos und sehr betroffen.
Hinter der Hecke auf der anderen Strassenseite verbarg sich ein Friedhof: viele Gräber in langen Reihen mit Holzkreuzen und verwitterten Namenszügen, die man kaum noch entziffern konnte. Alain nahm die Kamera zur Hand.
«Du wirst doch nicht etwa dort filmen wollen?», fragte Dani, und Inge meinte kopfschüttelnd: «Dort gibt es nichts zu sehen. Die Mama von Nadia wurde damals in einem anonymen Sozialgrab bestattet – und dieses ist schon vor einiger Zeit aufgehoben worden ...»

«Ich denke, es ist besser, wenn wir jetzt gehen», sagte jemand. Wir gingen zum Auto. Bevor wir einstiegen, drehte ich mich noch einmal um und sah am Ende der Münchner Strasse ein leuchtend gelbes Signal an einem dunklen Gartenzaun ...

«... ergeht folgendes Urteil: Der Angeschuldigte ist wegen des konsumierten Alkohols vermindert schuldfähig und wird wegen vorsätzlicher Volltrunkenheit zu sechs Jahren Jugendstrafe verurteilt ...»
Dreieinhalb Jahre später, im September 1987, wurde der Verurteilte zur Bewährung aus der Haft entlassen – in die Obhut der Sozialpädagogin Gabriele Paul ...

Potpourri
Mediziner, Medien und Männer

«Gueten Obe mitenand! Härzlich willkomme zur Sändig ‹Puls›, Ihrem Gsundheitsmagazin. Myn Name isch Nadia Brönimann, und i bi früener en Maa gsi. Hüt bin i, wie Si gsehnt, e Frau...»

Am 17. Februar 2000 geht auf dem Kanal des Schweizer Fernsehens das Gesundheitsmagazin ‹Puls› auf Sendung und für mich ein heimlicher Traum in Erfüllung: Ich moderiere mein eigenes Programm ...
Okay – es ist nicht mein eigenes Programm, es ist einfach eine Sendung über mich; und genau genommen moderiere ich sie auch nicht, ich darf sie lediglich – wie die Fernsehleute sagen – ‹anmoderieren›.

Aber immerhin ... ich habe die Gelegenheit, meine Zuschauerinnen – und vor allem natürlich die Zuschauer! – persönlich zu begrüssen. Vielleicht sitzt ganz zufällig ein Traummann unter ihnen, der in mir seine Traumfrau erkennt. Oder ein Fernsehredaktor, der mein Talent als helvetische Lilo Wanders entdeckt ...

Ich geb die Hoffnung nicht auf, obwohl ich es nach den Erfahrungen der vergangenen 18 Monate besser wissen sollte. Männer, die sich aufgrund eines Medienauftritts für mich interessieren, habe ich inzwischen gelernt, sind in der Regel recht seltsame Zeitgenossen.
Immerhin zeigt sich Steffen Lukesch, der Moderator der Sendung, ganz begeistert über meine Performance: «Grossartig», sagt er nach der Aufnahme. «Das war schon richtig professio-

nell – du hast ein natürliches Talent, dich wirksam in Szene zu setzen!»

Es ist bereits mein zweiter ‹Puls›-Auftritt. Rund eineinhalb Jahre nach dem geschlechtsanpassenden Eingriff und der ersten ‹Puls›-Sendung, welche die Operation im Oktober 1998 dokumentierte, fasst der zweite Beitrag zusammen, was sich inzwischen zugetragen hat – es ist der Rückblick auf eine Anhäufung von Folge-Operationen, Fehlschlägen und Enttäuschungen, die mich an die Grenzen meiner nervlichen Belastbarkeit führten und manchmal auch darüber hinaus.

Am fünften postoperativen Tag erlebe ich den ersten Schock in meinem Leben als Frau.
Verbandwechsel.
Die Krankenschwester rollt einen kleinen Tisch ins Zimmer. Darauf liegt – neben allerlei Gazebinden, Instrumenten und Desinfektionsmitteln – ein Handspiegel.
«Soll ich Ihnen helfen?», fragt sie, nachdem sie meinen Unterleib aus der windelartigen Verpackung geschält hat. «Nein, danke!», gebe ich zurück – aufgeregt, aber bestimmt. «Ich will selber schauen!»

Der Blick in den Spiegel jagt mir einen eisigen Schauer durch den Leib: Was mich da anstarrt, ist eine monströse Fratze.

Zum ersten Mal sehe ich, was die Ärzte mit mir, was sie aus mir gemacht haben.
Hässlich aufgedunsene, dunkelblau-violett verfärbte Hautlappen, gross wie Ohrmuscheln, mit Bostitch-Klammern zusammengehalten, umrahmen eine klaffende Wunde zwischen meinen Beinen.

Das soll meine neue Vagina sein? Ich habe nichts zu tun damit; das gehört nicht zu mir ...
«Musst nicht erschrecken, Nadia!» Die Stimme meines Chirurgen. Ich darf Dr. H. jetzt Eugen nennen, weil er angeblich so stolz ist auf mich und in mir so etwas wie eine Vorzeige-Patientin sieht. «Das sieht nur am Anfang so aus», sagt er, während die Krankenschwester sterile Gummihandschuhe auspackt. «Wird sich alles zurückbilden. Noch ein paar kleine kosmetische Korrekturen ...» – seine Hände schlüpfen in die Latexhaut – «... und du hast die schönste Vagina weit und breit.»

Es fällt mir schwer, mich daran zu gewöhnen, dass mein Körper jetzt über eine Öffnung verfügt, in der Gegenstände vollkommen verschwinden können. Jedesmal, wenn ich den Platzhalter aus mir herausziehe und den Dilatator einführe, muss ich neben der Schmerzgrenze auch eine psychische Hemmschwelle überwinden.

Der Platzhalter – es muss ein Mann gewesen sein, der diesen schwachsinnigen, patriarchalischen Begriff ersonnen hat – ist ein ziemlich, in meinem Fall allerdings viel zu dünner Silikonstab mit zwei Kanülen, durch welche Luft zirkulieren beziehungsweise Wundsekret abgeführt werden kann. Er soll verhindern, dass der natürliche Heilungsprozess die Wände meiner neuen Vagina – Neovagina sagen die Ärzte – zusammenwachsen lässt.

Der Dilatator ist wesentlich grösser, ein Dehnstab mit den Ausmassen eines übergrossen Penis, ein Folterwerkzeug ...

Eines der beiden Instrumente müsse ich fortan ständig in mir tragen, erklärt der Arzt: «Täglich den Platzhalter herausnehmen, reinigen und in eine Desinfektionslösung einlegen. Und regelmässig die Vagina bearbeiten – dilatieren – ist wichtig, auch wenns weh tut!»

In der zweiten Woche darf ich aufstehen. Breitbeinig, wie eine Schwangere kurz vor der Niederkunft, watschle ich durch die Spitalgänge zur Cafeteria, und obwohl ich über die Mullbinden noch drei Slips gestreift habe, werde ich das Gefühl nicht los, der Platzhalter wolle seinen Platz verlassen. Um zu verhindern, dass er herausrutscht, presse ich über dem Morgenmantel eine Hand zwischen die Beine; in der anderen trage ich das Rundkissen, ohne das ich mich auf keinen Stuhl setzen könnte.

Trotz der Schmerzen, die nur langsam nachlassen, muss ich lachen, wenn ich die verdutzten Blicke der anderen Patienten sehe. Manche grinsen dann verlegen zurück, und ich denke, Lachen ist das Beste, was mir in dieser eigenartigen Situation noch bleibt.

Nach der Entlassung habe ich nichts mehr zu lachen.
Im Spital bin ich den Fragen nach meinen privaten Lebensumständen immer ausgewichen. Ich genierte mich, die Ärzte im Einzelnen über meine desolate soziale Situation aufzuklären. Und ich bin froh, dass es keiner genauer wissen wollte und nachgehakt hat.

Doch jetzt kommt in meiner kleinen Wohnung ein Gefühl der Einsamkeit über mich, das ich in dieser Intensität noch nie zuvor erlebt habe. Niemand ist da, der mich umsorgt, mir einen Tee kocht oder einfach nur gut zuredet.
Das Gefühl der Leere stürzt mich in eine tiefe Depression.
Im Spital kümmerten sich die Krankenschwestern und auch einzelne Ärzte um mich. Immer wieder schneite mal Besuch herein – ich staunte, wie viele Menschen an mich dachten und mit einem Blumenstrauss oder einer Schachtel Pralinés an mein Krankenbett kamen.

Kaum draussen, scheinen mich alle vergessen zu haben.
Nur Thomas, die treue Seele, schaut ab und zu mal bei mir rein. Doch seine Besuche werden immer kürzer, die Abstände dazwischen immer länger. Und deutlich spüre ich, wie uns die Gesprächsthemen ausgehen und wie ihn die Spaziergänge durchs Quartier zunehmend langweilen. Nach ein paar hundert Metern bin ich jeweils erschöpft, und Thomas verabschiedet sich. Er will sich an Partys amüsieren.
Aber für solche Unternehmungen fehlen mir der Mut und die Kraft.
Es ist Hochsommer. In den Strassen der Stadt und an den Ufern des Sees geniessen die Menschen das Leben. Und ich wage mich nicht einmal auf die Liegewiese der Badeanstalt.

Ich liege auf dem Bett, starre an die Decke und kraule meinen Zwirbeli zwischen den Ohren. Doch der Kater hat nur Ohren für das Gezwitscher einer jungen Amsel. Er entzieht sich meiner Hand, setzt zum Sprung an, landet auf dem Tisch, quetscht sich durchs angelehnte Fenster und verschwindet in einem Gebüsch.
Dann halt nicht, denke ich grimmig und erinnere mich an meine lästige ‹Hausaufgabe›: Ich setze mich im Bett auf, streife mir die Leggins von den Beinen, entferne die Binden und taste nach dem Platzhalter. Es tut weh beim Herausziehen.
Das andere Instrument, der Dilatator, liegt neben dem Glas mit der Desinfektionslösung.
Aber es geht immer noch nicht. Nicht mal zwei Fingerbreit krieg ich das Ding hinein, das andere Frauen zum einsamen Lustgewinn einsetzen. Hochgradig masochistisch müsste ich veranlagt sein, um dies nachvollziehen zu können. Der Schmerz treibt mir das Wasser in die Augen. Trotzdem versuche ich, locker zu bleiben, löse ganz bewusst die Beckenbo-

denmuskulatur, schliesse die Augen und versuche, den Dilatator mit einer Drehbewegung tiefer hineinzuwürgen.
Doch der Schmerz ist zu gross. Ich gebs auf – es geht einfach nicht.
Das kann nicht normal sein, denke ich, während ich den Dehnstab reinige. Der Schmerz, das Blut – ich werde es den Ärzten bei der nächsten Konsultation sagen müssen. Bestimmt werden sie, wie schon beim letzten Mal, wieder sagen, ich solle mich nicht so anstellen, ich sei halt viel zu verkrampft – ausserdem könne man gelegentliche Blutungen nie ausschliessen. Ich kann die Sprüche nicht mehr hören.

Raus. Ich halte es nicht mehr aus. Ich muss raus.
Da hängt es ja noch im Schrank, das schöne Sommerkleid – ein Schnäppchen, das ich noch wenige Tage vor der Operation im Ausverkauf erwischt habe. Heute will ich es zum ersten Mal anziehen und ausführen.
Mit dem Tram fahre ich in die Stadt und konzentriere mich darauf, möglichst locker über die Bahnhofstrasse zu schlendern. Ich lasse mich einfach vom Menschenstrom treiben, der zwischen Tramtüren und Ladeneingängen hin- und herschwappt.
Schaut nur her, ihr gehetzten Banker, ihr karrieregeilen Prokuristen und herausgeputzten Züriberg-Ladys – schaut mich nur an! Ich hab nämlich eine richtige Vagina, dass ihrs nur alle wisst!
Ein weiches, sanftes Gefühl durchflutet mich, es muss Weiblichkeit sein – ich empfinde mich weiblicher denn je und geniesse es, mich zwischen Menschen zu bewegen, die mich als Frau wahrnehmen – als richtige Frau.
Doch dann trifft es mich wie ein Hammer: Das gemeine Brennen zwischen den Beinen vergällt mir die Freude, eine dump-

fe Panik schnürt mir plötzlich die Kehle zu und die Erschöpfung lähmt den Körper.
Jäh ist meine Euphorie verflogen. Ich steige ins erstbeste Tram, fahre nach Hause und ziehe mir die Bettdecke über die Ohren. Manchmal fürchte ich, dass ich den Verstand verlieren könnte. Und ich frage mich, ob ich wohl psychotherapeutische Hilfe in Anspruch nehmen sollte.

«Was sagt denn dein Psychotherapeut dazu?»
«Wieso Psychotherapeut? Glaubst du denn, ich hätte einen nötig?»
Astrid E. Frischknecht, Beraterin bei TransX, einer der wenigen empfehlenswerten Beratungsstellen für Transsexualität in Zürich, hat sich lange Zeit genommen, um sich meine Geschichte anzuhören.
«Glaubst du denn selber, dass du einen brauchst?»
«Ich hab mich in letzter Zeit auch schon gefragt, ob ich nicht ganz normal sei.»
«Du bist normal, Nadia. Transsexualität ist keine Krankheit. Aber darum geht es ja bei dir auch gar nicht – nicht nur ...»
«Wie meinst du das? Die Seelendoktoren haben mich doch schon vor der Operation auseinandergenommen ...»
«Da ging es doch nur um die sogenannte Diagnose und das entsprechende Gutachten. Das war vorher. Aber es geht ums Nachher, ums Jetzt. Jetzt bist du eine Frau, die mit ihrer Situation nicht alleine gelassen werden darf. Jetzt brauchst du jemanden, der dir nahe ist und sich um dich kümmert!»
«Und das soll ein Psychotherapeut sein?»
«Natürlich nicht. Aber die Psychotherapie muss nun die Versäumnisse der Ärzte ausbaden. Sie hätten, bevor sie zum Messer greifen, abklären müssen, ob deine Seele in guter Obhut ist.»

«Das sind Chirurgen», erwidere ich. «Was kümmert die meine Seele ...»
«Offenbar herzlich wenig. Genau deshalb braucht deine Seele professionelle Hilfe.»
«Und wie findet sie die?»
Die freundliche Beraterin gab mir eine Liste mit den Namen verschiedener psychotherapeutischer Praxen. Ich entschied mich spontan für Christa Gubler, weil ihr Name ganz oben stand und weil er mir gefiel. Ausserdem, dachte ich, gehe ich lieber zu einer Frau.

Auch die Sexual- und Psychotherapeutin Christa Gubler ist erstaunt, dass ich mich erst jetzt melde. «Sie hätten nicht nur viel früher eine Therapie gebraucht», sagt sie schon bei der ersten Sitzung, und ich ahne, dass diese Frau mir eine wichtige Stütze sein wird. «Ohne die Sicherheit eines sozialen Netzes im Hintergrund hätten Sie gar nicht erst operiert werden dürfen!»

Am 9. September 1999 packe ich wieder mein Köfferchen und begebe mich ins Universitätsspital. Der ersten entscheidenden Operation folgt nach genau zwei Monaten ein zweiter Eingriff. «Eine Routineoperation», versichert der Chefarzt, «nur ein paar kleine Schönheitskorrekturen.»
Die allzu grossen Labien werden zurückgestutzt und die anfallenden Hautfetzen in der allzu engen Leibeshöhle wieder eingenäht, um diese zu erweitern. Auch der Vaginaeingang wird vergrössert, der Harnröhrenausgang versetzt und über die aus einem Teil der ehemaligen Eichel modellierten Klitoris wird eine Art Vorhaut vernäht.
Wenige Tage nach der Operation sieht das Ganze verblüffend realistisch aus. Das Bild im Spiegel hält jedem Vergleich mit den Models in Thomas' Porno-Magazinen stand ...

«Sehr schön», lobe ich den Arzt. «Damit kann ich leben!»
Ich bin noch ziemlich wacklig auf den Beinen, als ich wieder nach Hause gehe. Es sind nur wenige Stufen, die zum Eingang meines Appartements im Hochparterre führen. Auf der vorletzten Stufe spüre ich meine Sinne schwinden, und noch bevor ich nach dem Geländer greifen kann, strauchle ich und stürze die Treppe hinauf. Gleichzeitig zerreisst ein gemeiner Schmerz meinen Unterleib. Und deutlich fühle ich, während ich mich benommen aufrapple, wie es warm, feucht und klebrig aus mir herausfliesst.
Die Blutung will nicht aufhören, aber ich traue mich nicht, übers Wochenende schon wieder zum Arzt zu gehen.

«Du hättest sofort kommen sollen», sagt Dr. H., als ich drei Tage später zur Routinekontrolle erscheine. «Der Damm ist gerissen, jetzt kannst du gleich dableiben. Wir müssen noch einmal operieren!»
Es darf nicht wahr sein: Wieder das Spitalbett auf der Station EO III, wieder Narkose, wieder Schmerzen – die dritte Operation innerhalb von vierzig Tagen.

Zwischen November 1998 und Januar 1999 erfolgen die Eingriffe Nummer vier, fünf und sechs.
Dabei wird abgestossenes, granulierendes Gewebe von den Wänden der Vagina gekratzt und durch Hautlappen, die zuvor vom Oberschenkel geschabt worden sind, ersetzt. Die Schamlippen werden erneut zurechtgestutzt. Die Öffnung der Vagina noch einmal erweitert, jene der Harnröhre neu verschlauft. Nebenbei schneiden sie meine Brüste auf, in denen sich Kapselfibrosen gebildet haben, schmerzhafte Verhärtungen des Gewebes, und sie setzen neue, etwas grössere Silikonkissen ein.

Es sei nicht einfach, bedauert Dr. H., mein Körper habe unerwartet grosse Mühe, die eigene Haut anzunehmen.

Nach der sechsten Operation, Ende Januar 1999, scheint das Schlimmste überstanden. Mehr als ein halbes Jahr ist seit der Geschlechtsanpassung vergangen. Ich habe keine Schmerzen mehr.
Schön.
Die ästhetische Perfektion der wohlgeformten ‹Venusmuschel› übertrifft meine sehnsüchtigsten Hoffnungen – ein schönheitschirurgisches Meisterwerk. Genau wie meine Brüste. Wenn ich mich vor dem Spiegel drehe und wende, bilde ich mir ein, dass ich den schönsten Busen der Welt habe – schön rund und stramm, nicht zu klein, nicht zu gross, schlicht perfekt. Nur wer genauer hinschaut, erkennt die hässlichen, fingerdicken Narben, welche das Skalpell unter dem Brustansatz hinterlassen hat. Unter Kleidern verborgen, verspricht meine Figur mehr, als die nackten Tatsachen halten können.
Die plastisch vollendete Vagina ist einfach nur schön.
Und ansonsten unbrauchbar.

Kein Penis kann in sie eindringen. Carlo muss warten.
Ich habe ihn zufällig kennen gelernt, und wir wissen beide, dass wir keine Zukunft haben. Aber ich mag ihn, und er will mit mir schlafen. Carlo wäre gern mein erster Mann – er möchte mich gewissermassen ‹entjungfern›. Und auch ich kann es kaum erwarten, mich endlich nicht nur äusserlich, sondern auch sexuell, heterosexuell als weibliches Wesen zu erleben.
Aber es geht nicht.
Und ich werde das Gefühl nicht los, dass es umso weniger geht, je mehr die Ärzte an mir herumschnipseln und je verzweifelter ich mich mit diesem scheusslich toten Dilatator abmühe.

«Du musst nur Geduld haben, Nadia», sagt Dr. H. jedesmal, wenn ich mich zur Kontrolle im Ambulatorium des Universitätsspitals zeige. «Und du darfst dich nicht so verkrampfen!»
«Aber ich verkrampfe mich nicht», protestiere ich zum tausendsten Mal. «Ich weiss ganz genau, wie ich die Beckenbodenmuskulatur entspannen muss!»
«Das wird schon werden, wenn du schön fleissig dilatierst!»
«Mein Freund wird mir davonlaufen, wenn ich ihn noch lange hinhalten muss!»
«Wenn er nicht warten kann und dich nur deswegen sitzen lässt, hat er dich nicht verdient!»
«Glaub mir doch bitte! Ich mach diese Dehnübungen jetzt schon seit Monaten – aber ich krieg das Ding nicht rein. Meine Vagina wird immer enger und der Schmerz immer grösser ...»
«Ja, das liegt an der Vernarbung. Das müssen wir ohnehin nachoperieren. Dann kommen die Brüste auch noch mal dran, da hat sich bereits wieder eine Kapselfibrose gebildet. Anschliessend könnten wir die 330er-Prothesen einsetzen, die machen dich noch femininer. Und mit dem Verkehr wird es dann bestimmt auch wieder klappen. Mach dir keine Sorgen!»
Im Vorzimmer lasse ich mir den Termin für den Eingriff geben.

Als ich am 16. Juni in der Intensivstation aus der Narkose erwache, steht ein strahlender Eugen H. an meinem Bett.
«Jetzt haben wir dir eine Luxus-Turnhalle eingebaut, Nadia!»
Ich finde den Vergleich ziemlich unpassend.
«Alles hat bestens geklappt, wir haben sogar die Nase ein bisschen weiblicher hingekriegt. Aber du wirst ein paar Tage bleiben müssen! Dann wird das Dilatieren auch wieder gehen!»
Beim ersten Verbandwechsel versuche ich es – und gebe schnell wieder auf. Der Schmerz ist zu gross. Wahrscheinlich ist die Wunde noch zu frisch ...

«Na, das sieht doch schon wieder ganz prächtig aus!»
Chefarztvisite. Eugen H. steht vor meinem Bett, im Schlepptau ein Rattenschwanz von Assistenzärzten und Krankenschwestern. «Nadia Brönimann, unsere Sex-Change-Patientin», stellt H. mich vor und präsentiert stolz das Kunstwerk zwischen meinen Beinen. «Es hat ein paar kleinere Komplikationen gegeben, aber sie macht grossartige Fortschritte! Nicht wahr, Nadia?»
Ich versuche zu lächeln, aber es fällt mir schwer.
«Und dilatieren wir auch schön jeden Tag?»
Der alte Heuchler tut so, als sei alles in Ordnung.
«Ich sage doch: Es geht nicht!»
«Was geht nicht?»
«Das Dilatieren; ich komme nicht rein – es ist zu eng und es tut weh!»
«Natürlich geht es!»
«Und ich sage dir, es geht wirklich nicht!»
«Du musst halt keine Angst haben!»
Dr. H. schlägt einen Ton an, als spräche er mit einem kleinen Kind, und das macht mich wütend. Ich fühle mich nicht ernst genommen.
«Wenn du locker bleibst, hast du viel weniger Schmerzen», fährt er fort. «Du darfst dich einfach nicht verkrampfen!»
«Ich verkrampfe mich nicht!»
Ich bin wieder einmal den Tränen nahe.
«Einfach locker bleiben und schön dehnen», wiederholt er, ohne auf meinen Protest einzugehen. «Die Schwester wird es dir noch mal genau zeigen!»
«Aber womit? Dieses Ding ist viel zu gross!»
«Es wird sich ja wohl noch ein passender Dilatator finden», sagt H., nun etwas ungeduldig, und wendet sich an den Assistenzarzt. «Sorgen Sie dafür!»

«Was soll ich?» Der junge Arzt ist konsterniert.
«Einen Dildo sollen Sie besorgen!»
«Und wo find ich so was?»
«Na, wo schon! Bei Beate Uhse gibt es die Dinger in allen Formen und Grössen!»
H. rauscht aus dem Zimmer, sein Assistent folgt ihm mit hochrotem Gesicht, und die Krankenschwester schwankt zwischen Verlegenheit und Belustigung.
«Ich weiss auch nicht», sagte sie, «was ich Ihnen zeigen soll!» Die Überforderung steht ihr ins Gesicht geschrieben.

Es dauert nicht lange, bis Dr. N. zurückkommt und einen hässlichen schwarzen Plastikpenis aus einem diskreten schwarzen Plastiksack holt. «Hier», sagt er und legt das Ding auf meinen Nachttisch, «bitte schön!»
Angewidert mustere ich sein scheussliches Mitbringsel, während der junge Arzt und die Krankenschwester ihre Beherrschung verlieren. Sie kichern wie kleine Kinder, und ich möchte am liebsten losheulen.
Ich versuche es.
Natürlich vergeblich.
«Glauben Sie mir endlich», frage ich verzweifelt, «dass es nicht geht?»
«Die Schwester», wiederholt der Assistenzarzt die unsinnige Weisung seines Chefs, «wird es Ihnen noch mal genau zeigen!»
«Wie soll ich ihr etwas zeigen», protestiert die Krankenschwester, «was sie selbst doch viel besser spürt?»

Zwölf Tage nach dem Eingriff darf ich nach Hause. Es ist Ende Juni. Die üppig spriessende Natur und das fröhliche Gezwitscher der Vögel versprechen einen traumhaften Hochsommer, aber das, was ich jetzt spüre, kann nur der Frühling sein ...

Ja, Sommer 1999, du kannst kommen! Ich bin bereit!
Und ich kaufe mir in einer Boutique an der Bahnhofstrasse zwei megageile Tops.

Voller Vorfreude nehme ich mir zu Hause den Dilatator vor.
Aber ich habe mich zu früh gefreut.
Dr. H.s ‹Turnhalle› bleibt verschlossen. Ich kann es nicht fassen – und es ist nicht nur der Schmerz, der mir die Tränen in die Augen treibt. Es ist auch die Wut über die leeren Versprechungen des Arztes.

«Du verkrampfst dich wohl wieder», sagt er am Telefon.
«Nein, zum Teufel, ich verkrampfe mich nie! Und ich schwöre dir, es geht nicht – es geht immer noch nicht!»
«Das ist unmöglich!»
«Und ich mag mich nicht mehr hinhalten lassen! Ich will, dass das jetzt endlich in Ordnung kommt. Sofort!»
«Nun, dann wollen wir uns das noch einmal genau anschauen. Komm übermorgen vorbei!»

Dr. H. ist nicht da. Assistenzarzt N. muss mich untersuchen, und seine Miene wird zusehends erstaunter. «Es sieht tatsächlich so aus», sagt er, «als sei die Haut bereits wieder vernarbt!»
«Sag ich doch! Jetzt soll sich auch Dr. H. davon überzeugen!»
«Der ist in einer Sitzung!»
«Ich will, dass er es sieht! Bitte!»

H. ist aufgebracht, ungeduldig und saugrob. Er fährt mit einem Finger in die enge Öffnung und rührt darin herum. Ich beisse auf die Zähne, um nicht zu schreien.
«Kaum zu fassen», sagt H. «Das scheint schon wieder vernarbt zu sein!»

Er werde sich das genauer anschauen müssen, mit einer Vaginoskopie, sagt er. «Wir machen nur eine kleine Oberflächennarkose. Du wirst gar nichts spüren!»
Die Sache ist mir gar nicht geheuer. Aber ich habe keine Wahl.

Ich weiss nicht, wie viele Stunden vergangen sind, als ich aus der Narkose erwache. Es müssen viele gewesen sein. Die Watte, die mich jedes Mal, wenn ich aus einer Narkose erwache, einhüllt, ist besonders dicht, der dumpfe Schmerz sehr diffus.
«Nadia?»
Dr. H.s Stimme. Sie kommt von weit her und tönt seltsam gepresst.
Ich höre die Tür. Jemand kommt herein. Noch jemand.
«Es hat einen kleinen Zwischenfall gegeben, eine Komplikation. Nicht weiter schlimm; wir haben alles im Griff!»
«Was ...» Ich habe Mühe mit dem Sprechen, die Zunge klebt mir am Gaumen. Und ich verstehe auch nicht ganz, was er meint. «Was ist denn passiert?»
«Es ist leider ein Darmriss passiert», sagt H. zerknirscht. «Wir haben dir einen künstlichen Darmausgang in die Bauchdecke führen müssen. Das bedeutet, dass du vorerst mit einem Stomasack leben musst. Aber daran gewöhnt man sich schnell ...»

Das ist nur ein ganz böser Traum, denke ich, ein miserabler Witz. Und während ich versuche, mir die Konsequenzen dessen bewusst zu machen, was ich soeben gehört habe, gleite ich wieder in die Bewusstlosigkeit.
Und trotzdem ist mir, als sei ich hellwach. Was ich sehe und höre, sehe ich glasklar und höre ich sehr deutlich.
Ich sehe einen Schalter vor mir. Und ich höre das Summen des Monitors, der die Funktionen meines Lebens in grün gezackten, flackernden Linien darstellt.

Wenn ich diesen Schalter umlege, kann ich es ausmachen. Das ist der Schalter des Lebens. Es wäre nicht schlimm, es wäre einfach aus. Ich muss nur die Hand heben und den Finger drauflegen. Komisch, ich hab doch immer so Angst gehabt vor dem Sterben. Und jetzt ist es plötzlich so einfach.
Lass den Schalter. Schau auf den Monitor. Dort läuft das Leben. Schau aufs Leben.
Warum sollte ich leben? Wozu? Für wen? Der Schalter ...
Den Monitor musst du anschauen, nur ihn, dann siehst du den Schalter nicht mehr ...
... doch, ich sehe ihn ganz genau!
Schau auf den Monitor!

«Ja, es hat eine sehr heikle Situation gegeben.» Der Assistenzarzt nickt langsam, als ich ihm die Geschichte mit dem Schalter und dem Monitor erzähle. «Es gab eine Phase, da waren Ihre Werte auf der Kippe ...»

Erst allmählich erfahre ich, was passiert ist: Als Dr. H. während der Vaginoskopie erkannte, dass ich Recht hatte und die Vagina wirklich bereits wieder verengt war, beschloss er spontan, die Narbenstruktur ‹aufzusprengen›, wie das im Fachjargon heisst. Dabei muss der Darm zerrissen sein. Ein zweiter Arzt wurde beigezogen. In einer Notoperation führte er eine Darmschlinge zur Bauchdecke und konstruierte den Anus praeter.

Monatelang muss ich mit diesem scheusslichen Beutel herumlaufen. Er stinkt widerlich. Manchmal bläht er sich auf, dass er sich unter den Kleidern nicht mehr verbergen lässt. Und meist in den unpassendsten Situationen kann das Ding ohne Vorwarnung selbständig losfurzen, dass ich am liebsten im Boden versinken möchte.

Dr. H. gibt auf.
«Da ist nichts mehr zu machen», sagt er. «Deine Vagina können wir nur noch mit einer Sigma-Plastik retten. Wir müssten die ganze Vollhautprothese, die aus dem Penisschlauch gebildet wurde, durch Schleimhaut ersetzen, die wir zuvor dem Darm entnehmen. Ein grosser Eingriff – aber es ist die einzige Möglichkeit!»
«Gib mir Zeit, ich muss es mir überlegen!»

Sigma-Transplantationen seien höchst heikle Eingriffe, erfahre ich, als ich mich umhöre. Die Mortalität sei relativ hoch.
«... aber es ist die einzige Möglichkeit ...»

In diesen Wochen denke ich oft an meine Schicksalsgefährtin Tanja. Sie wirkte immer so verlegen, wenn ich bei ihr zu Besuch war und sie sich entschuldigte, weil sie wegen des Platzhalter-Rituals das Bad aufsuchen musste. Es war ihr peinlich, wenn sie vor Schmerz nicht ruhig sitzen konnte.
Schon vor fast zwei Jahren hat mir Tanja vorgelebt, was ich jetzt erlebe. Dass sie inzwischen das Leben verloren hat, ahne ich nicht.
Sehr viel später, als ich erfahre, dass Tanja offenbar die Folgen einer simplen Schamlippenkorrektur nicht überlebt hat, verstehe ich, warum ich mich nicht für die Sigma-Plastik entscheiden kann.

Ich habe kein Vertrauen mehr in die Ärzte.
Sie haben mir eine wunderschöne Vagina gemacht, die viel zu eng war – und nun kaputtoperiert worden ist. Ich weiss nicht, ob sie eine zweite hinkriegen.
Und ich weiss nicht, ob ich all die Ängste, Schmerzen und Frustrationen noch einmal auf mich nehmen will.

Trotzdem werde ich den Journalisten, die mir andauernd dieselbe Frage stellen, immer wieder dasselbe antworten: «Ich habe es noch nie bereut! Und ich würde es sofort wieder tun!»

Ich habe auch noch nie bereut, dass ich mich auf Alain Godets Projekt einer Langzeit-Filmdokumentation eingelassen habe. Seine ruhige und besonnene Art, seine kritische Distanz und sein Bestreben, die Seele unter der spektakulären Oberfläche zu ergründen, das Phänomen Transsexualität transparent zu machen, kommen meinem Bedürfnis entgegen, aufklärend zu wirken: Ich möchte die hartnäckigen Vorurteile abbauen und den immer wiederkehrenden Missverständnissen vorbeugen, mit denen sich transsexuelle Menschen in einer Gesellschaft herumschlagen müssen, die so viel auf ihre Aufgeklärtheit hält. Aus diesem Grunde fange ich auch an, an verschiedenen Schulen – vor allem auch an Krankenschwesternschulen – Weiterbildungskurse zum Thema Transsexualität zu geben. Ein Engagement, das ich mit wachsender Begeisterung wahrnehme. Meistens steht den jungen Menschen, kaum habe ich das Klassenzimmer betreten, bereits die Verwunderung darüber ins Gesicht geschrieben, dass keine aufgetakelte Tunte hereingestöckelt kommt, sondern eine ganz normale Frau.

Wenn ich dann vor der Klasse stehe, mich kurz vorstelle und schliesslich die Video-Kassette einschiebe, bin ich froh, dass Alain Godet seine Dokumentation über den entscheidenden Eingriff zensiert hat: Die blutigsten Szenen fehlen. Trotzdem erschaudern viele, wenn die Finger des Chirurgen die Haut von den Schwellkörpern schälen und ins Leibesinnere stülpen.

«Dass Sie sich das immer wieder anschauen können», wundern sich viele. «Eben darum», gebe ich dann zur Antwort. «Ich habe es schon so häufig gesehen, dass es mir nicht mehr so viel ausmacht.»

«Haben Sie nicht manchmal auch ein schlechtes Gewissen», will eine junge Schwesternschülerin wissen, «weil Sie sich verstümmelt und ihrem Körper Gewalt angetan haben?»
«Es ist nicht die Veränderung des Körpers, die mich in Gewissensnöte stürzt», antworte ich. «Es sind vielmehr die falschen Vorstellungen in den Köpfen mancher Menschen, die verunsichern. Sie reduzieren das Wort Transsexualität auf seine zentrale Silbe ‹Sex› – und denken sofort an käufliche Paradiesvögel im Sündenpfuhl.»
Oft komme ich dann auch auf die Geschichte mit der Beichte zu sprechen ...

Unklare Ängste plagen mich in den ersten Wochen des Jahres 2001, bohrende Kopfschmerzen ... Ich bin reizbar, rastlos und schrecklich unausgeglichen. Deutlich spüre ich, wie die Nerven flattern.
Ich ziehe mich aus dem Verkehr. Im ‹Haus der Stille› in Kehrsiten, am Nidwaldner Ufer des Vierwaldstättersees, findet meine Seele bei den Franziskaner-Schwestern der ‹Spirituellen Weggemeinschaft› Ruhe und Zuwendung. Vom Essen bis zum gemeinsamen Beten nehme ich am Alltag der frommen Frauen teil. Sie strahlen etwas aus, das stark macht.
Nur Schwester Maria Andrea, die Oberin, und ihre Stellvertreterin sind eingeweiht. «Es wäre bestimmt gut», sagt jene, nachdem ich ihr mein Geheimnis offenbart habe, «wenn du eine Lebensbeichte ablegst.»
Es wird ein langer Monolog im Beichtstuhl. Als ich endlich fertig bin, schweigt der Priester. Dann räuspert er sich.
«Kind, du hast schwer gesündigt. Du hast unserem Schöpfer ins Handwerk gepfuscht!»
«Aber ...» will eine Stimme in mir laut protestieren, «aber ...»
Aber ich brings nicht raus.

«Du musst dich zu dieser Sünde bekennen – und bereuen!»
Ich zerknülle meinen schönen Rosenkranz in der Faust und verlasse den Beichtstuhl wie ein geprügelter Hund.
Schwester Maria Andrea sieht das anders: «Ob Sünde oder nicht – der Herr hat dir längst verziehen. Du hast dich für dieses Leben entschieden; nun schau nach vorn und lebe es im Vertrauen auf Seine Liebe!»

«So viel zum Thema Sünde», beende ich schliesslich die Beichtstuhl-Episode und ziehe das Fazit daraus: «Das Vorurteil ‹Sünde› ist das Stigma, das transsexuelle Menschen ausgrenzt – wie Aussätzige! Erst diese Ausgrenzung treibt viele ins Rotlichtmilieu!»
Zunächst herrscht nachdenkliches Schweigen unter den jungen Menschen. Bis einer meistens abrupt das Thema wechselt: «Waren Sie nicht furchtbar nervös, als sie so intim gefilmt wurden und dann noch im Fernsehen kamen?»
«Es geht», lache ich dann. «Den grössten Teil der Dreharbeiten habe ich verschlafen!»

Natürlich bin ich furchtbar nervös am Abend des 1. Oktobers 1998. Nach knapp drei Monaten macht die Medizinsendung ‹Puls› des Schweizer Fernsehens das Thema Transsexualität öffentlich – am konkreten Beispiel meiner Geschlechtsanpassung.
«Das Lampenfieber ist vollkommen normal», sagt Moderator Steffen Lukesch, während mir eine junge Maskenbildnerin die Schweisstropfen von der Nase und frischen Puder drüber tupft. «Das geht allen genau gleich, sogar vielen Profis!»
Im Spiegel sehe ich, wie hinter ihm einer zur Tür hereinstürzt. Er setzt sich neben mich und trommelt nervös mit den Fingern auf der Stuhllehne.

«Grüezi, Herr Thurnheer! Sind sogar au Sie nervös?»
Beni, der TV-Star, grinst ein bisschen irritiert, und Steffen sagt: «Auch ich bin vor jeder Sendung nervös! Aber sobald das rote Licht leuchtet, vergisst du die Kamera. Du schaffst das mit links, Nadia – ausserdem siehst du atemberaubend aus!»

Er hat Recht. Kaum hat das Live-Gespräch begonnen – Lukesch unterhält sich mit dem Chirurgen Dr. H. und mir zu einem Zeitpunkt, wo mein Vertrauen in den Arzt noch nicht erschüttert und meine Bewunderung für seine Kunst uneingeschränkt ist –, fühle ich mich im Licht der Studioscheinwerfer fast so wohl wie im Stroboskop-Gewitter auf der Tanzbühne einer ‹Late Night›-Party.
Die Reaktionen in den nächsten Tagen sind interessant und vielfältig. Aus dem Kreis meiner Bekannten krieg ich ein Kompliment nach dem andern, ich sei absolut überzeugend und glaubwürdig aufgetreten, sagen alle, und sie bewundern meinen Mut. Aber auch vollkommen fremde Menschen geben mir zu erkennen, dass sie jetzt Bescheid wissen.
Die Pöstlerin lächelt verschwörerisch, als ich ihr vor dem Hauseingang begegne, und scherzt, jetzt werde sie mir die Fanpost wohl bald in Wäschekörben bringen müssen. Der Verkäufer im Brillenladen sagt süffisant «Grüezi, Frau Brönimann», als ich sein Geschäft betrete, und auf meine verwunderte Frage, woher er denn meinen Namen wisse, legt er den Finger aufs untere Augenlid und bemerkt, er habe ‹dänk› auch einen Fernseher daheim. Die Frau an der Migros-Kasse schaut erst einmal hinter sich, ob sie nicht gerade von einer Kollegin beobachtet wird, und schiebt mir rasch einen Notizblock unter die Nase – ob ich ihr nicht bitte schön ein Autogramm geben könne ...
Mir fällt auf, wie viele Menschen das Bedürfnis haben, mich wissen zu lassen, dass sie mich im Fernsehen gesehen haben.

Aber sie tun es betont beiläufig und zeigen eine merkwürdige Scheu, direkt anzusprechen, worum es geht: Transsexualität ist ein Tabu.

Pfui.

Mein prominenter Fernsehauftritt ruft weitere Journalisten auf den Plan: ‹Ziischtigs-Club›-Chef Ueli Heiniger lädt mich in seine TV-Debattierrunde ein, TV3-Talkmaster Dani Fohrler will meinen Fall in einer Diskussion zum Thema ‹Der Mann und sein bestes Stück› als abschreckendes Beispiel vorführen und Hugo Bigi von der Tele24-Konkurrenz bietet mir seinen unbequemen ‹Talk täglich›-Barhocker an.

Erstaunlicherweise löst diese Sendung besonders viele Zuschauerreaktionen aus.

Viele greifen – spontan, aber anonym – zum Telefon. Manchmal höre ich nur schweres Schnaufen oder schlecht gespielte stöhnende Geräusche. Anzügliche bis saugrobe Bemerkungen. Oder eindeutige und höchst unmoralische Angebote. Normal veranlagte, ernsthaft interessierte Männer sind kaum darunter.

Andere greifen zum Schreibzeug. Wie jener Briefschreiber – ‹garantiert sauber›, stellt er sich vor, ‹hygienisch einwandfrei und HIV-negativ› –, der eine Schwäche für schöne Beine und Hände hat und die meinen fürs Leben gerne berührt hätte. Nein danke, schreibe ich ihm zurück, kein Interesse.

Nur ein Anrufer schafft es, mich zu einem Rendez-vous zu überreden – ich könnte nicht mehr sagen, weshalb, aber irgendetwas in seiner Stimme macht mich neugierig. Wir treffen uns im Szene-Lokal ‹Sixty One›. Der Mann ist, wie sich herausstellt, Finanzchef bei einer bekannten Bank und sieht nicht schlecht aus, sehr männlich, mindestens einen Kopf grösser als ich. Er ist, wie er betont, glücklich verheiratet, hat fünf Kin-

der, eine dicke Limousine und eine heimliche Schwäche. Er verspricht mir das Blaue vom Himmel, will mir ein Appartement finanzieren und sich auch sonst nicht lumpen lassen, wenn ich ihn beim Kauf von Frauenkleidern berate und an Fetisch-Partys begleite.
Nein danke, muss ich ihn enttäuschen, für so was bin ich nicht zu haben ... nicht mehr ...

Und doch ist da dieser brennende Wunsch, meine Weiblichkeit durch die Liebe zu einem Mann bestätigt zu sehen. Es ist eine Sehnsucht, die letztlich nicht erfüllt werden kann und gerade deshalb immer deutlicher die Züge einer Besessenheit annimmt.
Ich nehme meine alte Angewohnheit wieder auf, mir die Wochenend-Nächte an Techno-Partys in den einschlägigen Szene-Lokalen um die Ohren zu schlagen. Dabei sollte ich doch wissen, dass die Männer, die sich hier herumtreiben, alle aus demselben Holz geschnitzt sind.
Trotzdem gehe ich hin. Es törnt mich an, wenn ich aus den Augenwinkeln wahrnehme, wie ihre Blicke meinen Kurven folgen und auf den Hüften kleben, die sich zur Musik wiegen.

Der Typ im ‹Spider Galaxy› sieht blendend aus: sehnige Muskeln, blonde Haare und samtweiche, dunkle Augen. Er bewegt seinen Body so aufreizend lasziv, dass ich kaum noch einen klaren Gedanken fassen kann. Und ich stelle mit Genugtuung fest, dass es ihm offensichtlich nicht anders ergeht. Der gemeinsame Tanz spricht für sich.

Wir gehen auf die Strasse hinaus, lassen die verschwitzten Körper in der Nachtluft abkühlen.
«Zu mir oder zu dir?»

«Lieber zu dir!»
«Ich wohne in Dübendorf.»
«Worauf warten wir noch?»

Ich weiss ja noch nicht mal, schiesst es mir in der S-Bahn durch den Kopf, wie er heisst ...
Er heisst Nils, ist 24 und legt als Disc-Jockey in verschiedenen Clubs auf – ein Traumboy. Todmüde liegen wir einander in den Armen, streichelnd, kuschelnd, und er respektiert meine ablehnendes Zögern, als seine Berührungen fordernder werden.
«Ich sags dir lieber gleich ...», flüstere ich.
«Lass nur», lacht er und legt mir den Finger auf die Lippen. «Ich weiss es schon lange!»
«Hä?»
«Seit dem ersten Kuss!»
«Wieso?»
«Also, genau genommen tanze ich auf zwei Hochzeiten – ich liebe Frauen und Männer ...»
«... du bist bi?»
«... genau. Und darum weiss ich auch, wie Männer küssen. Du hast zwar den Körper einer Frau. Aber du küsst wie ein Mann! Und genau das reizt mich an dir!»

Es ist so etwas wie Liebe auf den ersten Blick. Wir sehen uns regelmässig in seiner Wohnung, geniessen die langen Juliabende auf seinem grossen Balkon, schenken einander die Sterne, die über uns funkeln, und wir finden sogar die S-Bahn-Züge romantisch, die im Viertelstundentakt vorbeidonnern.

«Deine Wohnung könnte man noch ein bisschen stilvoller einrichten; man sieht ihr an, dass sie selten benützt wird!»

«Wozu auch? Ist ja niemand da, für den es sich lohnt, nach Hause zu kommen.» Er legt eine kleine Pause ein. Und sagt dann ganz leise. «Jedenfalls bis jetzt nicht ...»
«Was heisst das?»
«Bis jetzt heisst bis jetzt!»
«Und ab jetzt?»
«Ab jetzt könnte das alles ganz anders werden ...»
Das ist einer dieser seltenen Momente, die man festhalten möchte – ein Glücksgefühl, das trunken macht.

«Ich möchte euch meine neue Freundin vorstellen», sagt Nils, als wir zwei Wochen später im Wochenendhaus seiner Eltern zu Gast sind. «Nadia. Eine Mega-Frau – sie wird euch gefallen!» Es gibt Kaffee aus Porzellan und selbstgebackenen Kuchen und dann den Sonntagsspaziergang. Die Männer voraus, wir Frauen hinterher – wie es sich gehört.
Also, sie habe ja immer diese Menstruationsbeschwerden gehabt, bis ihr dann eine Freundin von diesem Kräuterextrakt erzählte. Und tatsächlich – es wirkte!
«Musst du unbedingt mal ausprobieren, Nadia!»
«Bis jetzt hatte ich ja eigentlich keine besonderen Beschwerden.»
«Auch nicht dieses Ziehen im Kreuz?»
«Nnnn... nur ganz selten!»
Ich tratsche ja fürs Leben gern, und Nils' Mutter, die mir vorkommt, als sei sie schon seit Ewigkeiten meine Schwiegermutter, begegnet mir auf einer Ebene, wo ich mich ernst genommen fühle. Dabei rede ich wie eine Blinde von den Farben und hoffe, dass sie es nicht merkt.

In jener Nacht macht Nils wieder einmal Anstalten mit mir zu schlafen.

«Bitte, du musst Geduld haben», flüstere ich, und ich frage mich, wie vielen Männern ich das schon sagen musste.
«Du solltest deinem Arzt einmal Druck aufsetzen; der muss doch sein Pfuschwerk reparieren!»
Da weiss ich, dass das Ende angefangen hat. Über kurz oder lang werde ich Nils an eine Frau verlieren, die er bumsen kann. Mir wird fast schlecht, so schnürt dieser Gedanke mir den Magen zu.
Erst kürzlich hat Alain Godet angerufen. Er habe gehört, ich sei jetzt in einer festen Beziehung, da würde er gern noch ein paar Aufnahmen drehen für seine Langzeitdokumentation. Nils hat das sogar geil gefunden und sofort eingewilligt.

Wenige Tage vor dem vereinbarten Drehtermin liegt Nils' Brief im Kasten. «Für eine längere Beziehung», schreibt er, sehe er «keine Chance». Und er hoffe, dass die Freundschaft erhalten bleibe, auch wenn die Gefühle nicht mehr dieselben seien wie am Anfang ...
Zorn, Enttäuschung und eine tiefe Traurigkeit wühlen mich auf. Dabei ist es doch noch gar nicht so lange her, dass wir eng aneinander geschmiegt im Bett lagen, und du hast mir zärtliche Worte ins Ohr geflüstert ... Alles gelogen. Traust dich nicht mal, den wahren Grund hinzuschreiben, weshalb du mir so plötzlich die kalte Schulter zeigst ...
Schade, Nils, um unsere schönen Träume.

Auch die Reporter einer Schweizer Illustrierten bedauern es ausserordentlich, dass die Story von Nadia Brönimanns erstem Liebhaber futsch ist. Abgesehen davon kostet es mich beim Interview viel Überzeugungskraft, den Journalisten das Klischee von einer Transsexuellen als Paradiesvogel im Rotlicht-Milieu auszureden.

Die Geschichte von dem dunkelhäutigen Beau mit Pferdeschwanz und Schmachtblick erzähle ich ihnen natürlich nicht. Er ist mir sofort aufgefallen, im ‹Oxa›, wo derzeit die besten Typen zur ‹Late Night› aufkreuzen. Du bist genau der Richtige, denke ich, du bist meine süsse Rache für Nils' Treulosigkeit! In wenigen Worten einigen wir uns darauf, dass wir zu ihm gehen.
«Jetzt gleich?»
«Fünf Minuten, höchstens zehn. Ich muss nur noch auf die Kollegen warten; ich hab ihnen versprochen, sie nach Hause zu fahren!»
Ich bin ganz stolz, dass ich es wieder einmal geschafft habe, allen anderen Frauen den heissesten Typen wegzuschnappen. Er steht bei einer Gruppe von Männern, die Kollegen vermutlich, auf die er gewartet hat, nah genug, dass ich Fetzen des Gesprächs mitkriege.
Sie tuscheln.
«Oh nein!» Das ist Martin, meine neue Eroberung. Seine Stimme tönt ungläubig. Die anderen reden auf ihn ein, und ich kann das hässliche Wort verstehen.
«Transe ...»
Ich gehe zu ihm hin, voller dunkler Vorahnung.
«Was ist jetzt? Ich mag nicht mehr warten!»
«Du, ich glaube, daraus wird nix!»
«Aber wir haben doch ...»
«Vergiss es!» Abscheu spricht aus seinem Blick. «Und verpiss dich endlich!»
Während ich mich abwende, voll wütender Traurigkeit, höre ich eine Stimme, die hinter mir herzischt. «... ist man denn nirgends mehr vor euch sicher!»

«Also, mich wundert es ja nicht, dass du immer wieder mit denselben Typen auf die Nase fällst!»

Susanne, die Journalistin, die ich in Berlin kennen gelernt habe und mit der ich seither regelmässig Kontakt pflege, trägt dampfenden Kaffee auf. «In diesen Lokalen gibt es ja gar keine normalen Männer!»
«Wahrscheinlich hast du sogar Recht», sage ich. «Aber lassen wir das. Ich hab das Thema Männer für mich endgültig abgehakt!»
«Ich würde schon lange gern mal mit dir was machen», wechselt sie das Thema. «Journalistisch, meine ich. Was Tieferschürfendes.»
«Von den Medien hab ich auch die Nase voll. Die mit ihren ewigen Vorurteilen!»
«Hast du denn wirklich geglaubt, dass du mit Talkshows und Homestorys deine Botschaft rüberbringen kannst?»
«Ich geb ja auch Kurse!»
«Eigentlich», sagt sie nachdenklich, «solltest du ein Buch schreiben! Du musst deine ganze Geschichte erzählen – die ist so reich und farbig, und da steckt alles drin, was du vermitteln willst!»
«Ich und schreiben», sage ich skeptisch.
«Immerhin schreibst du Tagebuch!»
Ja, das tue ich, mein rotes Tagebuch – Alain hat es mir bei seinem ersten Besuch im Spital geschenkt, an Christians letztem Tag, es ist schon bald voll. Und das Couvert mit der kleinen weissen Feder drin ist das Lesezeichen im roten Tagebuch ...
«Ich würde es ja gerne selber schreiben», sagt Susanne. «Wenn ich nur die Zeit hätte. Aber vielleicht lässt sich etwas über das ‹Netzwerk schreibender Frauen› machen ...»

Susannes Idee gefällt mir. Wenn ich bloss mehr Vertrauen in mich hätte.

Über das ‹Netzwerk schreibender Frauen›, bei dem Susanne Mitglied ist, findet sie einen Verlag, der sich interessiert zeigt. An einem heissen Augustnachmittag sitzen Susanne und ich im Besprechungsraum dem Verlegerpaar gegenüber. Ausserdem ist da noch ein Journalist, den die beiden mir als Autor empfehlen wollen.

Doch der zeigt sich wenig begeistert. Er habe kürzlich erst ein Manuskript abgeschlossen und wolle nicht schon wieder ein neues Projekt beginnen. Trotzdem möchte ich wissen, was er denn geschrieben habe, und er sagt: «Die Biografie der blinden Schwimmerin Nicole Deck.»

Und dann will er wissen, wann ich denn operiert worden sei, wann genau.
«Am 7. Juli 1998, im Universitätsspital Zürich.»
«Und auf welcher Abteilung?»
«EO III. Wiederherstellungschirurgie.»
«Und Schwester Sünje hat Sie damals gepflegt?»
«Ja, wieso kennen Sie die?»
«Seltsam», sagt der Journalist. «Es ist kaum zu fassen ...»
«Dann haben sie zur selben Zeit auf derselben Abteilung gelegen und sind von denselben Schwestern gepflegt und von denselben Ärzten behandelt worden wie Nicole Deck ...»
Die junge Frau, mit der er soeben ein Buch verfasst hat, hatte vor zwei Jahren, in genau jener Woche, in der aus Christian Nadia wurde, bei einem Selbsttötungsversuch das Augenlicht verloren.
«Ich glaube», sagt der Journalist, «die Sache fängt an, mich zu interessieren ...»
Es gibt Bücher, die hören dort auf, wo die Geschichte beginnt. Oder umgekehrt ...

Spurensuche V
Hühnerberg

Es war schon dunkel, als Inge Löffler den Wagen an einer Böschung parkierte, ausstieg und die Strasse überquerte. An einer Hausecke warf eine müde Funzel ihr trübes Licht auf die unmittelbare Umgebung. Zwischen der Eishalle und einer gesichtslosen Mehrfamilienhaussiedlung aus den sechziger Jahren standen drei baufällige Holzhäuser, umgeben von nassen Kartonschachteln, zerfetzten Plastiksäcken und vermoderten Holzplanken.

Eine Ratte huschte über den Weg und verschwand zwischen alten Zeitungen.

«Der Eingang ist auf der hinteren Seite», tuschelte Inge. «Wir müssen um die Häuser herumgehen, aber seid ums Himmels willen leise!»

Eingeschlagene Scheiben im Erdgeschoss. Der Geruch von Urin. Vor einem Fenster im ersten Stock hängen graue Kniesocken. Drinnen flimmert blau das Licht eines Fernsehers an der Decke. Und noch etwas bewegt sich hinter der trüben Scheibe – ein bleiches Gesicht.

«Hühnerberg heisst das hier – eine Schande», flüsterte Inge und wies mit der Hand auf Berge von Unrat und Müll. «Eine Schande für Memmingen!»

«Sieht aus wie ein Slum», meinte Dani, «nicht zu fassen.»

Und Alain schwenkte schweigend seine Kamera über die groteske Szene.

«Hier leben die Ausgestossenen», sagte Inge und stiess die angelehnte Haustür auf. Die alte Stiege knarrte unter unseren Schritten. «Asoziale ohne Hoffnung, aufgegeben und vergessen, selbst vom Sozialamt ...»

Schon vor Wochen, als Inge begonnen hatte, die Hintergründe meiner Herkunft zu recherchieren, war sie hier gewesen und hatte die Frau kennen gelernt, die wir jetzt aufsuchen wollten – nennen wir sie Elfriede Markwart. Während der letzten Jahre im Leben meiner Mutter war sie deren Zechgenossin am Stammtisch gewesen, ihre Wohnpartnerin und Gefährtin in einem tristen Lotterleben – so etwas wohl wie eine Freundin. Alain filmte ununterbrochen. Der Gestank von Fäulnis liess meinen Magen sich zusammenkrampfen.

«Frau Markwart!» Inge klopfte an eine Tür, deren Umrisse im schummrigen Licht kaum zu erkennen waren. «Besuch für Sie!» Stimmen aus dem Fernseher – eine Talkshow.

«Ich bin die Inge Löffler, Frau Markwart!» Sie klopfte erneut gegen das Holz. «Und ich habe Manuela bei mir, die Tochter von der Gisela!»

Wir hatten uns darauf geeinigt, dass ich die Rolle einer meiner beiden unbekannten Schwestern spielen sollte – meine Mutter hatte ja beide Töchter auf den Namen Manuela taufen lassen. Wir wollten die Frau nicht mit der Tatsache verwirren, dass aus Christian eine Frau geworden war.

«Ich hab Ihnen doch neulich von ihr erzählt! Können Sie sich erinnern?»

Jetzt öffnete sich eine andere Türe, links von uns, und liess einen gelben Lichtschein ins Treppenhaus. Ein Mann, Bartstoppeln im Gesicht, schütteres graues Haar auf dem Kopf, musterte uns neugierig. Er trug eine schmuddlige Trainerhose und ein Unterhemd voller unappetitlicher Flecken. In seinem Fernseher lief ein anderes Programm. Stöhnende Geräusche liessen auf einen billigen Porno schliessen.

«Die schon ist da», sagte er in gebrochenem Deutsch. «Nehmens' nur mit, die alte Hex ...» Offenbar glaubte er, wir seien von Amtes wegen hier. Oder von der Psychiatrie.

Inge beachtete ihn nicht und hämmerte diesmal eine Spur energischer an die Tür. «Die Manuela möchte doch so gerne die Freundin ihrer Mutter kennen lernen», flötete sie. «Sie will mehr über die Gisela erfahren – Frau Markwart, wissen Sie noch, die Gisela Schwegerl ...»
Der Alte warf die Tür ins Schloss. Dafür wurde jetzt die Tür vor uns geöffnet.
«Was isn?»
Die ursprüngliche Farbe der Wollmütze, welche Elfriede Markwart tief in die Stirn gezogen hatte, war nicht mehr erkennbar. Darunter schauten klebrige graue Haarsträhnen hervor. Der speckige Stepp-Anorak, in dem ihr unförmiger Leib steckte, sah aus, als habe sie ihn seit Monaten nicht mehr ausgezogen.
«Hören S' net auf den da», sagte sie und machte eine Kopfbewegung zur Nachbarstür. «Der hat se net mehr alle!»
Ein schwammig aufgequollenes Gesicht. Aus dunklen Augen sprachen Angst, Misstrauen und dumpfe Resignation.
«Schauen Sie doch, Frau Markwart», sagte Inge Löffler. Dabei trat sie einen Schritt zur Seite und legte ihre Hand auf meine Schulter. «Das hier ist die Manuela, von der Gisela die Tochter – wissen Sie noch?»
«Soso, die Manuela ...»
«Ist sie nicht hübsch geworden?»
«Der Gisela habens' weggnumma, damals, beide Manuelas ...»
Ihr zahnloser Mund nuschelte die Worte so undeutlich, dass wir genau hinhören mussten, um sie zu verstehen.
Mit erhobenem Schwanz strich eine magere Katze um nackte Füsse, die in ausgelatschten Hausschuhen steckten.
«Wissen S' was von meine Kinder?»
«Leider nicht, Frau Markwart. Sie haben fünf Kinder, nicht wahr?»

«Fünf Kinder.» Elfriede Markwart öffnete ihre rechte Hand und betrachtete die fünf ausgestreckten Finger. «Alle vom Amt gestohlen.»
«Wissen Sie gar nicht, wo sie sind?»
Sie schüttelte langsam den Kopf. «Die melden sich ja net!»
Als sie uns einen Schritt entgegenkam, gab sie unfreiwillig den Blick ins Innere ihrer Behausung frei. Berge von Schachteln und Kisten türmten sich hinter ihr auf. Mittendrin flackerte das kalte Licht des Fernsehers.

Alain hielt sich diskret im Hintergrund, und ich wunderte mich, wie er bei diesen Lichtverhältnissen filmen konnte.
«Die beiden Herren sind Freunde von der Manuela», stellte Inge die Journalisten vor. «Sie kommen aus der Schweiz, und der Herr dort ist vom Fernsehen. Sie haben doch nichts dagegen, wenn er dieses Gespräch aufnimmt ...»
«Soso, aus der Schweiz. Vom Fernsehn ...»
Aber sie schien gar nicht zu merken, dass Alains laufende Kamera auf sie gerichtet war.
«Können Sie denn der Manuela etwas von Ihrer Freundin Gisela erzählen?»
«Ja mei, die is ja schon lang hinüber», seufzte Elfriede Markwart. «Erschlagen hamms' die Gisela.»
«Ja, das wissen wir. Schreckliche Geschichte.»
«Was wollns' denn noch wissen?»
«Wie sie halt so war ...»
«Wir ham ja eine Weile zusammengewohnt, auf der Nudelburg, Ende dreiundsiebzig, da war der Gisela ihr Mann schon ausgezogen. Und dann hat die Gisela noch an Bub ghabt, den Christian, und den hamma bsucht, damals, im Kinderheim in Kalzhofen. Gummibären hamma dem Bub mitbracht, und da hat der Kleine gefragt, ob wir net mit ihm essen wollen ...»

Plötzlich verstummte sie.

«Wir würden Sie auch gerne zum Essen einladen», sagte Inge ganz spontan, und ich fragte mich, wie sie sich das konkret vorstellte. «Hätten Sie denn Lust?»

Zum Glück schüttelte Elfriede Markwart den Kopf. Das ginge jetzt leider nicht, sagte sie, sie habe schon was anderes vor.

«Ja, Frau Markwart, dann wollen wir nicht länger stören, schönen Dank auch für das nette Gespräch!»

Die letzte Freundin meiner toten Mutter streifte mich mit einem letzten Blick. «Die Manuela – a so a fesche Dame», murmelte sie und verschwand im Dunkel ihrer Höhle.

Als wir um das Haus herum zur Strasse zurückgingen, schaute ich noch einmal hinauf zum Fenster im ersten Stock. Ich konnte gerade noch sehen, wie ein graues Gesicht rasch zurückwich.

Elfriede Markwart?

Gisela Schwegerl ...

Mir war, als hätte ich meine Mutter gesehen.

Und eine unendlich tiefe Traurigkeit stieg in mir auf.

Epilog
Die Frau erwacht

Bu-bum. Bum-bu. Bu-bum ...
Das muss mein Herz sein. Der Schmerz ist auch noch da. Das Klopfen ist schneller geworden. Es kommt nicht mehr aus der Tiefe des Raumes, es bubumt im Schädel. Und aus dem Stechen ist ein Brennen geworden – ein höllischer Flächenbrand. Er tobt im Unterleib. Er lodert in der Brust. Er zerreisst mich. Von einer Sekunde zur nächsten ist alles anders geworden. Urplötzlich hat mich dieser Schmerz überfallen und in Besitz genommen.
Auf meiner Brust sitzt ein Elefant. Sein Gewicht lähmt mich. Ich versuche, dagegen anzuschnaufen, aber es gelingt mir nicht. Ich ringe nach Luft, aber die Anstrengung verschärft nur den heftigen Schmerz. Steh auf, Elefant, geh endlich weg, lass mich atmen ...
Wo sind die grauen Männer, die mir die Zeit weggenommen haben? Wo sind die grünen Gestalten, die Christian mit Riemen festgeschnallt haben, um ihn hinzurichten?
Sie haben mich doch operieren wollen. Genau ... und jetzt hat die Narkose versagt, darum dieser Schmerz ...
Ich muss schreien, damit sie merken, dass sie mir weh tun. Aber ich kann nur schwach stöhnen.
Ich muss die Augen öffnen, damit sie sehen, dass die Narkose nicht wirkt. Aber können sie sehen, dass ich wach bin?
«Schon gut, Frau Brönimann, es ist vorbei – und alles ist gut gegangen!»
Durch einen Nebelschleier erkenne ich einen fremden Mann, der seinen kahlen Kopf in mein Gesichtsfeld beugt. Er lächelt und macht sich an einem Schlauch zu schaffen. Da sind noch

mehr Schläuche, rote und durchsichtige, sie kommen aus meinem Körper heraus und führen in ihn hinein.
«Die Schmerzen werden nachlassen», sagt der Mann. Er nimmt meine Hand und führt sie zu einem Knopf an einem der Schläuche. «Damit können Sie die Morphiumzufuhr regeln. Wenn Sie es nicht mehr aushalten, drücken sie einfach hier drauf.»
Mein Mund ist so trocken.
«Durst!» Es kostet mich enorme Anstrengung, das kleine Wort zu formulieren.
Der Mann bestreicht meine Lippen und den Mund mit einem feuchten Wattestäbchen. «Sie dürfen jetzt noch nicht trinken», sagt er. «Aber Sie bekommen Nährlösung über die Infusion; bald haben Sie den Durst vergessen.»
Es ist vorbei. Ich lebe. Der Elefant ist weg. Ich kann atmen. Die Erleichterung ist so gross, dass sie mich für einen kurzen Moment von den Schmerzen ablenkt und mir Zeit für ein Stossgebet schenkt.
Mein Gott, ich danke dir, dass du mich wieder hast erwachen lassen ...
Aber wo ist die Zeit geblieben?
Ich erkenne die Uhr an der Wand. Genau fünf Uhr. Vor sieben Stunden ...
Der Nebel wird wieder dichter. Ich muss wach bleiben. Solange ich den Schmerz spüre, lebe ich. Ich konzentriere mich auf den Nebel und blase ihn mit der Kraft meines Willens weg. Doch er kehrt zurück. Und ich kann mich nicht mehr gegen ihn wehren.
Als er sich wieder lichtet, fahren weisse Wände an mir vorbei.
«Nadia, wie fühlst du dich?»
Alain Godet, der Mann vom Fernsehen, läuft neben meinem Bett her. «Sie bringen dich jetzt in ein Zimmer, wo du in Ruhe schlafen kannst!»

Ich erinnere mich, dass er gesagt hat, er werde bei mir bleiben, bis alles vorbei sei, und versuche zu lächeln – für alle Fälle. Wer weiss, wo er seine Kamera hat.
«Fühlst du dich gut?»
Ich möchte sagen, dass ich mich grossartig fühle. Aber ich bringe immer noch kein Wort heraus.
Seltsam, denke ich, und ich spüre, wie der Nebel mich erneut einhüllt und einlullt. Eigentlich bin ich der Alte geblieben. Bin ich wirklich eine Neue geworden?
Dieser Schmerz – ist das die Frau, die ich geworden bin?
Ja – jetzt bin ich eine Frau.
Und eigentlich sollte ich glücklich sein ...

Interview
«Die Seele hat beide Geschlechter»

Nadia Brönimanns Psychotherapeutin Christa Gubler über das Phänomen Transsexualität

Die Zürcher Sexual- und Psychotherapeutin Christa Gubler begleitet und behandelt Nadia Brönimann seit ihrer Geschlechtsanpassung. Mit Nadia Brönimanns Einwilligung nimmt die Expertin auf dem Gebiet der Transsexualität Stellung zu diesem besonderen Schicksal – und zur Problematik im Allgemeinen. Die Fragen stellte der Journalist und Co-Autor Daniel J. Schüz.

«Jetzt bin ich eine Frau. Und eigentlich sollte ich glücklich sein.»
Die Erkenntnis, mit der Nadia Brönimann ihr Buch beschliesst, tönt bitter, macht nachdenklich: «Eigentlich sollte ich ...» Aber sie ist nicht glücklich – auch nicht als Frau ...
Hier spielen verschiedene Faktoren eine Rolle. Ist das lang ersehnte Ziel erst einmal erreicht, stellt sich häufig ein Gefühl der plötzlichen Leere ein. Erst mit der Zeit kann sich die bewusste Wahrnehmung auf die Veränderung einstellen. Die körperliche Operation dauert lediglich einige Stunden, die seelische Umstellung hingegen ist ein langer und schwieriger Prozess, der schon vor der Operation begonnen hat und danach noch lange nicht abgeschlossen ist. Nadia Brönimanns Gedanken und Gefühle haben weniger mit ihrer weiblichen Identität zu tun als mit der Art und Weise, wie sie sich gefühls- und verstandesmässig wahrnimmt und welche Schlüsse sie daraus zieht.

Nun kollidiert dieses weibliche Empfinden mit der Tatsache des männlichen Körpers. Leiden somit transsexuelle Menschen nicht zwangsläufig unter einer Störung ihrer Persönlichkeit?
Das sind zwei verschiedene Erscheinungsbilder, die ursächlich nichts miteinander zu tun haben. Eine Persönlichkeitsstörung verschärft aber die Alltagsprobleme, mit denen transsexuelle Menschen besonders konfrontiert sind. Es wird beispielsweise noch schwieriger, sich in einem sozialen Umfeld durchzusetzen, das sich mit sogenannten Randgruppen ohnehin schon schwer tut.

Welche Rolle spielt dabei die Gesellschaft?
Alles, was nicht eindeutig zugeordnet werden kann, verunsichert. Menschen, die weder in die Kategorie ‹männlich› noch ‹weiblich› passen, werden von ihrer Umgebung selten wirklich akzeptiert. Sie müssen behandelt werden, weil sie sich gegen die herrschende Intoleranz durchsetzen müssen, nicht weil sie seelisch krank wären. Es gibt Kulturen, in denen sich diese Psychotherapie erübrigt, weil man dort Transsexuellen so selbstverständlich begegnet wie anderen Männern und Frauen auch. Manche Völker erheben geschlechtlich indifferente Wesen gar in den Status von Heilern und Schamanen und verehren sie entsprechend.

Welche Rolle spielt die Kindheit? Nadia Brönimann lebte bis zum Frühling 2000 ohne seelische Wurzeln. Sie wuchs bei Adoptiveltern auf, wusste nichts von ihren leiblichen Eltern.
Eine solche Biographie fördert die Selbstentfremdung und hat sicherlich einen Einfluss auf die persönliche Entwicklung, nicht jedoch auf die sexuelle Identität. In seinem sozialen Umfeld, konkret im Adoptiv-Elternhaus, wurde die Männlichkeit des jungen Christian trotz seiner weiblichen Neigungen nie in Fra-

ge gestellt. Insbesondere der Adoptivvater konnte mit diesen Neigungen nichts anfangen und versuchte, sie zu unterdrücken oder zu verändern. Womit er natürlich keinen Erfolg haben konnte.

... weil Transsexualität sich nicht ‹wegerziehen› lässt?
Ja, das ist gar nicht möglich. Transsexualität ist keine Wahl; es ist eine im Innersten bestehende Identität. Sie kann weder therapeutisch noch erzieherisch oder argumentativ beeinflusst werden – was übrigens auch für die Homosexualität gilt. Das haben wissenschaftliche Versuche in den USA schon vor Jahrzehnten belegt. Leider sind noch heute viele Ärzte und Psychotherapeuten schlecht informiert und versuchen in ihrer Hilflosigkeit, transsexuelle Patienten therapeutisch ‹umzupolen›.

Lässt sich Transsexualität ‹anerziehen›?
Nicht wirklich – oder höchstens tendenziell: Frühkindliche Erfahrungen können die innerste Ich-Wahrnehmung – die sogenannte ‹Core Identity› – beeinflussen. Ein Bub zum Beispiel, der jahrelang wie ein Mädchen behandelt wird oder gar Mädchenkleider tragen muss, neigt natürlich dazu, eine weibliche Rolle zu spielen. Das verunsichert, hat aber letztlich keinen Einfluss auf die geschlechtliche Identität.

Aber offenbar sind wir auf dem richtigen Weg: Immer mehr Frauen schneiden sich die Haare kurz, Männer lassen sich Pferdeschwänze wachsen. Für Frauen ist es ebenso selbstverständlich wie für Männer, geschlechtsneutral Jeans und T-Shirt zu tragen. Schwule, Lesben oder Bisexuelle stehen immer öffentlicher zu ihrer sexuellen Präferenz ...
Das stimmt, in dieser Richtung hat sich vieles verändert. Doch oft sind diese Trends nur ein Ausdruck des herrschenden Zeit-

geistes, im Innersten sind die meisten Menschen noch immer in patriarchalischen Bildern und Strukturen gefangen. So stellen wir einerseits an uns die Anforderung, tolerant zu sein und die Gleichberechtigung zu fördern. Andererseits löst es bei vielen Abwehr oder Ekel aus: Sie wenden sich peinlich berührt ab, wenn sich Schwule oder Lesben in der Öffentlichkeit ebenso innig küssen wie verliebte Heteros. Echte Toleranz benötigt Zeit.

Macht Nadia Brönimanns Schicksal nicht auch deutlich, wie riskant dieser Eingriff wirklich ist? Greifen die Ärzte nicht oft fahrlässig und vorschnell zum Skalpell?
Wie in allen Berufen gibt es sicherlich auch bei den plastischen Chirurgen solche, die sich gerne mit spektakulären Operationen profilieren. Für sie ist die technische Machbarkeit das entscheidende Kriterium; eine seriöse Auseinandersetzung mit den psychischen Konsequenzen findet zu wenig statt. Es kommt auch vor, dass Assistenzärzte im Rahmen ihres psychiatrischen Pflichtjahres transsexuelle Patienten betreuen müssen. Dabei haben sie meist nicht die leiseste Ahnung von deren spezifischen Alltagsproblemen und stellen sich unter Transsexualität womöglich irgendeine Perversion vor.

Bei Nadia Brönimann sind im Operationssaal grobe Fehler passiert. Die chirurgischen Kunstfehler haben körperliche Konsequenzen: Man hat sie ihrer Sexualität beraubt.
Das ist in der Tat tragisch, aber als Nicht-Medizinerin kann und darf ich chirurgische Fehlleistungen nicht beurteilen.

Nadia schildert in diesem Buch die Begegnung mit einer Leidensgenossin, die sie Tanja nennt und die zufällig auch bei Ihnen in Behandlung war. Tanja hatte Darmprobleme und

ist offenbar unmittelbar im Anschluss an eine Nachoperation verstorben. Wurde da ähnlich gepfuscht wie bei Nadia, die eine Nahtod-Vision hatte, nachdem ihr Darm bei einer Vagina-Korrektur perforiert worden war?
Das kann ich natürlich nicht beurteilen. Ich kann mir jedoch gut vorstellen, dass Frau Brönimann in einer kritischen Phase das Gefühl hatte, sich bewusst für oder gegen das Leben entscheiden zu können – das muss ein sehr prägendes Erlebnis gewesen sein. Die erwähnte Patientin verstarb im Anschluss an eine kosmetische Nachoperation aus medizinisch ungeklärten Gründen. Mehr habe ich dazu nicht in Erfahrung bringen können.

Noch einmal: Wird im Machbarkeitswahn nicht viel zu früh zum Skalpell gegriffen?
Ich stehe dieser Frage zwiespältig gegenüber. Einerseits habe ich persönlich noch nie erlebt, dass eine Patientin – oder ein Patient – den geschlechtsanpassenden Eingriff bereut hätte. Auch Frau Brönimann sagt, sie würde heute, trotz der leidvollen Erfahrungen, nicht anders entscheiden. Andere Patienten lernen, mit dem ‹falschen› Körper zu leben. Sie verzichten aus verschiedenen Gründen auf eine Operation – das kann ein diffuses Angstgefühl sein oder auch die Rücksicht auf die Bedürfnisse der Partnerin beziehungsweise des Partners – und arrangieren sich mit ihrem Schicksal. Aber in vielen Fällen ist die Not der Betroffenen so gross, sie lehnen ihren Körper so radikal ab, dass nur noch eine Operation in Frage kommt. Andererseits handelt es sich natürlich auch um eine Marktsituation: Die chirurgische Machbarkeit schafft ein Angebot, das die Nachfrage wachsen lässt, diese optimiert wiederum das Angebot – und die Spirale dreht sich weiter. Das ist bedenklich.

Welche Fehler wurden – ausser dem chirurgischen Debakel – bei Nadia Brönimann gemacht?
Die psychotherapeutische Begleitung vor der Operation war ungenügend. Frau Brönimann hätte sich intensiv mit ihrer Persönlichkeit auseinandersetzen und ausführlich auf die Folgen der Operation vorbereitet werden müssen.

War der Entscheid zur operativen Geschlechtsanpassung im Nachhinein korrekt?
Der Entscheid war schon richtig – die Diagnose ‹primäre Transsexualität› steht ausser Zweifel.

Wie können Sie da so sicher sein?
Ich habe ein Sensorium entwickelt, auf das ich mich verlassen kann. Ausserdem halte ich mich an Bewertungskriterien, die erfahrungsgemäss ziemlich eindeutige Diagnosen erlauben. Aber hundertprozentige Sicherheit gibt es nie.

Wie meinen Sie das?
Wenn ein Mann behauptet, er erlebe sich als Frau, und beim Gespräch stellt sich heraus, dass die äussere Erscheinung, sein Verhalten und seine Wertvorstellungen stereotyp männlich sind, würde ich nicht zu einer Operation raten.

Bei Nadia Brönimann hätte auch vor der Operation eine gründliche psychotherapeutische Abklärung die chirurgischen Fehlleistungen und die sozialen Probleme nicht verhindert ...
... die chirurgischen Probleme nicht, wohl aber die Tragweite der sozialen Schwierigkeiten. Die chirurgische Anpassung verändert nicht die Persönlichkeitsstruktur und Problemlösungsstrategie eines Menschen. Die psychischen Schwierigkeiten, welche nichts mit der Diagnose ‹Transsexualität› zu tun haben,

bleiben weiter bestehen und erschweren die Situation nach der Operation, zum Beispiel im Freundeskreis, bei der Arbeitssuche oder bei der Selbstwahrnehmung. Wenn Frau Brönimann vor dem Eingriff korrekt abgeklärt worden wäre, hätte man erkennen müssen, dass sie kein soziales Netz hat. Ein solches Netz ist aber unabdingbar für einen so massiven Eingriff. Sie hätte lernen müssen, Beziehungen zu Menschen aufzubauen, die über oberflächliche Disco-Kontakte hinausgehen. Es wäre auch wichtig gewesen, dass sie besser auf das Leben als Frau vorbereitet worden wäre.

Auf ihre Art hat sie sich ja schon vorbereitet – zum Beispiel, als sie ein kleiner Bub war und heimlich die Kleider der Pflegemutter anzog, oder später, als sie sich als Transvestit auf Varieté-Bühnen produzierte und als Drag-Queen in die Öffentlichkeit des Kleinbasler Nachtlebens wagte?
Sie hat versucht, die Frau in sich zu spüren. Die chirurgische Anpassung kann nicht mit der Kleidung des Transvestiten verglichen werden. Niemand hat ihr gesagt, dass nach einer Operation die Haare weiterhin dort wachsen, wo sie nicht mehr hingehören – an den Beinen nämlich; aber dort nicht wachsen, wo sie sie gern hätte – z. B. an den Geheimratsecken. Niemand hat mit ihr darüber geredet, wie sie sich als Frau fühlen könnte und mit welchen Enttäuschungen sie rechnen muss.

Mysteriöse Herkunft, verständnislose Adoptiveltern, Transsexualität, homosexuelle Prostitution, brutale Vergewaltigung, schliesslich die krassen chirurgischen und psychotherapeutischen Fehlleistungen bei der Geschlechtsanpassung:
Wenn man weiss, was Nadia Brönimann hinter sich hat, muss man staunen, wie optimistisch und lebensfroh sie darum kämpft, eine ganz normale Frau sein zu können.

Sie ist eine starke Frau, die sehr gut weiss, dass die Aufarbeitung dieser Erfahrungen ein mit Schmerzen verbundener langer Prozess ist.

Auch Coco, seit Paul Rinikers Dokumentarfilm die bekannteste Schweizer Transsexuelle, war eine starke Persönlichkeit. Dennoch konnte sie dem Halbwelt-Milieu nie richtig entrinnen und hat sich schliesslich das Leben genommen.
Ich würde Coco nicht mit Nadia Brönimann vergleichen. Zwar hat Nadia das Ziel der Therapie, als einigermassen ausgeglichene und selbständige Frau in einem sozial vernetzten Umfeld zu leben, noch nicht erreicht. Aber sie ist eine kämpferische Natur mit einer positiven Grundeinstellung. Allgemein besteht bei vielen Transsexuellen vor allem vor und nach der Operation eine erhöhte Suizidgefahr.

Gibt es eine wissenschaftliche Erklärung für das Phänomen Transsexualität?
Schon der Begriff ist irreführend: Es geht hier nicht um Sexualität, sondern um die geschlechtliche Identität. Diese wird nicht umgewandelt, sondern angepasst. Zum Ursprung der Transsexualität gibt es zahlreiche Theorien: Manche Forscher vermuten Veränderungen in der Struktur des Gehirns als Auslöser, andere biochemische Prozesse, ausgelöst durch Medikamente oder Hormone, welche sich während der Schwangerschaft auf den Embryo ausgewirkt haben könnten. Es wird auch behauptet, der ausgeprägte Wunsch der Mutter nach einem Mädchen oder einem Knaben könnte die geschlechtliche Identität des Ungeborenen beeinflussen. Keine dieser Spekulationen konnte bis heute schlüssig erhärtet werden.

Drei von vier chirurgischen Anpassungen betreffen Männer, die das weibliche Geschlecht annehmen wollen. Heisst das, dass die Mann-Frau-Transsexualität entsprechend häufiger vorkommt – oder liegt es daran, dass die Umwandlung von der Frau zum Mann technisch sehr viel schwieriger ist?
In letzter Zeit wird dieses Verhältnis immer ausgeglichener – heute schätze ich, dass noch zwei von drei Geschlechtsanpassungen vom Mann zur Frau erfolgen. Die Operationstechniken werden laufend verfeinert; jeder Chirurg hat seine eigenen Methoden. Heute wird ein Penis kosmetisch so perfekt ausgebildet, dass äusserlich kein Unterschied zum natürlich gewachsenen Organ zu sehen ist. Ob und wie er dann auch ‹funktioniert›, ist eine andere Frage.

Biologisch ist die Geschlechtszugehörigkeit durch die Chromosomen eindeutig festgelegt. Und auch mit Brustprothesen und Kunstvagina bleibt Nadia Brönimann ein männlicher Mensch mit einem XY-Chromosomensatz ...
... sie ist biologisch gesehen ein kastrierter Mann ...

... was sie zwar erfolgreich verdrängt, unbewusst aber doch wahrnimmt. Ist das Wissen um diese unwiderrufliche Tatsache nicht auch ein Grund für ihr tief sitzendes Frustrationsgefühl?
Transsexuelle leiden darunter, dass ihr Körper ihnen fremd ist – und es braucht sehr viel Leidensdruck, bis ‹mann› beschliesst, ‹frau› zu werden. Auch nach der Operation ist der Aufwand gross, mit dem die äusseren weiblichen Merkmale erhalten werden müssen. Die tiefe Stimme oder die grossen Hände rufen immer wieder – und nicht zuletzt auch bei den Sexualpartnern – den männlichen Chromosomensatz in Erinnerung.

Nun definieren diese Chromosomen nur das physische Geschlecht. Aber bei Transsexuellen redet man ja gerne von der Seele, die sich in den falschen Körper verirrt hat. Haben demzufolge dieser Körper und seine Seele – ähnlich wie Persönlichkeitsstruktur und Geschlechtsidentität – nichts miteinander zu schaffen?
Ich kann nicht sagen, dass Transsexuelle eine verirrte Seele beherbergen. Ich rede lieber von einem männlichen oder weiblichen Menschen, dessen weibliche beziehungsweise männliche Seite seelisch und rational stärker ausgeprägt ist als die seines Körperbaus. Doch der oder die Betroffene hat wenig Einfluss – die Gesellschaft mit ihrem Anspruch auf Eindeutigkeit des Geschlechts löst den inneren Konflikt aus.

Als Psychotherapeutin behandeln Sie Seelen. Aber können Sie den abstrakten Begriff ‹Seele› definieren?
Ich muss gestehen, dass mir die Antwort schwer fällt, wenn Sie mich mit dieser Frage als Psychotherapeutin ansprechen. Wissenschaftlich lässt sich die Seele nicht fassen. Rein gefühlsmässig bin ich davon überzeugt, dass die Seele gewissermassen die Persönlichkeit eines Menschen ausmacht. Seine Emotionen, seine Fähigkeiten, das Wissen, das er im Laufe eines Lebens angehäuft, aber auch die Ahnungen, welche die Evolution ihm mitgegeben hat – das alles geht auf die Seele zurück. Sie ist zeitlos, trägt Vergangenheit und Zukunft in sich.

Wenn sie zeitlos ist, ist sie unsterblich ...
Das ist eine Frage der persönlichen Weltanschauung. Für mich stimmt es so.

Wenn sie aber unsterblich ist, muss sie sich irgendwann im Laufe der embryonalen Entwicklung einen werdenden Men-

schen aussuchen, um dessen Körper zu bewohnen. Tut sie dies zu dem Zeitpunkt, in dem ein Zellklumpen weibliche oder männliche Anlagen ausbildet? Mit anderen Worten: Hat die Seele ein Geschlecht?
Mit dieser Frage setzte sich schon Carl Gustav Jung intensiv auseinander. Auch wenn er sich nie konkret zur Transsexualität geäussert hat, nimmt er an, dass die Seele Züge beider Geschlechter aufweist – was auch erklärt, dass jeder Mensch männliche und weibliche Eigenschaften besitzt. In der Regel stimmt das geschlechtliche Hauptprinzip mit dem Körper überein; in seltenen Fällen aber stehen die beiden im Widerspruch zueinander. Dazwischen gibt es eine Vielfalt von Mischformen.

Wenn die Seele beide Geschlechter besitzt, kann es ihr ja egal sein, ob sie einen männlichen oder weiblichen Körper bewohnt ...
Es wäre gewiss so, wenn wir nicht Teil einer Gesellschaft mit ganz spezifischen Werten wären.

Woran können Eltern eine mögliche transsexuelle Veranlagung ihrer Kinder am besten erkennen? Und wie sollen sie auf solche Zeichen reagieren?
Kinder lieben es, alle möglichen Rollen zu spielen. Manchmal weigern sie sich aber auch, die zugeschriebene Geschlechterrolle zu übernehmen. Man muss sehr genau beobachten, ob ein Kind sich spielerisch, sozialisations- oder veranlagungsbedingt verhält. Wenn es sich in gleichgeschlechtlichen Gruppen dauernd unwohl fühlt, immer wieder die Kleider des anderen Geschlechts anziehen möchte und wiederholt den Wunsch äussert, diesem anzugehören, muss man mit ihm immer wieder darüber reden und allenfalls eine erfahrene Kinderpsychologin beiziehen – oder einen Kinderpsychologen.

Danke

Vielen Freundinnen und Freunden, Menschen, die mich in unterschiedlichster Weise begleitet, unterstützt oder aufgebaut haben, schulde ich Dank. Manche haben in Ausübung ihres Berufes mehr als ihre Pflicht getan, andere sind mir uneigennützig entgegengekommen. Einige dieser Menschen möchte ich mit besonderer Dankbarkeit erwähnen:

Ruedi Amstutz
weil ich dich ganz neu kennen lernen durfte

Annemarie Brönimann
weil du auch in schwierigen Situationen zu mir stehst

David Brönimann
weil du immer mehr Bruder bist

Marcus Fleischli
weil du mein Prinz bist

Alain Godet
weil hinter deiner Kamera ein Mensch steht

Christa Gubler
weil Sie meiner Seele gut tun

Tobias Lehmann
weil deine Geduld mir Kraft gibt

Inge Löffler
weil du mich zu meinen Wurzeln geführt hast

Lisa Madörin
weil du Farbe in mein Leben bringst

Roger Meier
weil du mir die Augen geöffnet hast

Sr. Maria Andrea
und alle Schwestern der ‹Spirituellen Weggemeinschaft›
in Kehrsiten NW
weil ihr für mich betet

Hugo und **Bettina Ramseyer Kaelin**
weil ihr dieses Buch ermöglicht habt

Renée Rousseau
weil unsere Seelen einander verstehen

Hubert und **Susanne Rötzer**
weil mit euch alles angefangen hat

Bruno Stalder
weil du immer für mich da bist

Monika ‹Mona› Strässle
weil ich dich einfach sehr lieb habe

Rhea Sturm und **Astrid Frischknecht** von ‹TransX›
weil ihr tolle Partnerinnen seid

Gabriele Paul
weil Sie eine Beamtin mit Herz sind

... und ganz besonders **Dani Schüz**
weil du in zwanzig Monaten mit mir durch Höhen und Tiefen gegangen und ein väterlicher Freund geworden bist

Nadia Brönimann

Geb. 1969 in Memmingen (Allgäu), wuchs nach der Adoption, damals noch als Christian Brönimann, im Appenzellischen auf. Sie absolvierte eine Ausbildung im Hotelfach und arbeitete in der Textilbranche. Im Sommer 1998 unterzog sie sich einer chirurgischen Geschlechtsanpassung. Mit Vorträgen in Schulen und Fernsehauftritten macht sie das Phänomen Transsexualität öffentlich und wirbt um Verständnis für die Betroffenen.
Nadia Brönimann lebt in Zürich.

Daniel J. Schüz

Geb. 1952, absolvierte nach abgebrochenem Medizinstudium die Ringier-Journalistenschule. Redaktor und Reporter bei verschiedenen Schweizer Zeitungen. Seit 1987 Redaktor bei der ‹Schweizer Familie›. Er ist mit einer Holländerin verheiratet und lebt in Cham und Amsterdam.

Bei Zytglogge erschien:
Nicole Deck/Daniel J. Schüz,
Ich schwimme ins Leben – Chronik eines angekündigten Freitods, 1999, 7. Aufl. 2000

Foto: Tina Steinauer

Kontakte

transX
Informationsstelle für Transsexualität und Geschlechterfragen
Postfach 40, 8037 Zürich
Telefon   0878 80 80 87
E-Mail   webcontact@transX.ch

Homepage Nadia Brönimann   **www.transX.ch/nadia**